PROJECT
531

수학을 빠르게

수 준 별 단 기 특 강 서

미적분 S

531 *PROJECT* 미적분 SPEEDY

발행일	201906 초판 1쇄 202303 초판 3쇄
펴낸이	정선욱
펴낸곳	이투스에듀(주) 서울시 서초구 남부순환로 2547
고객센터	1599-3225
등록번호	제2007-000035호
ISBN	979-11-6442-043-8 [53410]

531 PROJECT와 함께라면
쉽고 빠르게 성적을 올릴 수 있습니다!

531 PROJECT는 쉽게 익히고, 빠르게 다지고, 확실히
성적을 올릴 수 있는 영역별 **단기 특강 교재입니다.**

쉽게 **E**

531 PROJECT 중 가장 쉽게 개념과 원리를 익힐 수 있는 교재입니다.

하나 단원별 꼭 알아야 하는 핵심 개념과 이론을 충실하게 기술한 교재입니다.

둘 핵심 개념별로 출제 빈도수가 높은 대표 유형 중 학교 내신 문제 또는 수능 2, 3점으로 출제 가능한 문제를 집중 학습할 수 있는 교재입니다.

셋 문제 풀이를 통하여 학습한 내용을 완벽하게 습득할 수 있도록 친절하고 상세한 해설과 첨삭을 덧붙인 교재입니다.

빠르게 **S**

531 PROJECT 중 가장 빠르게 빈출 유형을 다질 수 있는 교재입니다.

하나 단원별 꼭 알아야 하는 핵심 개념은 물론 빈출 유형을 집중적으로 학습할 수 있는 교재입니다.

둘 단원별로 주로 다루어지는 빈출 유형 중 학교 내신 문제 또는 수능 3, 4점으로 출제 가능한 문제를 집중 학습할 수 있는 교재입니다.

셋 문제 풀이를 통하여 유형별 해결 능력을 확실하게 다질 수 있도록 친절하고 상세한 해설과 첨삭을 덧붙인 교재입니다.

이 책의 구성과 특징

Structure

01
교과서 알짜개념 짚어보기

교과서 알짜개념을 중단원 별로 모아서 제공하였습니다.

02
내신 & 수능 빈출 유형

- 내신과 수능에 출제될 수 있는 빈출 문제를 유형별로 구분하여 제공하였습니다.
- 빈출 유형에 대한 쌍둥이 문제 또는 유사 문제를 제공하여 해당 유형을 반복 학습할 수 있도록 하였습니다.
- 중요한 유형에 대해서는 '중요'라고 표시하여 해당 유형의 학습에 좀 더 집중할 수 있도록 하였습니다.

개념 Plus
개념에 대한 추가적인 설명을 담아 좀 더 쉽게 개념을 이해할 수 있도록 하였습니다.

해결 포인트
문제 풀이에 필요한 실마리, 힌트, 핵심 개념을 제공하였습니다.

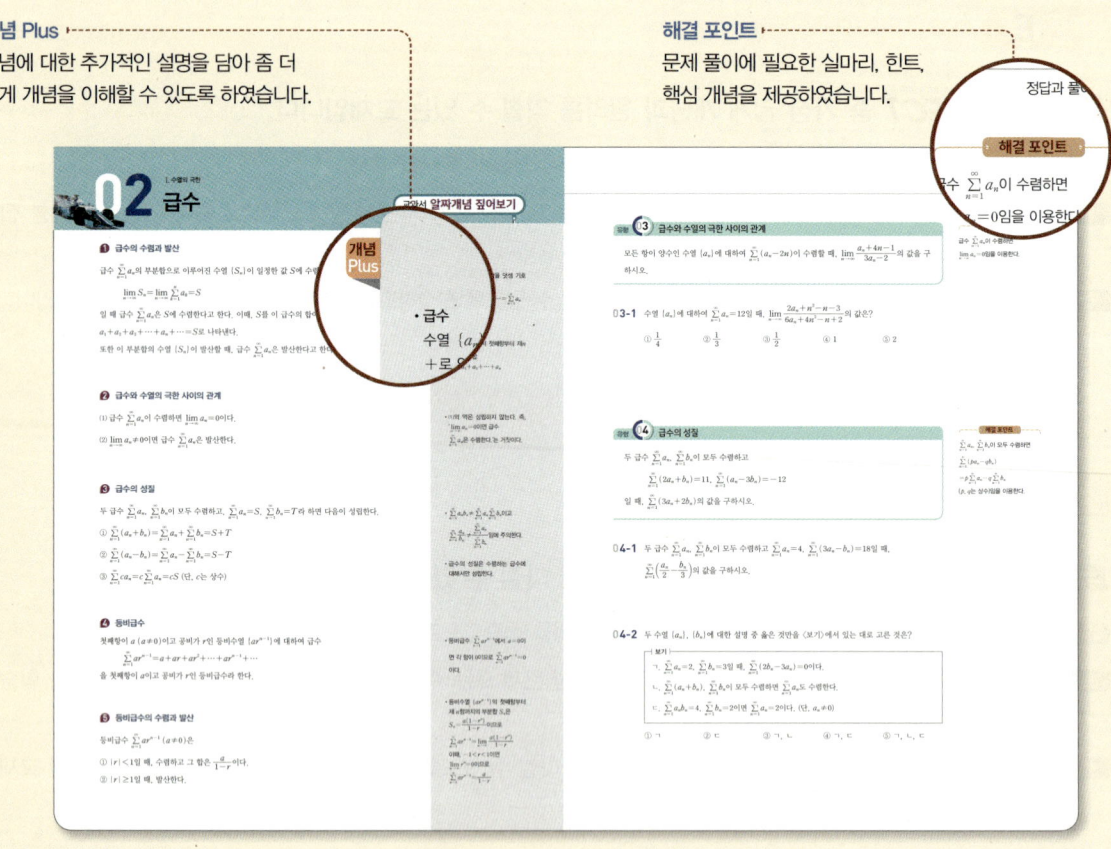

03

빈출 유형 마무리

- 앞에서 학습한 빈출 유형의 유사 문제들을 제공하여 해당 유형에 대한 반복 학습을 통하여 수학적인 사고력을 확장할 수 있도록 하였습니다.
- 수능, 평가원 기출 문제를 제공하여 최근의 출제 경향을 파악할 수 있습니다.
- 꼭 풀어봐야 하는 문제에 '중요'라고 표시하여 해당 문항의 풀이에 좀 더 집중할 수 있도록 하였습니다.

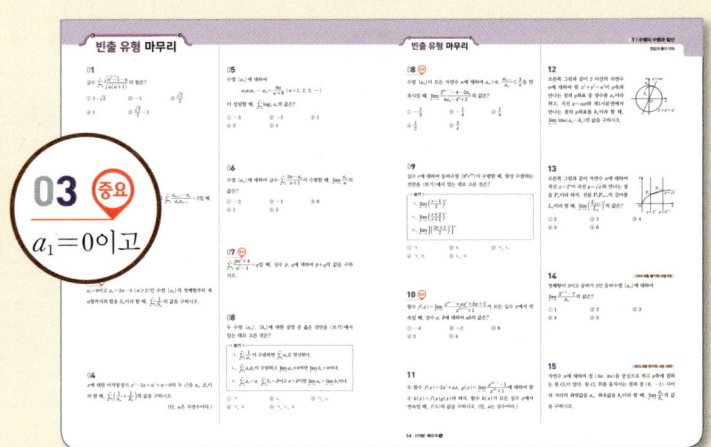

04

정답과 풀이

- 모든 문항을 상세하게 풀이하여 오답의 이유를 스스로 찾을 수 있도록 하였습니다.
- [다른 풀이] 및 [보충 설명]을 제시하여 다양한 사고를 할 수 있도록 하였습니다.

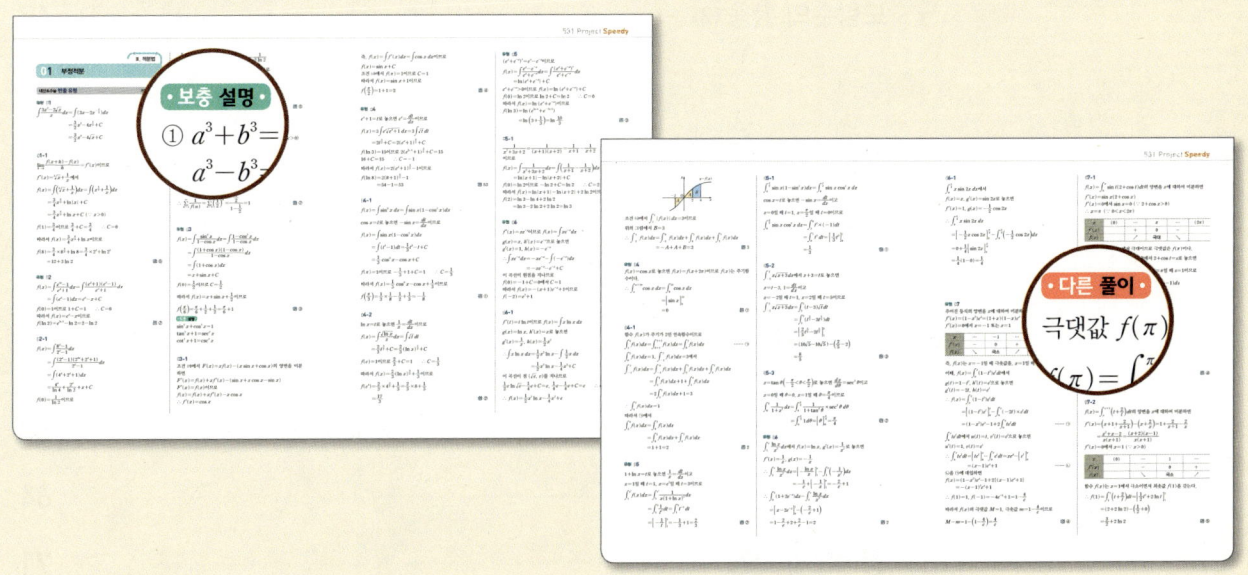

이 책의 차례

Contents

I

수열의 극한

01 수열의 수렴과 발산

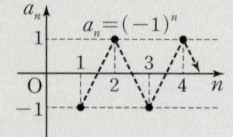
교과서 **알짜개념 짚어보기**

개념 Plus

❶ 수열의 수렴과 발산

(1) 수열의 수렴

수열 $\{a_n\}$에서 n이 한없이 커질 때, 일반항 a_n의 값이 일정한 값 α에 한없이 가까워지면 수열 $\{a_n\}$은 α에 수렴한다고 하고, 기호로 다음과 같이 나타낸다.

$$\lim_{n \to \infty} a_n = \alpha \text{ 또는 } n \to \infty \text{일 때 } a_n \to \alpha$$

(2) 수열의 발산

수열 $\{a_n\}$이 수렴하지 않을 때, 그 수열은 발산한다고 한다.

① $\lim\limits_{n \to \infty} a_n = \infty$
　　양의 무한대로 발산

② $\lim\limits_{n \to \infty} a_n = -\infty$
　　음의 무한대로 발산

③ 진동

・수열 $\{a_n\}$에서 n이 한없이 커질 때, 일반항 a_n의 값이 일정한 값에 수렴하지도 않고 양의 무한대나 음의 무한대로 발산하지도 않으면 진동한다고 한다.

⑩ $a_n = (-1)^n$

❷ 수열의 극한에 대한 기본 성질

수렴하는 두 수열 $\{a_n\}$, $\{b_n\}$에 대하여 $\lim\limits_{n \to \infty} a_n = \alpha$, $\lim\limits_{n \to \infty} b_n = \beta$ (α, β는 실수)일 때

① $\lim\limits_{n \to \infty} ka_n = k \lim\limits_{n \to \infty} a_n = k\alpha$ (단, k는 상수)

② $\lim\limits_{n \to \infty} (a_n \pm b_n) = \lim\limits_{n \to \infty} a_n \pm \lim\limits_{n \to \infty} b_n = \alpha \pm \beta$ (복부호동순)

③ $\lim\limits_{n \to \infty} a_n b_n = \lim\limits_{n \to \infty} a_n \lim\limits_{n \to \infty} b_n = \alpha\beta$

④ $\lim\limits_{n \to \infty} \dfrac{a_n}{b_n} = \dfrac{\lim\limits_{n \to \infty} a_n}{\lim\limits_{n \to \infty} b_n} = \dfrac{\alpha}{\beta}$ (단, $b_n \neq 0$, $\beta \neq 0$)

・수열의 극한에 대한 기본 성질은 두 수열 $\{a_n\}$, $\{b_n\}$이 모두 수렴할 때만 성립하므로 두 수열 $\{a_n\}$, $\{b_n\}$이 발산할 경우에는 ①~④의 각 경우가 수렴하는지 발산하는지 알 수 없다.

❸ 수열의 극한값의 계산

(1) $\dfrac{\infty}{\infty}$ 꼴의 극한값

분모의 최고차항으로 분모, 분자를 각각 나눈다.

① (분모의 차수)<(분자의 차수)인 경우 : ∞ 또는 $-\infty$로 발산한다.

② (분모의 차수)=(분자의 차수)인 경우 : 극한값은 최고차항의 계수의 비이다.

③ (분모의 차수)>(분자의 차수)인 경우 : 극한값은 0이다.

(2) $\infty - \infty$ 꼴의 극한값

① 다항식인 경우 : 최고차항으로 묶는다.

② 무리식인 경우 : 근호를 포함한 쪽을 유리화한다.

・$\dfrac{\infty}{\infty} \neq 1$, $\infty - \infty \neq 0$임에 주의한다.

❹ 수열의 극한의 대소 관계

수렴하는 두 수열 $\{a_n\}$, $\{b_n\}$에 대하여 $\lim\limits_{n \to \infty} a_n = \alpha$, $\lim\limits_{n \to \infty} b_n = \beta$ (α, β는 실수)일 때

(1) 모든 자연수 n에 대하여 $a_n \leq b_n$이면 $\lim\limits_{n \to \infty} a_n \leq \lim\limits_{n \to \infty} b_n$, 즉 $\alpha \leq \beta$이다.

(2) 수열 $\{c_n\}$이 모든 자연수 n에 대하여 $a_n \leq c_n \leq b_n$이고 $\alpha = \beta$이면 $\lim\limits_{n \to \infty} c_n = \alpha$이다.

・두 수열 $\{a_n\}$, $\{b_n\}$에서 모든 자연수 n에 대하여 $a_n < b_n$이지만 $\lim\limits_{n \to \infty} a_n = \lim\limits_{n \to \infty} b_n$인 경우가 있다.

⑩ $a_n = \dfrac{1}{2n}$, $b_n = \dfrac{1}{n}$일 때, 모든 자연수 n에 대하여 $a_n < b_n$이지만 $\lim\limits_{n \to \infty} a_n = \lim\limits_{n \to \infty} b_n = 0$

❺ 등비수열 $\{r^n\}$의 수렴과 발산

① $r > 1$일 때, $\lim\limits_{n \to \infty} r^n = \infty$ (발산)

② $r = 1$일 때, $\lim\limits_{n \to \infty} r^n = 1$ (수렴)

③ $|r| < 1$일 때, $\lim\limits_{n \to \infty} r^n = 0$ (수렴)

④ $r \leq -1$일 때, 진동한다. (발산)

・두 수열 $\{a_n\}$, $\{b_n\}$에서 모든 자연수 n에 대하여 $a_n \leq b_n$일 때, $\lim\limits_{n \to \infty} a_n = \infty$이면 $\lim\limits_{n \to \infty} b_n = \infty$

・등비수열 $\{ar^{n-1}\}$이 수렴하기 위한 조건은 $a = 0$ 또는 $-1 < r \leq 1$이다.

내신 & 수능 빈출 유형

유형 01 수열의 극한에 대한 기본 성질

수렴하는 두 수열 $\{a_n\}$, $\{b_n\}$에 대하여
$$\lim_{n \to \infty} (3a_n + b_n) = 7, \quad \lim_{n \to \infty} (2a_n - b_n) = 3$$
일 때, $\lim_{n \to \infty} (4a_n + 3b_n)$의 값은?

① 11 ② 12 ③ 13 ④ 14 ⑤ 15

> **해결 포인트**
>
> $\lim_{n \to \infty} a_n = \alpha$, $\lim_{n \to \infty} b_n = \beta$로 놓고 수열의 극한에 대한 기본 성질을 이용한다.

01-1 수렴하는 두 수열 $\{a_n\}$, $\{b_n\}$에 대하여
$$\lim_{n \to \infty} (a_n - b_n) = 4, \quad \lim_{n \to \infty} a_n b_n = 2$$
일 때, $\lim_{n \to \infty} (a_n^2 + b_n^2)$의 값은?

① 12 ② 14 ③ 16 ④ 18 ⑤ 20

유형 02 수열의 극한값의 계산 🔴중요

$\lim_{n \to \infty} \dfrac{an^2 + bn + 2}{3n + \sqrt{3n+1}} = 8$이 성립하도록 하는 상수 a, b에 대하여 $a + b$의 값은?

① 21 ② 24 ③ 27 ④ 30 ⑤ 33

> **해결 포인트**
>
> $a \neq 0$이면 ∞(또는 $-\infty$)로 발산하므로 $a = 0$임을 이용한다.

02-1 $\lim_{n \to \infty} \dfrac{\sqrt{an+2}}{(n+1)(\sqrt{3n+1} - \sqrt{3n-1})} = 6$일 때, 상수 a의 값은?

① 2 ② 6 ③ 12 ④ 16 ⑤ 18

02-2 두 수열 $\{a_n\}$, $\{b_n\}$에 대하여
$$\lim_{n \to \infty} (a_n - b_n) = 2, \quad \lim_{n \to \infty} a_n = \infty$$
일 때, $\lim_{n \to \infty} \left(\dfrac{a_n^2}{b_n} - \dfrac{b_n^2}{a_n} \right)$의 값은?

① 4 ② 6 ③ 8 ④ 10 ⑤ 12

> **해결 포인트**
>
> $a_n - b_n = c_n$으로 놓고 $\lim_{n \to \infty} c_n = 2$임을 이용한다.

유형 **03** 수열의 극한의 대소 관계 (중요)

수열 $\{a_n\}$이 모든 자연수 n에 대하여 $\sqrt{12n} < (\sqrt{n+3}+\sqrt{n})a_n < \sqrt{12(n+6)}$을 만족시킬 때, $\lim\limits_{n \to \infty} a_n = \alpha$이다. α^2의 값을 구하시오.

> **해결 포인트**
>
> 두 수열 $\{a_n\}$, $\{b_n\}$이 수렴할 때, 수열 $\{c_n\}$이 모든 자연수 n에 대하여 $a_n < c_n < b_n$이고, $\lim\limits_{n \to \infty} a_n = \alpha$, $\lim\limits_{n \to \infty} b_n = \alpha$ (α는 실수) 이면 $\lim\limits_{n \to \infty} c_n = \alpha$임을 이용한다.

03-1 수열 $\{a_n\}$이 모든 자연수 n에 대하여 $4n+2 < a_n < 4n+6$을 만족시킬 때, $\lim\limits_{n \to \infty} \dfrac{\sum\limits_{k=1}^{n} a_k}{n^2+2}$의 값은?

① 1   ② 2   ③ 3   ④ 4   ⑤ 5

03-2 수열 $\{a_n\}$이 모든 자연수 n에 대하여 $n^2+1 < a_n < n^2+n+2$를 만족시킬 때, $\lim\limits_{n \to \infty} \dfrac{a_{2n+1}}{a_n}$의 값을 구하시오.

유형 **04** 수열의 극한에 대한 참, 거짓 판별

두 수열 $\{a_n\}$, $\{b_n\}$에 대한 설명 중 옳은 것만을 〈보기〉에서 있는 대로 고른 것은?

> **해결 포인트**
>
> ㄷ. $\lim\limits_{n \to \infty} a_n = 0$인 경우에 대하여 생각한다.

┤ 보기 ├
ㄱ. 수열 $\{a_n^2\}$이 수렴하면 수열 $\{a_n\}$도 수렴한다.
ㄴ. 두 수열 $\{a_n+2b_n\}$, $\{2a_n-b_n\}$이 모두 수렴하면 수열 $\{a_n\}$도 수렴한다.
ㄷ. 두 수열 $\{a_n\}$, $\{a_nb_n\}$이 모두 수렴하면 수열 $\{b_n\}$도 수렴한다.

① ㄱ   ② ㄴ   ③ ㄷ   ④ ㄱ, ㄴ   ⑤ ㄴ, ㄷ

04-1 두 수열 $\{a_n\}$, $\{b_n\}$에 대한 설명 중 옳은 것만을 〈보기〉에서 있는 대로 고른 것은?

> **해결 포인트**
>
> ㄴ. $a_n+b_n = c_n$으로 놓고, $\lim\limits_{n \to \infty} c_n = 0$임을 이용한다.

┤ 보기 ├
ㄱ. 수열 $\{a_n\}$이 발산하면 수열 $\{|a_n|\}$도 발산한다.
ㄴ. $\lim\limits_{n \to \infty}(a_n+b_n) = 0$, $\lim\limits_{n \to \infty} a_n = \infty$이면 $\lim\limits_{n \to \infty} \dfrac{a_n}{b_n} = -1$이다.
ㄷ. $\lim\limits_{n \to \infty} a_nb_n = 0$이면 $\lim\limits_{n \to \infty} a_n = 0$ 또는 $\lim\limits_{n \to \infty} b_n = 0$이다.

① ㄱ   ② ㄴ   ③ ㄱ, ㄴ   ④ ㄱ, ㄷ   ⑤ ㄴ, ㄷ

유형 05 등비수열의 극한

$\lim\limits_{n\to\infty}\dfrac{3^{n+1}}{a\times 3^n-3^{n-1}}=5$를 만족시키는 상수 a에 대하여 $\lim\limits_{n\to\infty}\dfrac{5a^n+3}{2a^n+4}$의 값은?

① $\dfrac{1}{2}$　　② $\dfrac{3}{4}$　　③ $\dfrac{5}{4}$　　④ $\dfrac{3}{2}$　　⑤ $\dfrac{5}{2}$

해결 포인트

r^n 꼴이 포함된 유리식은 분모에 들어 있는 $|r|$의 값이 가장 큰 항으로 분모, 분자를 나눈다.

05-1 $\lim\limits_{n\to\infty}\dfrac{a^{n+1}+3a+2}{a^n+1}=4$를 만족시키는 모든 양수 a의 값의 합이 $\dfrac{q}{p}$일 때, $p+q$의 값은?

(단, p와 q는 서로소인 자연수이다.)

① 13　　② 14　　③ 15　　④ 16　　⑤ 17

해결 포인트

$a>1$, $0<a<1$, $a=1$인 경우로 나누어 생각한다.

05-2 수열 $\{a_n\}$이 모든 자연수 n에 대하여

$$4^{n+1}-2^n<(2^{n+1}+4^n)a_n<3^n+4^{n+1}$$

을 만족시킬 때, $\lim\limits_{n\to\infty}a_n$의 값은?

① 1　　② 2　　③ 3　　④ 4　　⑤ 5

유형 06 등비수열의 수렴 조건

등비수열 $\left\{(x+2)\left(\dfrac{x-3}{4}\right)^{n-1}\right\}$이 수렴하기 위한 모든 정수 x의 값의 합은?

① 19　　② 26　　③ 28　　④ 29　　⑤ 34

해결 포인트

등비수열 $\{ar^{n-1}\}$이 수렴하기 위한 조건은 $a=0$ 또는 $-1<r\leq 1$

06-1 등비수열 $\{(\log_2 x-2)^n\}$이 수렴하도록 하는 모든 정수 x의 값의 합은?

① 25　　② 30　　③ 33　　④ 35　　⑤ 42

해결 포인트

등비수열 $\{r^n\}$이 수렴하기 위한 조건은 $-1<r\leq 1$

유형 **07** x^n을 포함한 극한으로 표현된 함수 중요

해결 포인트

$|x|>1$, $|x|<1$, $x=1$인 경우로 나누어 조사한다.

함수 $f(x)=\lim\limits_{n\to\infty}\dfrac{x^{2n+3}+3x+a}{x^{2n}+1}$가 $x=1$에서 연속일 때, $f(-1)$의 값은? (단, a는 상수이다.)

① -4 ② -3 ③ -2 ④ -1 ⑤ 0

07-1 함수 $f(x)=\lim\limits_{n\to\infty}\dfrac{x^{2n+2}+ax+b}{x^{2n-1}+2}$가 모든 실수 x에서 연속이 되도록 하는 상수 a, b에 대하여 $10a+b$의 값을 구하시오.

유형 **08** 수열의 극한의 활용

해결 포인트

두 점 $A(x_1, y_1)$, $B(x_2, y_2)$ 사이의 거리는 $\sqrt{(x_2-x_1)^2+(y_2-y_1)^2}$임을 이용한다.

자연수 n에 대하여 두 점 $A_n\left(\dfrac{2}{n+2},\ \dfrac{n+3}{n+1}\right)$, $B_n\left(\dfrac{2n+3}{n+2},\ \dfrac{2n-1}{n+1}\right)$ 사이의 거리를 a_n이라 할 때, $\lim\limits_{n\to\infty}a_n$의 값은?

① $\sqrt{3}$ ② 2 ③ $\sqrt{5}$ ④ $2\sqrt{2}$ ⑤ 3

08-1 자연수 n에 대하여 직선 $y=-2x+\dfrac{5n-1}{n+2}$과 원 $x^2+y^2=25$가 만나는 두 점 사이의 거리를 a_n이라 할 때, $\lim\limits_{n\to\infty}a_n{}^2$의 값을 구하시오.

해결 포인트

원의 반지름의 길이를 r, 원의 중심에서 직선까지의 거리를 d_n이라 하면 $a_n=2\sqrt{r^2-d_n{}^2}$임을 이용한다.

빈출 유형 마무리

01

수렴하는 두 수열 $\{a_n\}$, $\{b_n\}$에 대하여

$$\lim_{n \to \infty}(a_n - 3b_n) = 5, \quad \lim_{n \to \infty}(2a_n + b_n) = 3$$

일 때, $\lim_{n \to \infty} \dfrac{3a_n + 2b_n}{a_n b_n + 3}$의 값을 구하시오.

02

$\lim_{n \to \infty}\left(\sqrt{n^2 + 3n + 3} - \left[\sqrt{n^2 + 2n + 3}\,\right]\right) = \alpha$일 때, 2α의 값을 구하시오. (단, $[x]$는 x보다 크지 않은 최대의 정수이다.)

03

수열 $\{a_n\}$의 첫째항부터 제n항까지의 합 S_n이 $S_n = 3n^2 - 4n$일 때, $\lim_{n \to \infty} \dfrac{S_n}{(2n-1)a_n}$의 값은?

① $\dfrac{1}{4}$ ② $\dfrac{1}{2}$ ③ $\dfrac{3}{4}$

④ 1 ⑤ $\dfrac{5}{4}$

04 (중요)

수열 $\{a_n\}$은 첫째항이 3, 공비가 2인 등비수열이고, 수열 $\{b_n\}$은 첫째항이 4, 공비가 6인 등비수열일 때, $\lim_{n \to \infty} \log_{a_n} b_n$의 값은?

① $\log_2 3$ ② $2\log_3 2$ ③ 2

④ $1 + \log_3 2$ ⑤ $1 + \log_2 3$

05 (중요)

두 수열 $\{a_n\}$, $\{b_n\}$이 다음 조건을 만족시킬 때, $\lim_{n \to \infty} b_n$의 값은?

> (가) $\lim_{n \to \infty} \dfrac{a_n}{3n - 1} = -2$
>
> (나) $4n + 1 < 2a_n + (n+1)b_n < 4n + 6$

① -12 ② -8 ③ 0

④ 12 ⑤ 16

06

수렴하는 세 수열 $\{a_n\}$, $\{b_n\}$, $\{c_n\}$이 모든 자연수 n에 대하여 $0 < a_n < c_n < b_n$을 만족시킬 때, 옳은 것만을 〈보기〉에서 있는 대로 고른 것은?

> ├ 보기 ┤
>
> ㄱ. $\lim_{n \to \infty} c_n = 0$이면 $\lim_{n \to \infty} a_n b_n > 0$이다.
>
> ㄴ. $\lim_{n \to \infty}(a_n + b_n) = 0$이면 $\lim_{n \to \infty} c_n = 0$이다.
>
> ㄷ. $\lim_{n \to \infty} a_n b_n > 0$이면 $\lim_{n \to \infty} c_n > 0$이다.

① ㄱ   ② ㄴ   ③ ㄷ

④ ㄱ, ㄴ   ⑤ ㄴ, ㄷ

07

세 수열 $\{a_n\}$, $\{b_n\}$, $\{c_n\}$에 대한 설명 중 옳은 것만을 〈보기〉에서 있는 대로 고른 것은?

> ├ 보기 ┤
>
> ㄱ. $\lim_{n \to \infty}(a_n - b_n) = 0$이고 수열 $\{a_n\}$이 수렴하면 수열 $\{b_n\}$도 수렴한다.
>
> ㄴ. 두 수열 $\{a_n\}$, $\{b_n\}$이 모두 수렴하고 $a_n < b_n$이면 $\lim_{n \to \infty} a_n < \lim_{n \to \infty} b_n$이다.
>
> ㄷ. $\lim_{n \to \infty}(a_n - b_n) = 0$이고 $a_n < c_n < b_n$이면 수열 $\{c_n\}$은 수렴한다.

① ㄱ   ② ㄴ   ③ ㄱ, ㄴ

④ ㄱ, ㄷ   ⑤ ㄴ, ㄷ

빈출 유형 마무리

08 중요

수열 $\{a_n\}$이 모든 자연수 n에 대하여 $a_n>0$, $\dfrac{a_{n+1}}{a_n}\le\dfrac{3}{4}$을 만족시킬 때, $\displaystyle\lim_{n\to\infty}\dfrac{2^{2n-1}-4-2a_n}{4a_n-4^n+2}$의 값은?

① $-\dfrac{1}{2}$ ② $-\dfrac{1}{4}$ ③ $\dfrac{1}{4}$

④ $\dfrac{1}{2}$ ⑤ $\dfrac{3}{4}$

09

실수 r에 대하여 등비수열 $\{9^n r^{2n}\}$이 수렴할 때, 항상 수렴하는 것만을 〈보기〉에서 있는 대로 고른 것은?

┌ 보기 ┐

ㄱ. $\displaystyle\lim_{n\to\infty}\left(\dfrac{r-1}{2}\right)^n$

ㄴ. $\displaystyle\lim_{n\to\infty}\left(\dfrac{r+2}{r+1}\right)^n$

ㄷ. $\displaystyle\lim_{n\to\infty}\left\{\left(\dfrac{2r+1}{2}\right)^2\right\}^n$

① ㄱ ② ㄷ ③ ㄱ, ㄴ

④ ㄱ, ㄷ ⑤ ㄴ, ㄷ

10 중요

함수 $f(x)=\displaystyle\lim_{n\to\infty}\dfrac{x^{2n-1}+ax^2+bx+2}{x^{2n+2}+1}$가 모든 실수 x에서 연속일 때, 상수 a, b에 대하여 ab의 값은?

① -4 ② -2 ③ 0

④ 2 ⑤ 4

11

두 함수 $f(x)=2x^2+ax$, $g(x)=\displaystyle\lim_{n\to\infty}\dfrac{x^{2n-1}-1}{x^{2n}+1}$에 대하여 함수 $h(x)=f(x)g(x)$라 하자. 함수 $h(x)$가 모든 실수 x에서 연속일 때, $f(5)$의 값을 구하시오. (단, a는 상수이다.)

12

오른쪽 그림과 같이 2 이상의 자연수 n에 대하여 원 $x^2+y^2=n^2$이 y축과 만나는 점의 y좌표 중 양수를 a_n이라 하고, 직선 $y=nx$와 제1사분면에서 만나는 점의 y좌표를 b_n이라 할 때, $\displaystyle\lim_{n\to\infty}10n(a_n-b_n)$의 값을 구하시오.

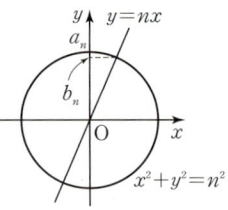

13

오른쪽 그림과 같이 자연수 n에 대하여 직선 $x=2^n$이 곡선 $y=\sqrt{x}$와 만나는 점을 P_n이라 하자. 선분 $\mathrm{P}_n\mathrm{P}_{n+1}$의 길이를 L_n이라 할 때, $\displaystyle\lim_{n\to\infty}\left(\dfrac{L_{n+1}}{L_n}\right)^2$의 값은?

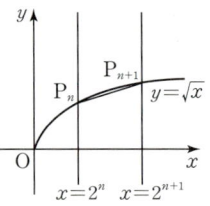

① 2 ② 3 ③ 4

④ 5 ⑤ 6

14

| 2015 6월 평가원 A형 8번 |

첫째항이 3이고 공비가 3인 등비수열 $\{a_n\}$에 대하여 $\displaystyle\lim_{n\to\infty}\dfrac{3^{n+1}-7}{a_n}$의 값은?

① 1 ② 2 ③ 3

④ 4 ⑤ 5

15

| 2015 9월 평가원 A형 28번 |

자연수 n에 대하여 점 $(3n,\ 4n)$을 중심으로 하고 y축에 접하는 원 O_n이 있다. 원 O_n 위를 움직이는 점과 점 $(0,\ -1)$ 사이의 거리의 최댓값을 a_n, 최솟값을 b_n이라 할 때, $\displaystyle\lim_{n\to\infty}\dfrac{a_n}{b_n}$의 값을 구하시오.

02 급수

개념
Plus

❶ 급수의 수렴과 발산

급수 $\displaystyle\sum_{n=1}^{\infty} a_n$의 부분합으로 이루어진 수열 $\{S_n\}$이 일정한 값 S에 수렴할 때, 즉

$$\lim_{n\to\infty} S_n = \lim_{n\to\infty} \sum_{k=1}^{n} a_k = S$$

일 때 급수 $\displaystyle\sum_{n=1}^{\infty} a_n$은 S에 수렴한다고 한다. 이때, S를 이 급수의 합이라 하고, $\displaystyle\sum_{n=1}^{\infty} a_n = S$ 또는 $a_1 + a_2 + a_3 + \cdots + a_n + \cdots = S$로 나타낸다.

또한 이 부분합의 수열 $\{S_n\}$이 발산할 때, 급수 $\displaystyle\sum_{n=1}^{\infty} a_n$은 발산한다고 한다.

- **급수**
수열 $\{a_n\}$의 각 항을 덧셈 기호 $+$로 연결한 식
$a_1 + a_2 + \cdots + a_n + \cdots = \displaystyle\sum_{n=1}^{\infty} a_n$

- **부분합**
급수 $\displaystyle\sum_{n=1}^{\infty} a_n$에서 첫째항부터 제$n$항까지의 합
$S_n = a_1 + a_2 + \cdots + a_n$

❷ 급수와 수열의 극한 사이의 관계

(1) 급수 $\displaystyle\sum_{n=1}^{\infty} a_n$이 수렴하면 $\displaystyle\lim_{n\to\infty} a_n = 0$이다.

(2) $\displaystyle\lim_{n\to\infty} a_n \neq 0$이면 급수 $\displaystyle\sum_{n=1}^{\infty} a_n$은 발산한다.

- (1)의 역은 성립하지 않는다. 즉, '$\displaystyle\lim_{n\to\infty} a_n = 0$이면 급수 $\displaystyle\sum_{n=1}^{\infty} a_n$은 수렴한다.'는 거짓이다.

❸ 급수의 성질

두 급수 $\displaystyle\sum_{n=1}^{\infty} a_n$, $\displaystyle\sum_{n=1}^{\infty} b_n$이 모두 수렴하고, $\displaystyle\sum_{n=1}^{\infty} a_n = S$, $\displaystyle\sum_{n=1}^{\infty} b_n = T$라 하면 다음이 성립한다.

① $\displaystyle\sum_{n=1}^{\infty} (a_n + b_n) = \sum_{n=1}^{\infty} a_n + \sum_{n=1}^{\infty} b_n = S + T$

② $\displaystyle\sum_{n=1}^{\infty} (a_n - b_n) = \sum_{n=1}^{\infty} a_n - \sum_{n=1}^{\infty} b_n = S - T$

③ $\displaystyle\sum_{n=1}^{\infty} ca_n = c\sum_{n=1}^{\infty} a_n = cS$ (단, c는 상수)

- $\displaystyle\sum_{n=1}^{\infty} a_n b_n \neq \sum_{n=1}^{\infty} a_n \sum_{n=1}^{\infty} b_n$이고
$\displaystyle\sum_{n=1}^{\infty} \frac{a_n}{b_n} \neq \frac{\displaystyle\sum_{n=1}^{\infty} a_n}{\displaystyle\sum_{n=1}^{\infty} b_n}$임에 주의한다.

- 급수의 성질은 수렴하는 급수에 대해서만 성립한다.

❹ 등비급수

첫째항이 $a\,(a\neq 0)$이고 공비가 r인 등비수열 $\{ar^{n-1}\}$에 대하여 급수

$$\sum_{n=1}^{\infty} ar^{n-1} = a + ar + ar^2 + \cdots + ar^{n-1} + \cdots$$

을 첫째항이 a이고 공비가 r인 등비급수라 한다.

- 등비급수 $\displaystyle\sum_{n=1}^{\infty} ar^{n-1}$에서 $a=0$이면 각 항이 0이므로 $\displaystyle\sum_{n=1}^{\infty} ar^{n-1} = 0$이다.

❺ 등비급수의 수렴과 발산

등비급수 $\displaystyle\sum_{n=1}^{\infty} ar^{n-1}\,(a\neq 0)$은

① $|r| < 1$일 때, 수렴하고 그 합은 $\dfrac{a}{1-r}$이다.

② $|r| \geq 1$일 때, 발산한다.

- 등비수열 $\{ar^{n-1}\}$의 첫째항부터 제 n항까지의 부분합 S_n은
$S_n = \dfrac{a(1-r^n)}{1-r}$이므로
$\displaystyle\sum_{n=1}^{\infty} ar^{n-1} = \lim_{n\to\infty} \frac{a(1-r^n)}{1-r}$
이때, $-1 < r < 1$이면
$\displaystyle\lim_{n\to\infty} r^n = 0$이므로
$\displaystyle\sum_{n=1}^{\infty} ar^{n-1} = \frac{a}{1-r}$

유형 **01** 부분분수를 이용한 급수의 합

급수 $\displaystyle\sum_{n=1}^{\infty} \dfrac{1}{4n^2-1}$ 의 합은?

① 1 　　② $\dfrac{1}{2}$ 　　③ $\dfrac{1}{3}$ 　　④ $\dfrac{1}{4}$ 　　⑤ $\dfrac{1}{5}$

해결 포인트

$\dfrac{1}{4n^2-1}$

$= \dfrac{1}{(2n-1)(2n+1)}$

$= \dfrac{1}{2}\left(\dfrac{1}{2n-1} - \dfrac{1}{2n+1} \right)$

임을 이용한다.

01-1 급수 $1 + \dfrac{1}{1+2} + \dfrac{1}{1+2+3} + \dfrac{1}{1+2+3+4} + \cdots$ 의 합을 구하시오.

유형 **02** 급수의 수렴과 발산

수열 $\{a_n\}$ 에 대하여 $a_1=10$, $a_2=7$ 이고 $\displaystyle\lim_{n\to\infty} a_n = 1$ 일 때, $\displaystyle\sum_{n=1}^{\infty} (a_n - a_{n+2})$ 의 값을 구하시오.

해결 포인트

수열 $\{a_n - a_{n+2}\}$ 의 첫째항부터 제 n 항까지의 합을 S_n 이라 할 때,

$\displaystyle\sum_{n=1}^{\infty} (a_n - a_{n+2}) = \lim_{n\to\infty} S_n$ 임을 이용한다.

02-1 첫째항이 1이고 공차가 d 인 등차수열 $\{a_n\}$ 에 대하여 $\displaystyle\sum_{n=1}^{\infty} \dfrac{d}{a_n a_{n+1}}$ 의 값은? (단, $d>0$)

① 1 　　② $\dfrac{1}{2}$ 　　③ $\dfrac{1}{3}$ 　　④ $\dfrac{1}{4}$ 　　⑤ $\dfrac{1}{5}$

02-2 첫째항이 $\dfrac{1}{3}$ 인 수열 $\{a_n\}$ 의 첫째항부터 제 n 항까지의 합을 S_n 이라 할 때,

$\displaystyle\sum_{n=2}^{\infty} \dfrac{a_n}{S_{n-1} S_n} = 1$ 이다. $\displaystyle\lim_{n\to\infty} S_n$ 의 값은?

① $\dfrac{1}{6}$ 　　② $\dfrac{1}{3}$ 　　③ $\dfrac{1}{2}$ 　　④ 2 　　⑤ 3

해결 포인트

$a_n = S_n - S_{n-1}$ $(n \geq 2)$ 임을 이용한다.

유형 03 급수와 수열의 극한 사이의 관계

모든 항이 양수인 수열 $\{a_n\}$에 대하여 $\sum\limits_{n=1}^{\infty}(a_n-2n)$이 수렴할 때, $\lim\limits_{n\to\infty}\dfrac{a_n+4n-1}{3a_n-2}$의 값을 구하시오.

03-1 수열 $\{a_n\}$에 대하여 $\sum\limits_{n=1}^{\infty}a_n=12$일 때, $\lim\limits_{n\to\infty}\dfrac{2a_n+n^2-n-3}{6a_n+4n^2-n+2}$의 값은?

① $\dfrac{1}{4}$ ② $\dfrac{1}{3}$ ③ $\dfrac{1}{2}$ ④ 1 ⑤ 2

유형 04 급수의 성질

두 급수 $\sum\limits_{n=1}^{\infty}a_n$, $\sum\limits_{n=1}^{\infty}b_n$이 모두 수렴하고
$$\sum_{n=1}^{\infty}(2a_n+b_n)=11,\quad \sum_{n=1}^{\infty}(a_n-3b_n)=-12$$
일 때, $\sum\limits_{n=1}^{\infty}(3a_n+2b_n)$의 값을 구하시오.

04-1 두 급수 $\sum\limits_{n=1}^{\infty}a_n$, $\sum\limits_{n=1}^{\infty}b_n$이 모두 수렴하고 $\sum\limits_{n=1}^{\infty}a_n=4$, $\sum\limits_{n=1}^{\infty}(3a_n-b_n)=18$일 때, $\sum\limits_{n=1}^{\infty}\left(\dfrac{a_n}{2}-\dfrac{b_n}{3}\right)$의 값을 구하시오.

04-2 두 수열 $\{a_n\}$, $\{b_n\}$에 대한 설명 중 옳은 것만을 〈보기〉에서 있는 대로 고른 것은?

보기
ㄱ. $\sum\limits_{n=1}^{\infty}a_n=2$, $\sum\limits_{n=1}^{\infty}b_n=3$일 때, $\sum\limits_{n=1}^{\infty}(2b_n-3a_n)=0$이다.
ㄴ. $\sum\limits_{n=1}^{\infty}(a_n+b_n)$, $\sum\limits_{n=1}^{\infty}b_n$이 모두 수렴하면 $\sum\limits_{n=1}^{\infty}a_n$도 수렴한다.
ㄷ. $\sum\limits_{n=1}^{\infty}a_nb_n=4$, $\sum\limits_{n=1}^{\infty}b_n=2$이면 $\sum\limits_{n=1}^{\infty}a_n=2$이다. (단, $a_n\neq0$)

① ㄱ   ② ㄷ   ③ ㄱ, ㄴ   ④ ㄱ, ㄷ   ⑤ ㄱ, ㄴ, ㄷ

유형 05 등비급수의 수렴과 발산

등비수열 $\{a_n\}$에 대하여 $a_1=3$, $a_2=2$일 때, $5\sum\limits_{n=1}^{\infty} a_n a_{n+1}$의 값을 구하시오.

해결 포인트

등비급수 $\sum\limits_{n=1}^{\infty} ar^{n-1}$ $(a \neq 0)$은 $|r|<1$일 때, 그 합은 $\dfrac{a}{1-r}$임을 이용한다. 수열 $\{a_n a_{n+1}\}$의 첫째항과 공비를 먼저 구해 본다.

05-1 첫째항이 1인 등비수열 $\{a_n\}$에 대하여 $\sum\limits_{n=1}^{\infty} a_n=2$일 때, $7\sum\limits_{n=2}^{\infty} a_{n-1}a_n a_{n+1}$의 값을 구하시오.

유형 06 등비급수의 수렴 조건 중요

등비급수 $\sum\limits_{n=1}^{\infty} (x-1)(3-x)^{n-1}$이 수렴하도록 하는 정수 x의 개수는?

① 1   ② 2   ③ 3   ④ 4   ⑤ 5

해결 포인트

등비급수 $\sum\limits_{n=1}^{\infty} ar^{n-1}$이 수렴하기 위한 조건은 $a=0$ 또는 $-1<r<1$임을 이용한다.

06-1 등비급수 $\sum\limits_{n=1}^{\infty} \left(\dfrac{r+1}{2}\right)^n$과 등비수열 $\left\{\left(\dfrac{r}{3}+1\right)^n\right\}$이 모두 수렴하도록 하는 정수 r의 개수를 구하시오.

해결 포인트

등비급수는 $-1<$(공비)<1일 때 수렴하지만 등비수열은 $-1<$(공비)≤1일 때 수렴함에 주의한다.

06-2 등비급수 $\sum\limits_{n=1}^{\infty} \log_2 x(\sqrt[3]{2^x}-3)^{n-1}$이 수렴하도록 하는 모든 정수 x의 값의 합은?

① 8   ② 9   ③ 10   ④ 11   ⑤ 12

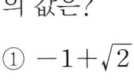
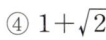

유형 07 등비급수의 활용

오른쪽 그림과 같이 $\angle XOY=45°$인 $\overline{OY}$ 위에 $\overline{OP}=2$인 점 P를 잡고, 점 P에서 $\overline{OX}$에 내린 수선의 발을 P_1, 점 P_1에서 $\overline{OY}$에 내린 수선의 발을 P_2, 점 P_2에서 $\overline{OX}$에 내린 수선의 발을 P_3이라 하자. 이와 같은 과정을 한없이 반복할 때, $\overline{P_1P_2}+\overline{P_2P_3}+\overline{P_3P_4}+\cdots$의 값은?

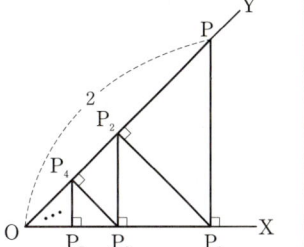

① $-1+\sqrt{2}$　　② 1　　③ $\sqrt{2}$

④ $1+\sqrt{2}$　　⑤ $2+\sqrt{2}$

해결 포인트

반복되는 도형들이 모두 닮은 도형이므로 구하고자 하는 합은 등비급수이다.

07-1 오른쪽 그림과 같이 $\overline{A_1B}=4$, $\overline{BC_1}=3$, $\angle B=90°$인 삼각형 A_1BC_1이 있다. 점 B를 중심으로 하고 선분 A_1C_1에 접하는 원이 두 선분 A_1B, BC_1과 만나는 점을 각각 A_2, D_1이라 하고, 점 A_2를 지나고 선분 A_1C_1과 평행한 직선이 선분 BC_1과 만나는 점을 C_2라 하자. 호

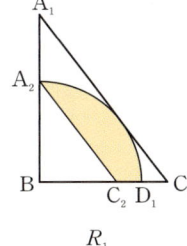
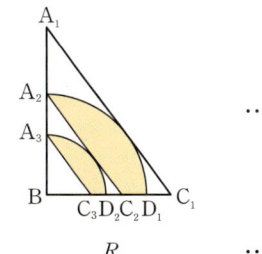

A_2D_1과 두 선분 A_2C_2, C_2D_1로 둘러싸인 부분에 색칠하여 얻은 그림을 R_1이라 하자. 그림 R_1에서 점 B를 중심으로 하고 선분 A_2C_2에 접하는 원이 두 선분 A_1B, BC_1과 만나는 점을 각각 A_3, D_2라 하고, 점 A_3을 지나고 선분 A_1C_1과 평행한 직선이 선분 BC_1과 만나는 점을 C_3이라 하자. 호 A_3D_2와 두 선분 A_3C_3, C_3D_2로 둘러싸인 부분에 색칠하여 얻은 그림을 R_2라 하자. 이와 같은 과정을 계속하여 n번째 얻은 그림 R_n에 색칠되어 있는 부분의 넓이를 S_n이라 할 때, $\lim\limits_{n\to\infty} S_n$의 값은?

① $\dfrac{9(2\pi-3)}{8}$　　② $\dfrac{3(3\pi-5)}{4}$　　③ $\dfrac{9(2\pi-5)}{8}$

④ $\dfrac{3(3\pi-8)}{4}$　　⑤ $\dfrac{9(\pi-3)}{4}$

07-2 오른쪽 그림과 같이 길이가 12인 선분 AB를 지름으로 하는 원이 있다. 선분 AB의 삼등분점을 각각 P_1, P_2라 하고, 선분 AP_1, AP_2, BP_1, BP_2를 각각 지름으로 하는 반원을 그려서 만든 ∿ 모양의 도형에 색칠하여 얻은 그림을 R_1이라 하자. 같은 방법으로 두 선분 AP_1, BP_2에 대하여 두 개의 ∿ 모양을 만들어 색칠하여 얻은 그림을 R_2라 하자. 이와 같은 과정을 계속하여 n번째에 얻은 그림 R_n에 색칠되어 있는 모든 ∿ 모양의 도형의 둘레의 길이의 합을 l_n이라 할 때, $\dfrac{1}{\pi}\lim\limits_{n\to\infty} l_n$의 값을 구하시오.

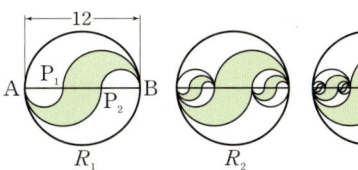

해결 포인트

닮은 ∿ 모양의 도형의 개수는 1, 2, 4, …와 같이 2배씩 증가하고 있음을 이용한다.

빈출 유형 마무리

01

급수 $\displaystyle\sum_{n=2}^{\infty} \frac{\sqrt{n^2-1}-n}{\sqrt{n(n+1)}}$의 합은?

① $1-\sqrt{2}$ ② -1 ③ $\dfrac{\sqrt{2}}{2}$

④ 1 ⑤ $\dfrac{\sqrt{2}}{2}-1$

02

수열 $\{a_n\}$에 대하여 $\displaystyle\lim_{n\to\infty} a_{n+1}=1$이고 $\displaystyle\sum_{n=1}^{\infty} \frac{a_{n+1}-a_n}{a_n a_{n+1}}=2$일 때, $15a_1$의 값을 구하시오.

03 중요

$a_1=0$이고 $a_n=2n-4$ $(n\geq 2)$인 수열 $\{a_n\}$의 첫째항부터 제 n항까지의 합을 S_n이라 할 때, $\displaystyle\sum_{n=3}^{\infty} \frac{1}{S_n}$의 값을 구하시오.

04

x에 대한 이차방정식 $x^2-3x+n^2+n=0$의 두 근을 a_n, β_n이라 할 때, $\displaystyle\sum_{n=1}^{\infty}\left(\frac{1}{a_n}+\frac{1}{\beta_n}\right)$의 값을 구하시오.

(단, n은 자연수이다.)

05

수열 $\{a_n\}$에 대하여

$$a_1 a_2 a_3 \cdots a_n = \frac{9n}{n+9} \ (n=1, 2, 3, \cdots)$$

이 성립할 때, $\displaystyle\sum_{n=1}^{\infty} \log_3 a_n$의 값은?

① -3 ② -2 ③ 1

④ 2 ⑤ 3

06

수열 $\{a_n\}$에 대하여 급수 $\displaystyle\sum_{n=1}^{\infty} \frac{3n-a_n}{n+1}$이 수렴할 때, $\displaystyle\lim_{n\to\infty} \frac{a_n}{n}$의 값은?

① -3 ② -1 ③ 0

④ 1 ⑤ 3

07 중요

$\displaystyle\sum_{n=2}^{\infty} \frac{pn^2+4}{n^2-1}=q$일 때, 상수 p, q에 대하여 $p+q$의 값을 구하시오.

08

두 수열 $\{a_n\}$, $\{b_n\}$에 대한 설명 중 옳은 것만을 〈보기〉에서 있는 대로 고른 것은?

┤ 보기 ├

ㄱ. $\displaystyle\sum_{n=1}^{\infty} \frac{1}{a_n}$이 수렴하면 $\displaystyle\sum_{n=1}^{\infty} a_n$은 발산한다.

ㄴ. $\displaystyle\sum_{n=1}^{\infty} a_n b_n$이 수렴하고 $\displaystyle\lim_{n\to\infty} a_n \neq 0$이면 $\displaystyle\lim_{n\to\infty} b_n=0$이다.

ㄷ. $\displaystyle\sum_{n=1}^{\infty} a_n=a$, $\displaystyle\sum_{n=1}^{\infty} b_n=\beta$이고 $a>\beta$이면 $\displaystyle\lim_{n\to\infty} a_n > \lim_{n\to\infty} b_n$이다.

① ㄱ   ② ㄴ   ③ ㄱ, ㄴ

④ ㄱ, ㄷ   ⑤ ㄱ, ㄴ, ㄷ

09

자연수 n을 2로 나누었을 때의 나머지를 a_n이라 할 때, $\displaystyle\sum_{n=1}^{\infty} \frac{a_n}{4^n}$의 값은?

① $\dfrac{1}{15}$　　　　② $\dfrac{4}{15}$　　　　③ $\dfrac{1}{4}$

④ $\dfrac{3}{4}$　　　　⑤ 1

10

두 등비수열 $\{a_n\}$, $\{b_n\}$에 대하여
$$a_1=1,\ b_1=1,\ \sum_{n=1}^{\infty} a_n=2,\ \sum_{n=1}^{\infty} b_n=3$$
일 때, $15\displaystyle\sum_{n=1}^{\infty}(a_n+b_n)^2$의 값을 구하시오.

11 중요

급수 $x+x\left(\dfrac{x-2}{2}\right)+x\left(\dfrac{x-2}{2}\right)^2+x\left(\dfrac{x-2}{2}\right)^3+\cdots$이 수렴하도록 하는 정수 x의 개수는?

① 1　　　　② 2　　　　③ 3

④ 4　　　　⑤ 5

12

등비급수 $\displaystyle\sum_{n=1}^{\infty}\left(\dfrac{1}{1+x^2}\right)^n$과 등비수열 $\left\{(x+4)\left(\dfrac{x+1}{3}\right)^{n-1}\right\}$이 모두 수렴하도록 하는 정수 x의 개수는?

① 4　　　　② 5　　　　③ 6

④ 7　　　　⑤ 8

13

등비수열 $\{a_n\}$에 대한 설명 중 옳은 것만을 〈보기〉에서 있는 대로 고른 것은?

┤ 보기 ├

ㄱ. 수열 $\{a_n\}$이 수렴하면 $\displaystyle\sum_{n=1}^{\infty} a_n$도 수렴한다.

ㄴ. $\displaystyle\sum_{n=1}^{\infty} a_n$이 발산하면 $\displaystyle\sum_{n=1}^{\infty} a_{2n}$도 발산한다.

ㄷ. $\displaystyle\sum_{n=1}^{\infty} a_n$이 수렴하면 $\displaystyle\sum_{n=1}^{\infty} a_n a_{n+1}$도 수렴한다.

① ㄴ　　　　② ㄷ　　　　③ ㄱ, ㄷ

④ ㄴ, ㄷ　　　　⑤ ㄱ, ㄴ, ㄷ

14

함수 $f(x)=\displaystyle\sum_{k=1}^{\infty} \dfrac{x^m}{(x^4+1)^{k-1}}$이 모든 실수 x에서 연속이 되도록 하는 자연수 m의 최솟값을 구하시오.

15 중요

다음 그림과 같이 원점 O에서 만나고 차례대로 30°의 각을 이루는 6개의 직선이 있다. 점 $A_0(1,\ 0)$에서 출발하여 이웃하는 직선에 수선을 그을 때, $\overline{A_0A_1}+\overline{A_1A_2}+\overline{A_2A_3}+\cdots$의 값은?

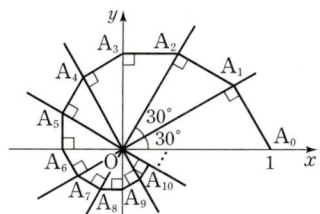

① $\sqrt{3}-1$　　　　② $2+\sqrt{3}$　　　　③ $4+\sqrt{3}$

④ $2+\sqrt{5}$　　　　⑤ $5+\sqrt{5}$

빈출 유형 마무리

16

오른쪽 그림과 같이 한 변의 길이가 6인 정사각형을 A_1, 그 둘레의 길이를 l_1이라 하자. 정사각형 A_1에 대각선을 그어 만들어진 4개의 삼각형의 무게중심을 연결한 정사각형을 A_2, 그 둘레의 길이를 l_2라 하자. 같은 방법으로 정사각형 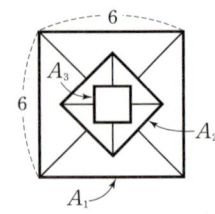 A_2에 대각선을 그어 만들어진 4개의 삼각형의 무게중심을 연결한 정사각형을 A_3, 그 둘레의 길이를 l_3이라 하자. 이와 같은 과정을 계속하여 $(n-1)$번째 얻은 정사각형을 A_n, 그 둘레의 길이를 l_n이라 할 때, $\sum\limits_{n=1}^{\infty} 7l_n = a + b\sqrt{2}$이다. $a+b$의 값을 구하시오. (단, a, b는 자연수이다.)

17

다음 그림과 같이 세 변의 길이가 각각 5, 12, 13인 직각삼각형 T_1에 내접하는 원 C_1을 그리고, 원 C_1의 지름을 빗변으로 하고 원에 내접하는 직각삼각형 T_1과 닮은 삼각형 T_2를 그린다. 이와 같은 과정을 계속하여 삼각형 T_n에 내접하는 원 C_n을 그렸을 때, 원 C_n의 넓이를 S_n이라 하자. $\sum\limits_{n=1}^{\infty} S_n = \dfrac{q}{p}\pi$일 때, $p+q$의 값을 구하시오. (단, p와 q는 서로소인 자연수이다.)

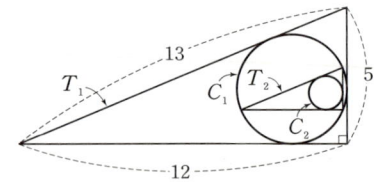

18
| 2015 9월 평가원 A형 12번 |

자연수 n에 대하여 $3^n \times 5^{n+1}$의 모든 양의 약수의 개수를 a_n이라 할 때, $\sum\limits_{n=1}^{\infty} \dfrac{1}{a_n}$의 값은?

① $\dfrac{1}{2}$ ② $\dfrac{7}{12}$ ③ $\dfrac{2}{3}$

④ $\dfrac{3}{4}$ ⑤ $\dfrac{5}{6}$

19
| 2013 수능 나형 19번 |

수열 $\{a_n\}$에 대하여 $\sum\limits_{n=1}^{\infty}\left(na_n - \dfrac{n^2+1}{2n+1}\right) = 3$일 때, $\lim\limits_{n\to\infty}(a_n^2 + 2a_n + 2)$의 값은?

① $\dfrac{13}{4}$ ② 3 ③ $\dfrac{11}{4}$

④ $\dfrac{5}{2}$ ⑤ $\dfrac{9}{4}$

20
| 2018 수능 나형 19번 |

그림과 같이 한 변의 길이가 1인 정삼각형 $A_1B_1C_1$이 있다. 선분 A_1B_1의 중점을 D_1이라 하고, 선분 B_1C_1 위의 $\overline{C_1D_1} = \overline{C_1B_2}$인 점 B_2에 대하여 중심이 C_1인 부채꼴 $C_1D_1B_2$를 그린다. 점 B_2에서 선분 C_1D_1에 내린 수선의 발을 A_2, 선분 C_1B_2의 중점을 C_2라 하자. 두 선분 B_1B_2, B_1D_1과 호 D_1B_2로 둘러싸인 영역과 삼각형 $C_1A_2C_2$의 내부에 색칠하여 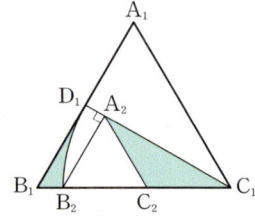 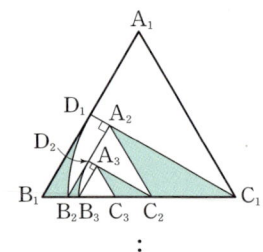 얻은 그림을 R_1이라 하자. 그림 R_1에서 선분 A_2B_2의 중점을 D_2라 하고, 선분 B_2C_2 위의 $\overline{C_2D_2} = \overline{C_2B_3}$인 점 B_3에 대하여 중심이 C_2인 부채꼴 $C_2D_2B_3$을 그린다. 점 B_3에서 선분 C_2D_2에 내린 수선의 발을 A_3, 선분 C_2B_3의 중점을 C_3이라 하자. 두 선분 B_2B_3, B_2D_2와 호 D_2B_3으로 둘러싸인 영역과 삼각형 $C_2A_3C_3$의 내부에 색칠하여 얻은 그림을 R_2라 하자. 이와 같은 과정을 계속하여 n번째 얻은 그림 R_n에 색칠되어 있는 부분의 넓이를 S_n이라 할 때, $\lim\limits_{n\to\infty} S_n$의 값은?

① $\dfrac{11\sqrt{3}-4\pi}{56}$ ② $\dfrac{11\sqrt{3}-4\pi}{52}$ ③ $\dfrac{15\sqrt{3}-6\pi}{56}$

④ $\dfrac{15\sqrt{3}-6\pi}{52}$ ⑤ $\dfrac{15\sqrt{3}-4\pi}{52}$

Ⅱ

미분법

❶ 지수함수의 극한

지수함수 $y=a^x$ $(a>0,\ a\ne1)$에서

(1) 임의의 실수 c에 대하여 $\lim\limits_{x\to c}a^x=a^c$

(2) $a>1$일 때, $\lim\limits_{x\to\infty}a^x=\infty$, $\lim\limits_{x\to-\infty}a^x=0$

(3) $0<a<1$일 때, $\lim\limits_{x\to\infty}a^x=0$, $\lim\limits_{x\to-\infty}a^x=\infty$

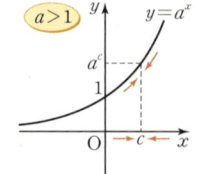
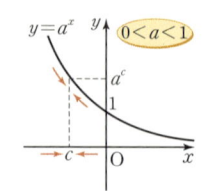

❷ 로그함수의 극한

로그함수 $y=\log_a x$ $(a>0,\ a\ne1)$에서

(1) 임의의 양의 실수 c에 대하여 $\lim\limits_{x\to c}\log_a x=\log_a c$

(2) $a>1$일 때, $\lim\limits_{x\to\infty}\log_a x=\infty$, $\lim\limits_{x\to0+}\log_a x=-\infty$

(3) $0<a<1$일 때, $\lim\limits_{x\to\infty}\log_a x=-\infty$, $\lim\limits_{x\to0+}\log_a x=\infty$

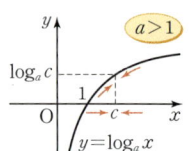
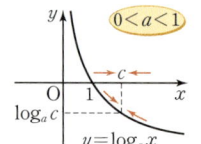

❸ 무리수 e와 자연로그

(1) 무리수 e

x의 값이 0에 한없이 가까워짐에 따라 $(1+x)^{\frac{1}{x}}$의 값은 일정한 값에 수렴함이 알려져 있고, 이 값을 e와 같이 나타낸다. 즉,

$$e=\lim_{x\to0}(1+x)^{\frac{1}{x}}=\lim_{x\to\infty}\left(1+\frac{1}{x}\right)^x$$

이다. 이때, e는 무리수이고 그 값은 $e=2.718281\cdots$임이 알려져 있다.

(2) 무리수 e를 밑으로 하는 로그 $\log_e x$를 자연로그라 하고, 간단히 $\ln x$로 나타낸다.

(3) 무리수 e의 정의를 이용한 지수함수와 로그함수의 극한

$a>0,\ a\ne1$일 때

① $\lim\limits_{x\to0}\dfrac{\ln(1+x)}{x}=1$, $\lim\limits_{x\to0}\dfrac{\log_a(1+x)}{x}=\dfrac{1}{\ln a}$

② $\lim\limits_{x\to0}\dfrac{e^x-1}{x}=1$, $\lim\limits_{x\to0}\dfrac{a^x-1}{x}=\ln a$

❹ 지수함수와 로그함수의 미분

(1) 지수함수의 도함수

   ① $y=e^x$이면 $y'=e^x$

   ② $y=a^x$이면 $y'=a^x\ln a$ (단, $a>0,\ a\ne1$)

(2) 로그함수의 도함수

   ① $y=\ln x$이면 $y'=\dfrac{1}{x}$

   ② $y=\log_a x$이면 $y'=\dfrac{1}{x\ln a}$ (단, $a>0,\ a\ne1$)

개념
Plus

• 지수함수 $y=a^x$ $(a>0,\ a\ne1)$의 극한은 그래프를 이용하면 쉽게 알 수 있다.

• 로그함수 $y=\log_a x$ $(a>0,\ a\ne1)$의 극한은 그래프를 이용하면 쉽게 알 수 있다.

• 로그함수 $y=\log_a x$ $(a>0,\ a\ne1)$의 정의역은 $\{x\,|\,x>0\}$이므로 $x\to0-$일 때의 극한은 생각할 수 없다.

• $e=\lim\limits_{x\to0}(1+x)^{\frac{1}{x}}$에서 $\dfrac{1}{x}=t$로 놓으면 $x\to0+$일 때 $t\to\infty$이므로
$$e=\lim_{t\to\infty}\left(1+\frac{1}{t}\right)^t$$
과 같이 나타낼 수 있다.

• 무리수 e를 밑으로 하는 지수함수를 $y=e^x$으로 나타낸다.

• 지수함수 $y=e^x$과 로그함수 $y=\ln x$는 역함수 관계에 있다.
$$y=e^x\iff x=\ln y$$

• 0이 아닌 상수 a에 대하여 다음이 성립한다.
① $\lim\limits_{x\to0}(1+ax)^{\frac{1}{ax}}=e$
② $\lim\limits_{x\to\infty}\left(1+\dfrac{1}{ax}\right)^{ax}=e$
③ $\lim\limits_{x\to0}\dfrac{\ln(1+ax)}{ax}=1$
④ $\lim\limits_{x\to0}\dfrac{e^{ax}-1}{ax}=1$

• 미분가능한 함수 $f(x)$의 도함수는
$$f'(x)=\lim_{h\to0}\frac{f(x+h)-f(x)}{h}$$

$\displaystyle\lim_{x \to 0} \frac{\ln(1+2x)(1+3x)(1+5x)}{e^{2x}-1}$ 의 값은?

① 2　　　　② 3　　　　③ 5　　　　④ 7　　　　⑤ 9

01-1 $\displaystyle\lim_{x \to \frac{1}{2}} (2x)^{\frac{1}{1-2x}}$ 의 값은?

① $\dfrac{1}{e}$　　　② $\dfrac{3}{e}$　　　③ $\sqrt{e}$　　　④ $3e$　　　⑤ e

> **해결 포인트**
> $1-2x=t$로 치환하여 식을 변형한다.

01-2 함수 $f(x)$에 대하여 $\displaystyle\lim_{x \to 0} f(x)\ln(1+2x)=6$일 때, $\displaystyle\lim_{x \to 0} f(x)(e^{3x}-1)$의 값은?

① 4　　　② 8　　　③ 9　　　④ 10　　　⑤ 14

> **해결 포인트**
> $g(x)=f(x)\ln(1+2x)$로 놓고 식을 변형한다.

 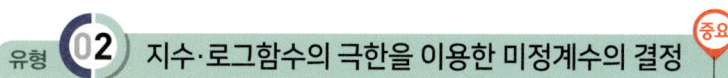

> **해결 포인트**
> 극한값이 존재할 때, (분모)→0이면 (분자)→0임을 이용한다.

$\displaystyle\lim_{x \to 0} \frac{e^{ax}+b}{\ln(1+x)}=4$를 만족시키는 상수 a, b에 대하여 $a+b$의 값을 구하시오.

02-1 $\displaystyle\lim_{x \to 0} \frac{a^x-(2a+3)^x}{x}=-\ln 3$일 때, 양수 a의 값은?

① $\dfrac{3}{2}$　　　② 2　　　③ $\dfrac{5}{2}$　　　④ 3　　　⑤ $\dfrac{7}{2}$

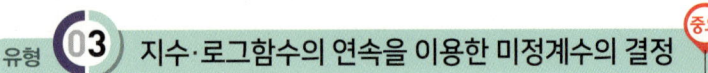

유형 **03** 지수·로그함수의 연속을 이용한 미정계수의 결정 중요

함수 $f(x) = \begin{cases} \dfrac{\ln(1+x)}{e^x-1} & (x \neq 0) \\ k & (x=0) \end{cases}$ 이 구간 $(-1, \infty)$에서 연속일 때, 상수 k의 값은?

① $\dfrac{1}{2}$ ② 1 ③ 2 ④ e ⑤ $2e$

함수 $f(x) = \begin{cases} g(x) & (x \neq a) \\ k & (x=a) \end{cases}$가
모든 실수 x에서 연속이면
$\displaystyle\lim_{x \to a} g(x) = k$

03-1 함수 $f(x) = \begin{cases} \dfrac{a \times 4^x + b}{x} & (x \neq 0) \\ 5\ln 2 & (x=0) \end{cases}$ 이 구간 $(-\infty, \infty)$에서 연속이 되도록 하는 상수 a, b

에 대하여 $a^2 + b^2$의 값은?

① 11 ② $\dfrac{23}{2}$ ③ 12 ④ $\dfrac{25}{2}$ ⑤ 13

03-2 모든 실수 x에서 연속인 함수 $f(x)$가
$$2(e^{1-x}-1)f(x) = x^2 + 2x - 3$$
을 만족시킬 때, $f(1)$의 값은?

① -4 ② -3 ③ -2 ④ 1 ⑤ 2

$\begin{aligned} f(1) &= \lim_{x \to 1} f(x) \\ &= \lim_{x \to 1} \dfrac{x^2 + 2x - 3}{2(e^{1-x}-1)} \end{aligned}$

유형 **04** 지수·로그함수의 극한의 도형에의 활용

오른쪽 그림과 같이 곡선 $y = a^x - 1$ $(a > 1)$ 위의 점 P에서 x축에 내린 수선의 발을 Q라 하자. 원점 O에 대하여 점 P의 x좌표를 t라 하고 삼각형 OPQ의 넓이를 $S(t)$라 할 때, $\displaystyle\lim_{t \to 0+} \dfrac{S(t)}{t^2} = \ln 3$이다. 상수 a의 값을 구하시오. (단, 점 P는 제1사분면 위의 점이다.)

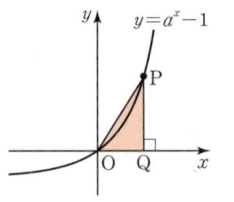

04-1 오른쪽 그림과 같이 곡선 $y = \ln(1+2x)$ 위를 움직이는 점 $\mathrm{P}(t, \ln(1+2t))$와 원점 O를 이은 직선 OP의 기울기를 $f(t)$라 할 때, $\displaystyle\lim_{t \to 0} f(t)$의 값을 구하시오.

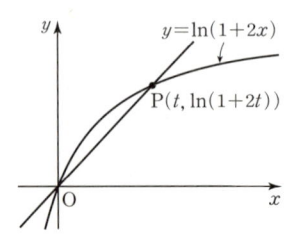

두 점 $\mathrm{A}(x_1, y_1)$, $\mathrm{B}(x_2, y_2)$ $(x_1 \neq x_2)$를 지나는 직선의 기울기는 $\dfrac{y_2 - y_1}{x_2 - x_1}$이다.

유형 **05** 지수·로그함수의 도함수 (중요)

함수 $f(x)=e^x+x$에 대하여 $\displaystyle\lim_{h\to 0}\frac{f(1+2h)-f(1-3h)}{h}$의 값은?

① $e+1$ 　　② $2e$ 　　③ $3e$ 　　④ $5e$ 　　⑤ $5(e+1)$

해결 포인트

미분계수의 정의
$$f'(a)=\lim_{h\to 0}\frac{f(a+h)-f(a)}{h}$$
임을 이용한다.

05-1 함수 $f(x)=(x^2+2)\log_3 x$에 대하여 $f'(3)$의 값을 구하시오.

05-2 함수 $f(x)=(2x+a)e^x$에 대하여 $\displaystyle\lim_{x\to 0}\frac{f(x)-f(0)}{x}=5$일 때, 상수 a의 값은?

① 1 　　② $\dfrac{3}{2}$ 　　③ 2 　　④ $\dfrac{5}{2}$ 　　⑤ 3

유형 **06** 지수·로그함수의 미분가능성

함수 $f(x)=\begin{cases} 2x^2+a & (x\geq -1) \\ be^{x+1}+3 & (x<-1) \end{cases}$ 이 $x=-1$에서 미분가능할 때, 상수 a, b에 대하여 $a+b$ 의 값은?

① -9 　　② -7 　　③ -5 　　④ -3 　　⑤ -1

해결 포인트

$f(x)=\begin{cases} g(x) & (x\geq a) \\ h(x) & (x<a) \end{cases}$ 가 $x=a$
에서 미분가능할 조건
(i) $x=a$에서 연속이다.
(ii) 미분계수 $f'(a)$가 존재해야 한
다.

06-1 함수 $f(x)=\begin{cases} \ln x+3x & (x\geq 1) \\ ax+b & (x<1) \end{cases}$ 이 $x=1$에서 미분가능하도록 하는 상수 a, b에 대하여 ab의 값은?

① -4 　　② -2 　　③ -1 　　④ 2 　　⑤ 4

01

$\lim\limits_{x \to \infty} x\{\ln(3x+4) - \ln 3x\}$의 값은?

① $\dfrac{2}{3}$ ② 1 ③ $\dfrac{4}{3}$

④ 2 ⑤ $\dfrac{7}{3}$

02

$\lim\limits_{h \to 0} \dfrac{e^{(h-1)^2} - e^{h^2+1}}{h}$의 값은?

① $-2e$ ② $-e$ ③ $-\dfrac{1}{2}e$

④ $\dfrac{1}{2}e$ ⑤ $2e$

03

연속함수 $f(x)$가 $\lim\limits_{x \to 0} \dfrac{f(x)}{\ln(1+x)} = 3$을 만족시킬 때,

$\lim\limits_{x \to 0} \dfrac{f(x)}{\ln(1-2x)}$의 값은?

① $-\dfrac{5}{2}$ ② $-\dfrac{3}{2}$ ③ $-\dfrac{1}{2}$

④ $\dfrac{1}{2}$ ⑤ $\dfrac{3}{2}$

04 중요

$\lim\limits_{x \to -1} \dfrac{\ln(x+a)}{\sqrt{x+2}-1} = b$를 만족시키는 상수 a, b에 대하여 $a+b$
의 값은?

① 1 ② 2 ③ 3

④ 4 ⑤ 5

05

$\lim\limits_{x \to \infty} \left(\dfrac{x+a}{x-a}\right)^x = e$를 만족시키는 상수 a에 대하여

$\lim\limits_{x \to \infty} \left(\dfrac{x+a^2}{x-a^2}\right)^x$의 값은?

① $\dfrac{1}{e}$ ② $\sqrt{e}$ ③ e

④ $e\sqrt{e}$ ⑤ e^2

06

모든 실수 x에서 연속인 함수 $f(x)$에 대하여
$$f(x)\ln(1+x^2) = 12x^2$$
을 만족시킬 때, $f(0)$의 값은?

① 6 ② 12 ③ 24

④ 36 ⑤ 48

07

모든 실수 x에 대하여 함수 $f(x)$를
$$f(x) = \begin{cases} \dfrac{e^x + e^{-x} - a}{x^2} & (x \neq 0) \\ b & (x = 0) \end{cases}$$
과 같이 정의하자. 함수 $f(x)$가 $x=0$에서 연속이 되도록 하는
상수 a, b에 대하여 $10a+b$의 값을 구하시오.

08

함수 $f(x) = \lim\limits_{n \to \infty} \dfrac{6 + \{\log_5(4+|x|)\}^n}{2 + \{\log_5(4+|x|)\}^n}$이 $x=a$에서 불연속
일 때, 모든 실수 a의 값의 곱은?

① -9 ② -4 ③ -1

④ 1 ⑤ 9

09 중요

오른쪽 그림과 같이 곡선 $y=e^{2x}$ 위의 점 P에서 x축에 내린 수선의 발을 Q라 하고, 점 A(0, 1)에서 선분 PQ에 내린 수선의 발을 R라 하자. 점 P가 이 곡선을 따라 점 A에 한없이 가까워질 때, $\dfrac{\overline{\mathrm{AP}}}{\overline{\mathrm{PR}}}$ 의 극한값은?

(단, 점 P는 제1사분면 위의 점이다.)

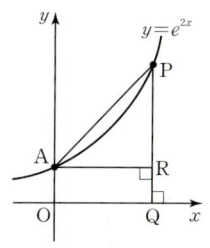

① 2
② $\sqrt{2}$
③ $\dfrac{\sqrt{6}}{2}$

④ $\dfrac{\sqrt{5}}{2}$
⑤ 1

10

함수 $f(x)=(x+a)\ln x$의 $x=1$에서의 미분계수가 4일 때, 상수 a의 값을 구하시오.

11

함수 $f(x)=2^x(3x+1)$에 대하여 $\displaystyle\lim_{x\to 1}\dfrac{f(x)-f(1)}{x^2-1}$의 값은?

① $2\ln 2+1$
② $2\ln 2+3$
③ $4\ln 2+3$

④ $4\ln 2+5$
⑤ $8\ln 2+6$

12

함수 $f(x)=\begin{cases} 3^x+1 & (x\geq 1) \\ ax+b & (x<1) \end{cases}$ 이 $x=1$에서 미분가능할 때, 상수 a, b에 대하여 $a-b$의 값은?

① $3\ln 3-4$
② $3\ln 3-2$
③ $6\ln 3-6$

④ $6\ln 3-4$
⑤ $6\ln 3-2$

13

임의의 두 실수 x, y에 대하여
$$f(x+y)=f(x)+f(y)-e^x-e^y+e^{x+y}$$
을 만족시키는 함수 $f(x)$가 모든 실수 x에서 미분가능하고 $f'(0)=7$일 때, $f'(\ln 2)$의 값을 구하시오.

14

| 2013 6월 평가원 가형 8번 |

함수 $f(x)$가 $x>-1$인 모든 실수 x에 대하여 부등식
$$\ln(1+x)\leq f(x)\leq \frac{1}{2}(e^{2x}-1)$$
을 만족시킬 때, $\displaystyle\lim_{x\to 0}\dfrac{f(3x)}{x}$의 값은?

① 1
② e
③ 3

④ 4
⑤ $2e$

15

| 2015 수능 B형 14번 |

$a>3$인 상수 a에 대하여 오른쪽 그림과 같이 두 곡선 $y=a^{x-1}$과 $y=3^x$이 점 P에서 만난다. 점 P의 x좌표를 k라 할 때, 점 P에서 곡선 $y=3^x$에 접하는 직선이 x축과 만나는 점을 A, 점 P에서 곡선 $y=a^{x-1}$에 접하는 직선이 x축과 만나는 점을 B라 하자. 점 H(k, 0)에 대하여 $\overline{\mathrm{AH}}=2\overline{\mathrm{BH}}$일 때, a의 값은?

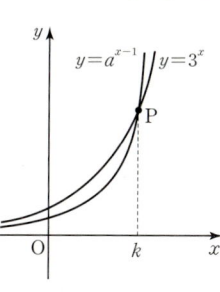

① 6
② 7
③ 8

④ 9
⑤ 10

02 삼각함수의 미분

❶ 삼각함수 $\csc\theta$, $\sec\theta$, $\cot\theta$

동경 OP가 나타내는 일반각의 크기 θ에 대하여

(1) 코시컨트함수 : $\csc\theta = \dfrac{1}{\sin\theta} = \dfrac{r}{y}$ $(y \neq 0)$

(2) 시컨트함수 : $\sec\theta = \dfrac{1}{\cos\theta} = \dfrac{r}{x}$ $(x \neq 0)$

(3) 코탄젠트함수 : $\cot\theta = \dfrac{1}{\tan\theta} = \dfrac{x}{y}$ $(y \neq 0)$

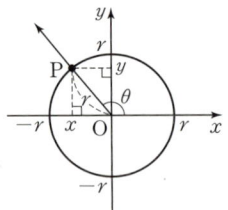

• $\sin^2\theta + \cos^2\theta = 1$의 양변을
① $\cos^2\theta$로 나누어 정리하면
$\tan^2\theta + 1 = \sec^2\theta$
② $\sin^2\theta$로 나누어 정리하면
$1 + \cot^2\theta = \csc^2\theta$

❷ 삼각함수의 덧셈정리

(1) 삼각함수의 덧셈정리

① $\sin(\alpha+\beta) = \sin\alpha\cos\beta + \cos\alpha\sin\beta$ $\sin(\alpha-\beta) = \sin\alpha\cos\beta - \cos\alpha\sin\beta$

② $\cos(\alpha+\beta) = \cos\alpha\cos\beta - \sin\alpha\sin\beta$ $\cos(\alpha-\beta) = \cos\alpha\cos\beta + \sin\alpha\sin\beta$

③ $\tan(\alpha+\beta) = \dfrac{\tan\alpha+\tan\beta}{1-\tan\alpha\tan\beta}$ $\tan(\alpha-\beta) = \dfrac{\tan\alpha-\tan\beta}{1+\tan\alpha\tan\beta}$

(2) 두 직선이 이루는 예각의 크기

두 직선 $y = m_1 x + n_1$, $y = m_2 x + n_2$가 x축의 양의 방향과 이루는 각의 크기를 각각 α, β라 하면

$$\tan\alpha = m_1,\ \tan\beta = m_2$$

이고, 두 직선이 이루는 예각의 크기를 θ라 하면

$$\tan\theta = |\tan(\alpha-\beta)| = \left|\frac{\tan\alpha-\tan\beta}{1+\tan\alpha\tan\beta}\right| = \left|\frac{m_1-m_2}{1+m_1 m_2}\right| \ (\text{단},\ m_1 m_2 \neq -1)$$

• 삼각함수의 덧셈정리를 이용하면 15°, 75°, 105°와 같이 특수각의 합 또는 차로 나타낼 수 있는 각에 대한 삼각함수의 값을 구할 수 있다.

❸ 삼각함수의 극한

(1) 삼각함수의 극한

① $\displaystyle\lim_{x \to a} \sin x = \sin a$ ② $\displaystyle\lim_{x \to a} \cos x = \cos a$

③ $\displaystyle\lim_{x \to a} \tan x = \tan a$ $\left(\text{단},\ a \neq n\pi + \dfrac{\pi}{2},\ n\text{은 정수}\right)$

(2) $\displaystyle\lim_{x \to 0} \dfrac{\sin x}{x}$, $\displaystyle\lim_{x \to 0} \dfrac{\tan x}{x}$의 값

x의 단위가 라디안일 때

① $\displaystyle\lim_{x \to 0} \dfrac{\sin x}{x} = 1$ ② $\displaystyle\lim_{x \to 0} \dfrac{\tan x}{x} = 1$

• $y = \sin x$, $y = \cos x$는 모든 실수에서 연속이고, $y = \tan x$는 $x \neq n\pi + \dfrac{\pi}{2}$ (n은 정수)인 모든 실수에서 연속이다.

• $\dfrac{0}{0}$ 꼴의 삼각함수의 극한
$\displaystyle\lim_{\triangle \to 0} \dfrac{\sin\triangle}{\triangle} = 1$ 또는
$\displaystyle\lim_{\square \to 0} \dfrac{\tan\square}{\square} = 1$을 이용할 수 있도록 식을 변형한다.

❹ 삼각함수의 미분

(1) 사인함수의 도함수

$y = \sin x$이면 $y' = \cos x$

(2) 코사인함수의 도함수

$y = \cos x$이면 $y' = -\sin x$

• 함수 $y = \sin x$, $y = \cos x$는 모든 실수에서 미분가능하다.

내신 & 수능 빈출 유형

유형 01 삼각함수의 덧셈정리

$\sin\alpha=\dfrac{\sqrt{3}}{2}$, $\sin\beta=\dfrac{\sqrt{3}}{4}$일 때, $\cos(\alpha+\beta)\cos(\alpha-\beta)$의 값은?

① $\dfrac{5}{16}$ ② $\dfrac{9}{32}$ ③ $\dfrac{7}{32}$ ④ $\dfrac{3}{16}$ ⑤ $\dfrac{1}{16}$

01-1 함수 $f(x)=\sin x\left(0\le x\le\dfrac{\pi}{2}\right)$의 역함수를 $g(x)$라 하고, $g\left(\dfrac{5}{13}\right)=\alpha$, $g\left(\dfrac{4}{5}\right)=\beta$라 할 때, $f(\alpha+\beta)$의 값은?

① $\dfrac{3}{13}$ ② $\dfrac{4}{13}$ ③ $\dfrac{36}{65}$ ④ $\dfrac{63}{65}$ ⑤ 1

유형 02 삼각함수의 덧셈정리의 활용 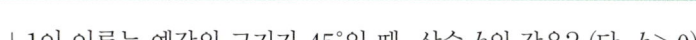 중요

두 직선 $y=3x-1$, $y=kx+1$이 이루는 예각의 크기가 $45°$일 때, 상수 k의 값은? (단, $k>0$)

① $\dfrac{1}{4}$ ② $\dfrac{1}{3}$ ③ $\dfrac{1}{2}$ ④ $\dfrac{\sqrt{3}}{3}$ ⑤ $\dfrac{\sqrt{3}}{2}$

02-1 두 직선 $y=kx+2$, $y=(k-5)x+1$이 이루는 예각의 크기가 $\dfrac{\pi}{4}$일 때, 모든 정수 k의 값의 합은?

① 3 ② 4 ③ 5 ④ 6 ⑤ 7

02-2 오른쪽 그림과 같이 $\overline{BC}=6$, $\overline{AC}=4$이고 $\angle C=\dfrac{\pi}{2}$인 직각삼각형 ABC에서 선분 AC의 중점을 M, $\angle ABM=\theta$라 할 때, $\tan\theta=\dfrac{q}{p}$이다. $p+q$의 값은?

(단, p와 q는 서로소인 자연수이다.)

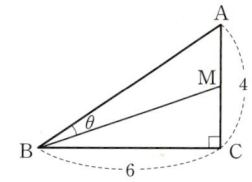

① 14 ② 15 ③ 16 ④ 17 ⑤ 18

유형 **03** 삼각함수의 극한을 이용한 미정계수의 결정

해결 포인트

$\lim\limits_{x \to 0} \dfrac{a+b\cos \pi x}{x \sin \pi x} = \pi$를 만족시키는 상수 a, b에 대하여 $a-b$의 값은?

① -4 ② -2 ③ 0 ④ 2 ⑤ 4

해결 포인트

$\lim\limits_{x \to a} \dfrac{f(x)}{g(x)} = \alpha$ (α는 실수)일 때,

$\lim\limits_{x \to a} g(x) = 0$이면 $\lim\limits_{x \to a} f(x) = 0$

03-1 $\lim\limits_{x \to 0} \dfrac{\sin 2x}{\tan(ax+b)} = 2$를 만족시키는 상수 a, b에 대하여 $a+b$의 값을 구하시오.

$$\left(단,\ 0 \le b < \frac{\pi}{2} \right)$$

03-2 일차함수 $f(x)$가 $\lim\limits_{x \to \frac{\pi}{2}} \dfrac{\cos x}{f(x)} = \dfrac{1}{3}$ 을 만족시킬 때, $f(\pi)$의 값은?

① $-\dfrac{3}{2}\pi$ ② $-\dfrac{\pi}{2}$ ③ 0 ④ $\dfrac{\pi}{2}$ ⑤ $\dfrac{3}{2}\pi$

유형 **04** 삼각함수의 극한의 활용

해결 포인트

삼각형 POB의 넓이를 삼각함수로 나타내어 극한값을 구한다.

오른쪽 그림과 같이 길이가 4인 선분 AB를 지름으로 하고 중심이 O인 반원이 있다. 반원 위의 점 P에 대하여 ∠PAB=θ라 하고, 삼각형 POB의 넓이를 $S(\theta)$라 할 때, $\lim\limits_{\theta \to 0+} \dfrac{S(\theta)}{\theta}$의 값을 구하시오.

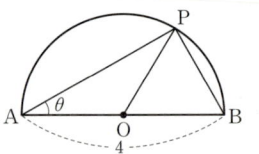

04-1 오른쪽 그림과 같이 반지름의 길이가 1인 사분원 OAB의 호 AB 위를 움직이는 점 P에 대하여 ∠AOP=θ라 하자. 두 선분 OA, OP, 호 AB에 모두 접하는 원의 둘레의 길이를 $l(\theta)$라 할 때, $\lim\limits_{\theta \to 0+} \dfrac{l(\theta)}{\pi \theta}$의 값을 구하시오. $\left(단,\ 0 < \theta < \dfrac{\pi}{2} \right)$

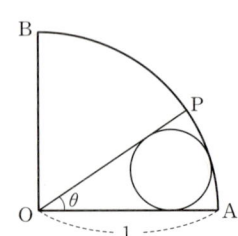

$$f'(a)=\lim_{h\to 0}\frac{f(a+h)-f(a)}{h}$$

유형 **05** 삼각함수의 도함수 중요

함수 $f(x)=x^2\cos x$에 대하여 $\lim_{h\to 0}\dfrac{f(\pi+h)-f(\pi-h)}{h}$의 값은?

① -4π 　　② -2π 　　③ $-\pi$ 　　④ 2π 　　⑤ 4π

05-1 함수 $f(x)=e^x(\cos x+\sin x)$에 대하여 $f'(0)$의 값은?

① 1 　　② 2 　　③ 3 　　④ 4 　　⑤ 5

05-2 함수 $f(x)=\lim_{h\to 0}\dfrac{\cos x\cos(x+h)-\cos^2 x}{h}$에 대하여 $f'\left(\dfrac{\pi}{2}\right)$의 값을 구하시오.

유형 **06** 함수의 미분가능성

$f(x)=\begin{cases}g(x) & (x\ge a)\\ h(x) & (x<a)\end{cases}$가

$x=a$에서 미분가능할 조건
(i) $x=a$에서 연속이다.
(ii) 미분계수 $f'(a)$가 존재한다.

함수 $f(x)=\begin{cases}\cos x & \left(x\le\dfrac{\pi}{2}\right)\\ ax+b & \left(x>\dfrac{\pi}{2}\right)\end{cases}$가 $x=\dfrac{\pi}{2}$에서 미분가능할 때, $f(\pi)$의 값은?

(단, a, b는 상수이다.)

① $-\pi$ 　　② $-\dfrac{\pi}{2}$ 　　③ -1 　　④ $-\dfrac{\pi}{4}$ 　　⑤ $-\dfrac{\pi}{6}$

06-1 함수 $f(x)=\begin{cases}ax+b & (x>0)\\ \sin x+\cos x & (x\le 0)\end{cases}$이 $x=0$에서 미분가능하도록 하는 상수 a, b에 대하여 $a+b$의 값을 구하시오.

빈출 유형 마무리

01

$0<\alpha<\dfrac{\pi}{2}$, $\dfrac{3}{2}\pi<\beta<2\pi$이고 $\sin\alpha=\dfrac{2}{3}$, $\cos\beta=\dfrac{1}{3}$일 때, $\sin(\alpha-\beta)$의 값은?

① $\dfrac{2+2\sqrt{10}}{9}$ 　　② $\dfrac{1+2\sqrt{10}}{9}$ 　　③ $\dfrac{2+\sqrt{10}}{9}$

④ $\dfrac{1+\sqrt{10}}{9}$ 　　⑤ $\dfrac{\sqrt{10}}{9}$

02

오른쪽 그림과 같이 길이가 $\sqrt{7}$인 선분 AB를 지름으로 하는 반원이 있다. 반원의 호 위의 점 P에 대하여 $\overline{\mathrm{PA}}:\overline{\mathrm{PB}}=\sqrt{3}:2$일 때, $\sin(A-B)$의 값은?

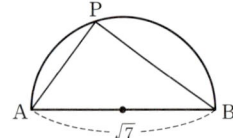

① $\dfrac{1}{2}$ 　　② $\dfrac{1}{3}$ 　　③ $\dfrac{1}{5}$

④ $\dfrac{1}{6}$ 　　⑤ $\dfrac{1}{7}$

03

삼각형 ABC에서 $\tan B=\sqrt{5}$, $\tan C=2\sqrt{5}$일 때, $\tan^2 A=\dfrac{q}{p}$이다. $p+q$의 값을 구하시오.

(단, p와 q는 서로소인 자연수이다.)

04 중요

좌표평면 위의 두 점 $(-2, 1)$, $(2, 3)$을 지나는 직선과 직선 $y=2x$가 이루는 예각의 크기를 θ라 할 때, $\tan\left(\theta+\dfrac{\pi}{4}\right)$의 값을 구하시오.

05

오른쪽 그림과 같이 한 변의 길이가 1인 정사각형 5개로 이루어진 도형에서 $\angle\mathrm{AFE}=\theta$라 할 때, $\tan\theta$의 값을 구하시오.

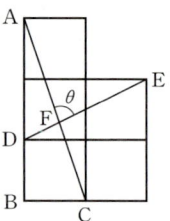

06

$\displaystyle\lim_{x\to 2}\dfrac{\sin(x-2)}{\sqrt{ax}-2}=b$일 때, 상수 a, b에 대하여 $a+b$의 값을 구하시오. (단, $b\neq 0$)

07

일차함수 $f(x)$에 대하여 $\displaystyle\lim_{x\to\pi}\dfrac{x\sin x}{f(x)}=\dfrac{\pi}{2}$가 성립할 때, $f(\pi)$의 값은?

① -2π 　　② $-\pi$ 　　③ 0

④ π 　　⑤ 2π

08 중요

함수 $f(x)$가 $\displaystyle\lim_{x\to 0}f(x)(1-\cos 2x)=8$을 만족시킬 때, $\displaystyle\lim_{x\to 0}x^2 f(x)$의 값을 구하시오.

09

$\lim\limits_{x \to a} \dfrac{3^x - 1}{2\sin(x-a)} = b \ln 3$을 만족시키는 상수 a, b에 대하여 $a+b$의 값은?

① $\dfrac{1}{3}$ ② $\dfrac{1}{2}$ ③ 1

④ $\dfrac{4}{3}$ ⑤ $\dfrac{3}{2}$

10

오른쪽 그림과 같이 길이가 12인 선분 AB를 지름으로 하고 중심이 O인 반원이 있다. 반원의 호 위를 움직이는 점 C에 대하여 점 B를 지나고 선분 OC와 평행한 직선이 반원과 만나는 점을 D라 하자. $\angle AOC = \theta$라 하고, 색칠한 도형의 넓이를 $S(\theta)$라 할 때, $\lim\limits_{\theta \to 0+} \dfrac{S(\theta)}{\theta}$의 값을 구하시오.

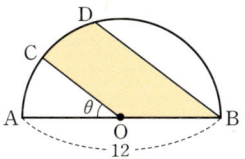

11 (중요)

함수 $f(x) = \begin{cases} \dfrac{3^x - a\sin x + b}{x} & (x \neq 0) \\ 0 & (x = 0) \end{cases}$ 이 모든 실수 x에서 연속일 때, 상수 a, b에 대하여 $a+b$의 값은?

① $1 - \ln 3$ ② 1 ③ $\ln 3 - 1$

④ $\ln 3$ ⑤ $\ln 3 + 1$

12

$0 \leq x \leq 2\pi$일 때, 함수 $f(x) = \sin^2 x + 2\sin x$에 대하여 $f'(x) = 0$을 만족시키는 모든 x의 값의 합은?

① 2π ② $\dfrac{5}{2}\pi$ ③ 3π

④ $\dfrac{7}{2}\pi$ ⑤ 4π

13 (중요)

함수 $f(x) = \sin x - 2\cos x$에 대하여 $\lim\limits_{x \to 0} \dfrac{f(\pi + \sin 3x) - f(\pi)}{x}$의 값은?

① $-\pi$ ② -3 ③ 3

④ π ⑤ 2π

14

함수 $f(x) = \begin{cases} a\sin x + a & (x \geq 0) \\ 2x^2 + 3x + b & (x < 0) \end{cases}$ 이 $x = 0$에서 미분가능하도록 하는 상수 a, b에 대하여 $a+b$의 값을 구하시오.

15

| 2018 9월 평가원 가형 15번 |

곡선 $y = 1 - x^2$ $(0 < x < 1)$ 위의 점 P에서 y축에 내린 수선의 발을 H라 하고, 원점 O와 점 A$(0, 1)$에 대하여 $\angle APH = \theta_1$, $\angle HPO = \theta_2$라 하자. $\tan\theta_1 = \dfrac{1}{2}$일 때, $\tan(\theta_1 + \theta_2)$의 값은?

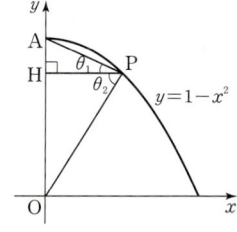

① 2 ② 4 ③ 6

④ 8 ⑤ 10

16

| 2017 수능 가형 14번 |

그림과 같이 반지름의 길이가 1이고 중심각의 크기가 $\dfrac{\pi}{2}$인 부채꼴 OAB가 있다. 호 AB 위의 점 P에서 선분 OA에 내린 수선의 발을 H, 선분 PH와 선분 AB의 교점을 Q라 하자. $\angle POH = \theta$일 때, 삼각형 AQH의 넓이를 $S(\theta)$라 하자. $\lim\limits_{\theta \to 0+} \dfrac{S(\theta)}{\theta^4}$의 값은? $\left(\text{단, } 0 < \theta < \dfrac{\pi}{2}\right)$

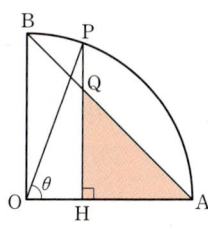

① $\dfrac{1}{8}$ ② $\dfrac{1}{4}$ ③ $\dfrac{3}{8}$

④ $\dfrac{1}{2}$ ⑤ $\dfrac{5}{8}$

03 여러 가지 미분법

① 함수의 몫의 미분법

두 함수 $f(x)$, $g(x)$ ($g(x) \neq 0$)이 미분가능할 때

① $\left\{\dfrac{f(x)}{g(x)}\right\}' = \dfrac{f'(x)g(x) - f(x)g'(x)}{\{g(x)\}^2}$ ② $\left\{\dfrac{1}{g(x)}\right\}' = -\dfrac{g'(x)}{\{g(x)\}^2}$

② 합성함수의 미분법

미분가능한 두 함수 $y=f(u)$, $u=g(x)$에 대하여 합성함수 $y=f(g(x))$도 미분가능하고, 그 도함수는

$$\frac{dy}{dx} = \frac{dy}{du} \times \frac{du}{dx} \ \text{또는} \ \{f(g(x))\}' = f'(g(x))g'(x)$$

③ 매개변수로 나타낸 함수의 미분법

매개변수로 나타낸 두 함수 $x=f(t)$, $y=g(t)$가 t에 대하여 미분가능하고 $f'(t) \neq 0$이면

$$\frac{dy}{dx} = \frac{\dfrac{dy}{dt}}{\dfrac{dx}{dt}} = \frac{g'(t)}{f'(t)}$$

④ 음함수의 미분법

음함수 $f(x, y)=0$에서 y를 x에 대한 함수로 생각하고 각 항을 x에 대하여 미분하여 $\dfrac{dy}{dx}$를 구한다.

⑤ 역함수의 미분법

미분가능한 함수 $f(x)$의 역함수 $f^{-1}(x)$가 존재하고 미분가능할 때, $y=f^{-1}(x)$의 도함수는

$$\frac{dy}{dx} = \frac{1}{\dfrac{dx}{dy}} \ \text{또는} \ (f^{-1})'(x) = \frac{1}{f'(y)} \ \left(\text{단}, \frac{dx}{dy} \neq 0, f'(y) \neq 0\right)$$

⑥ 이계도함수

함수 $f(x)$의 도함수 $f'(x)$가 미분가능할 때, $f'(x)$의 도함수

$$\lim_{\Delta x \to 0} \frac{f'(x+\Delta x) - f'(x)}{\Delta x}$$

를 함수 $y=f(x)$의 이계도함수라 하고, 기호로 $f''(x)$, y'', $\dfrac{d^2y}{dx^2}$, $\dfrac{d^2}{dx^2}f(x)$와 같이 나타낸다.

개념 Plus

• 함수 $y=x^n$ (n은 정수)의 도함수
n이 정수일 때, 함수 $y=x^n$의 도함수는 $y'=nx^{n-1}$ (단, $x \neq 0$)

• 삼각함수의 도함수
① $(\tan x)' = \sec^2 x$
② $(\sec x)' = \sec x \tan x$
③ $(\csc x)' = -\csc x \cot x$
④ $(\cot x)' = -\csc^2 x$

• 로그함수의 도함수
$a>0$, $a \neq 1$이고, 함수 $f(x)$가 미분가능하며 $f(x) \neq 0$일 때
① $(\ln|x|)' = \dfrac{1}{x}$,
$(\log_a|x|)' = \dfrac{1}{x \ln a}$
(단, $x \neq 0$)
② $\{\ln|f(x)|\}' = \dfrac{f'(x)}{f(x)}$,
$\{\log_a|f(x)|\}' = \dfrac{f'(x)}{f(x)\ln a}$

• 함수 $y=x^\alpha$ (α는 실수)의 도함수
α가 실수일 때, 함수 $y=x^\alpha$의 도함수는 $y'=\alpha x^{\alpha-1}$ (단, $x>0$)

• 음함수의 미분법은 $f(x, y)=0$을 $y=g(x)$ 꼴로 고치기 어려운 함수를 미분할 때 편리하다.

• 역함수의 미분
미분가능한 함수 $f(x)$의 역함수를 $g(x)$라 하면
$$f(g(x))=x$$
가 성립한다. 이 식의 양변을 x에 대하여 미분하면
$$f'(g(x))g'(x)=1$$
$$\therefore g'(x) = \frac{1}{f'(g(x))}$$
(단, $f'(g(x)) \neq 0$)

해결 포인트

$$\left\{\frac{f(x)}{g(x)}\right\}'$$
$$=\frac{f'(x)g(x)-f(x)g'(x)}{\{g(x)\}^2}$$

유형 01 함수의 몫의 미분법

함수 $f(x)=\dfrac{x+k}{x-1}$에 대하여 $f'(0)=-4$일 때, 상수 k의 값은?

① -2 ② -1 ③ 1 ④ 2 ⑤ 3

01-1 함수 $f(x)=\dfrac{\tan x}{1+\sec x}$에 대하여 $\displaystyle\lim_{h\to 0}\dfrac{f(2\pi+h)-f(2\pi)}{h}$의 값은?

① $\dfrac{5}{4}$ ② 1 ③ $\dfrac{3}{4}$ ④ $\dfrac{1}{2}$ ⑤ $\dfrac{1}{4}$

01-2 함수 $f(x)=\dfrac{1}{2x-3}$에 대하여 $\displaystyle\lim_{x\to 2}\dfrac{f(x)-f(2)}{x^2-4}$의 값은?

① -1 ② $-\dfrac{1}{2}$ ③ $-\dfrac{1}{4}$ ④ $\dfrac{1}{4}$ ⑤ $\dfrac{1}{2}$

해결 포인트

$$f'(a)=\lim_{x\to a}\frac{f(x)-f(a)}{x-a}$$

유형 02 합성함수의 미분법 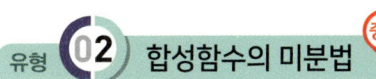 중요

미분가능한 두 함수 $f(x)$, $g(x)$가 $\displaystyle\lim_{x\to -1}\dfrac{f(x)-1}{x+1}=2$, $\displaystyle\lim_{x\to 1}\dfrac{g(x)-1}{x-1}=7$을 만족시킬 때,
함수 $h(x)=(g\circ f)(x)$의 $x=-1$에서의 미분계수는?

① 6 ② 8 ③ 10 ④ 12 ⑤ 14

02-1 함수 $f(x)=\dfrac{x-2}{x^2+1}$와 미분가능한 함수 $g(x)$의 합성함수 $h(x)=(g\circ f)(x)$에 대하여
$h'(2)=6$일 때, $g'(0)$의 값은?

① 30 ② 35 ③ 40 ④ 45 ⑤ 50

유형 **03** 로그함수의 도함수

함수 $f(x) = \log_3 |\sin x|$에 대하여 $\lim\limits_{x \to \frac{\pi}{6}} \dfrac{f(x) - f\left(\frac{\pi}{6}\right)}{x - \frac{\pi}{6}}$의 값은?

① $\dfrac{\sqrt{3}}{\ln 3}$
② $\dfrac{2}{\ln 3}$
③ $\ln 3$
④ $2 \ln 3$
⑤ $\sqrt{3} \ln 3$

03-1 미분가능한 함수 $f(x)$에 대하여 $\lim\limits_{x \to 3} \dfrac{\ln f(x)}{x - 3} = 2$일 때, $f(3) + f'(3)$의 값은?

(단, $f(x) > 0$)

① -1
② 1
③ 3
④ 5
⑤ 7

03-2 함수 $f(x) = \ln \sqrt[3]{\dfrac{1 - \cos x}{1 + \cos x}}$에 대하여 $f'\left(\dfrac{\pi}{2}\right)$의 값은?

① $\dfrac{2}{3}$
② 1
③ $\dfrac{4}{3}$
④ $\dfrac{5}{3}$
⑤ 2

유형 **04** 로그함수의 도함수의 활용

함수 $f(x) = \dfrac{(x+1)^3}{x(x-2)^2}$에 대하여 $f'(1)$의 값은?

① 18
② 19
③ 20
④ 21
⑤ 22

04-1 함수 $f(x) = x^{\sin x} \ (x > 0)$에 대하여 $f'\left(\dfrac{\pi}{2}\right)$의 값은?

① 1
② $\dfrac{\pi}{2} \ln 2$
③ $\dfrac{\pi}{2}$
④ 2
⑤ π

유형 **05** 매개변수로 나타낸 함수의 미분법

매개변수 t로 나타낸 함수 $x=\dfrac{2t}{1+t}$, $y=\dfrac{t^2}{1+t}$에 대하여 $\lim\limits_{t\to 1}\dfrac{dy}{dx}$의 값은?

① 1   ② $\dfrac{3}{2}$ ③ 2   ④ $\dfrac{5}{2}$ ⑤ 3

05-1 매개변수 t로 나타낸 함수 $x=\cos^2 t$, $y=a\sin^2 t$에 대하여 $\dfrac{dy}{dx}=-1$일 때, 상수 a의 값은? (단, $a\neq 0$)

① -2 ② -1 ③ 1   ④ 2   ⑤ 3

해결 포인트

$\dfrac{dy}{dx}=\dfrac{\dfrac{dy}{dt}}{\dfrac{dx}{dt}}=-1$임을 이용하여 상수 a의 값을 구한다.

05-2 매개변수 t로 나타낸 곡선 $x=t^2$, $y=t^3+2t^2+3$ 위의 점 (a, b)에서의 접선의 기울기가 $\dfrac{1}{2}$일 때, a^2+b^2의 값을 구하시오.

해결 포인트

$\dfrac{dy}{dx}=\dfrac{1}{2}$일 때, t의 값을 구한다.

유형 **06** 음함수의 미분법

곡선 $x^2+y^2+ay+b=0$ 위의 점 $(1, 3)$에서의 $\dfrac{dy}{dx}$의 값이 -1일 때, 상수 a, b에 대하여 $a+b$의 값은?

① -1 ② -2 ③ -3 ④ -4 ⑤ -5

해결 포인트

음함수의 미분법을 이용하여 $\dfrac{dy}{dx}$를 구하고 $x=1$, $y=3$에서의 $\dfrac{dy}{dx}$의 값이 -1임을 이용하여 상수 a의 값을 구한다.

06-1 곡선 $y=\sqrt{4-x^2}$ 위의 점 $(1, \sqrt{3})$에서의 $\dfrac{dy}{dx}$의 값은?

① $-\sqrt{3}$ ② $-\dfrac{2\sqrt{3}}{3}$ ③ $-\dfrac{\sqrt{3}}{3}$ ④ $\dfrac{\sqrt{3}}{3}$ ⑤ $\sqrt{3}$

해결 포인트

함수 $y=g(x)$의 도함수를 구하기 어려울 때, $f(x, y)=0$ 꼴로 바꾸어 음함수의 미분법을 이용하면 $\dfrac{dy}{dx}$를 쉽게 구할 수 있다.

유형 **07** 역함수의 미분법 중요

$x>1$에서 정의된 함수 $f(x)=x^3-2x$의 역함수를 $g(x)$라 할 때, $f'(3)g'(4)$의 값은?

① $\frac{5}{2}$ ② 3   ③ $\frac{7}{2}$ ④ 4   ⑤ $\frac{9}{2}$

07-1 역함수가 존재하는 다항함수 $f(x)$가 $\lim\limits_{x \to 1} \dfrac{f(x)-2}{x^2-1}=3$을 만족시킨다. $f(x)$의 역함수를 $g(x)$라 할 때, $g'(2)$의 값은?

① $\frac{1}{6}$ ② $\frac{1}{3}$ ③ $\frac{1}{2}$ ④ $\frac{2}{3}$ ⑤ $\frac{5}{6}$

07-2 미분가능한 함수 $f(x)$에 대하여 곡선 $y=f(x)$ 위의 점 $(-1, 3)$에서의 접선의 기울기는 7이다. $f(x)$의 역함수를 $g(x)$라 할 때, $g'(3)$의 값은?

① $\frac{1}{7}$ ② $\frac{1}{6}$ ③ $\frac{1}{5}$ ④ $\frac{1}{4}$ ⑤ $\frac{1}{3}$

유형 **08** 이계도함수 중요

함수 $f(x)=e^{x^2-1}$에 대하여 $\lim\limits_{h \to 0} \dfrac{f'(1+h)-2}{h}$의 값은?

① 2   ② 4   ③ 6   ④ 8   ⑤ 10

08-1 함수 $f(x)=x \ln(ax+b)$에 대하여 $f'(0)=1$, $f''(0)=4$일 때, 상수 a, b에 대하여 $a+b$의 값은?

① e ② $2e$ ③ $3e$ ④ $4e$ ⑤ $5e$

빈출 유형 마무리

01

함수 $f(x)=\dfrac{2}{x+1}$에 대하여 $\displaystyle\lim_{h\to 0}\dfrac{f(h)-f(-h)}{h}$의 값은?

① -5 ② -4 ③ -3

④ -2 ⑤ -1

02

함수 $f(x)=\dfrac{x+1}{x-1}$과 미분가능한 함수 $g(x)$에 대하여 $h(x)=(g\circ f)(x)$라 할 때, $h'(2)=-8$이다. $g'(3)$의 값을 구하시오.

03 중요

곡선 $y=f(x)$가 원점을 지나고, 원점에서의 접선의 기울기가 2일 때, $F(x)=f(f(x))$에 대하여 $F'(0)$의 값을 구하시오.

04

미분가능한 함수 $f(x)$가 모든 실수 x에 대하여 $f(x^3+3)=x^6-3x^5+2x^3$을 만족시킬 때, $f'(2)$의 값은?

① -5 ② -4 ③ -3

④ -2 ⑤ -1

05

$\displaystyle\lim_{x\to 0}\dfrac{1}{x}\ln\dfrac{e^x+e^{2x}+e^{3x}+e^{4x}}{4}$의 값은?

① $\dfrac{1}{2}$ ② 1 ③ $\dfrac{3}{2}$

④ 2 ⑤ $\dfrac{5}{2}$

06

함수 $f(x)=x^{\ln x}$ $(x>0)$에 대하여 $\displaystyle\lim_{h\to 0}\dfrac{f(e+h)-e}{h}$의 값은?

① 1 ② 2 ③ e

④ 4 ⑤ $2e$

07 중요

매개변수 θ에 대하여 $x=2\cos^2\theta$, $y=\sin^3\theta$일 때, $\theta=\dfrac{\pi}{4}$에서의 $\dfrac{dy}{dx}$의 값은?

① $-\dfrac{\sqrt{2}}{2}$ ② $-\dfrac{3\sqrt{2}}{8}$ ③ $-\dfrac{\sqrt{2}}{4}$

④ $\dfrac{\sqrt{2}}{4}$ ⑤ $\dfrac{3\sqrt{2}}{8}$

08

곡선 $xy^2-y^3=0$ 위의 점 $(a,\ 1)$에서의 접선의 기울기는?

① -2 ② -1 ③ $\dfrac{1}{2}$

④ 1 ⑤ 2

빈출 유형 **마무리**

09

함수 $f(x)=x^3-4x^2+6x+1$의 역함수를 $g(x)$라 할 때, $\lim\limits_{x\to 1}\dfrac{f(x)g(x)}{x-1}$의 값은?

① $\dfrac{1}{3}$ ② $\dfrac{1}{2}$ ③ $\dfrac{2}{3}$

④ $\dfrac{3}{4}$ ⑤ 1

10

오른쪽 그림은 미분가능한 함수 $y=f(x)$의 그래프이다. $f(x)$의 역함수를 $g(x)$라 할 때, 다음 중 $g'(a)$와 같은 것은?

① $f'(a)$ ② $f'(c)$

③ $\dfrac{1}{f'(a)}$ ④ $\dfrac{1}{f'(b)}$

⑤ $\dfrac{1}{f'(c)}$

11

함수 $f(x)=\dfrac{1}{2}(e^x-e^{-x})$의 역함수를 $g(x)$라 할 때, $g'(2)$의 값은?

① $\dfrac{1}{e}$ ② $\dfrac{\sqrt{5}}{5}$ ③ 1

④ 2 ⑤ e

12

실수 전체의 집합에서 이계도함수를 갖는 함수 $f(x)$가 다음 조건을 만족시킨다.

> (가) $f(2)=3$, $f'(2)=1$
>
> (나) $\lim\limits_{x\to 2}\dfrac{f'(f(x))-2}{x^2-4}=5$

$f''(3)$의 값을 구하시오.

13

함수 $f(x)=e^x\sin x$와 임의의 실수 x에 대하여 등식
$$f(x)-f'(x)+af''(x)=0$$
이 항상 성립할 때, 상수 a의 값은?

① $\dfrac{1}{2}$ ② 1 ③ $\dfrac{3}{2}$

④ 2 ⑤ $\dfrac{5}{2}$

14

함수 $f(x)=(x^2-2x+a)e^x$이 모든 실수 x에 대하여 $f''(x)\geq 0$을 만족시킬 때, 실수 a의 최솟값을 구하시오.

15 | 2012 6월 평가원 가형 26번 |

함수 $f(x)=(x+1)^{\frac{3}{2}}$과 실수 전체의 집합에서 미분가능한 함수 $g(x)$에 대하여 함수 $h(x)$를 $h(x)=(g\circ f)(x)$라 하자. $h'(0)=15$일 때, $g'(1)$의 값을 구하시오.

16 | 2014 9월 평가원 B형 27번 |

함수 $f(x)=\ln(\tan x)\left(0<x<\dfrac{\pi}{2}\right)$의 역함수 $g(x)$에 대하여 $\lim\limits_{h\to 0}\dfrac{4g(8h)-\pi}{h}$의 값을 구하시오.

04

도함수의 활용 (1)

교과서 **알짜개념 짚어보기**

❶ 접선의 방정식

(1) 접선의 기울기

　　곡선 $y=f(x)$ 위의 점 $P(a, f(a))$에서의 접선의 기울기는 $x=a$에서의 미분계수 $f'(a)$와 같다.

(2) 접선의 방정식

　　함수 $f(x)$가 $x=a$에서 미분가능할 때, 곡선 $y=f(x)$ 위의 점

　　$P(a, f(a))$에서의 접선의 방정식은

$$y-f(a)=f'(a)(x-a)$$

　참고　음함수 또는 매개변수로 나타낸 곡선의 경우 미분법을 이용하여

　　$\dfrac{dy}{dx}$를 구한 후 접점에서의 기울기 $\dfrac{dy}{dx}$의 값을 구하여 접선의 방정

　　식을 구한다.

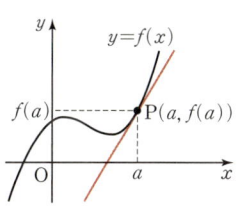

❷ 함수의 증가와 감소

(1) 함수의 증가와 감소

　　함수 $f(x)$가 어떤 구간에 속하는 임의의 두 실수 x_1, x_2에 대하여

　　① $x_1<x_2$일 때, $f(x_1)<f(x_2)$이면 함수 $f(x)$는 이 구간에서 증가한다고 한다.

　　② $x_1<x_2$일 때, $f(x_1)>f(x_2)$이면 함수 $f(x)$는 이 구간에서 감소한다고 한다.

(2) 함수의 증가와 감소의 판정

　　함수 $f(x)$가 어떤 열린구간에서 미분가능하고, 이 구간의 모든 x에 대하여

　　① $f'(x)>0$이면 $f(x)$는 이 구간에서 증가한다.

　　② $f'(x)<0$이면 $f(x)$는 이 구간에서 감소한다.

❸ 함수의 극대와 극소

(1) 함수의 극대와 극소

　　함수 $f(x)$가 $x=a$를 포함하는 어떤 열린구간에 속하는 모든 x에 대하여

　　① $f(x) \leq f(a)$일 때, 함수 $f(x)$는 $x=a$에서 극대라 하고, $f(a)$를 극댓값이라 한다.

　　② $f(x) \geq f(a)$일 때, 함수 $f(x)$는 $x=a$에서 극소라 하고, $f(a)$를 극솟값이라 한다.

　　이때, 극댓값과 극솟값을 통틀어 극값이라 한다.

(2) 도함수를 이용한 함수의 극대와 극소의 판정

　　미분가능한 함수 $f(x)$에서 $f'(a)=0$이고, $x=a$의 좌우에서 $f'(x)$의 부호가

　　① 양에서 음으로 바뀌면 $f(x)$는 $x=a$에서 극대이고, 극댓값은 $f(a)$이다.

　　② 음에서 양으로 바뀌면 $f(x)$는 $x=a$에서 극소이고, 극솟값은 $f(a)$이다.

(3) 이계도함수를 이용한 함수의 극대와 극소의 판정

　　이계도함수를 갖는 함수 $f(x)$에서 $f'(a)=0$일 때

　　① $f''(a)<0$이면 $f(x)$는 $x=a$에서 극대이다.

　　② $f''(a)>0$이면 $f(x)$는 $x=a$에서 극소이다.

개념 Plus

• 곡선 $y=f(x)$ 위의 점 $(a, f(a))$를 지나고, 이 점에서의 접선에 수직인 직선의 방정식은

$$y-f(a)=-\frac{1}{f'(a)}(x-a)$$
(단, $f'(a) \neq 0$)

• **두 곡선의 공통접선**

두 곡선 $y=f(x)$, $y=g(x)$가 $x=a$인 점에서 공통접선을 가지면

$$f(a)=g(a), f'(a)=g'(a)$$

• 함수 $f(x)$가 어떤 구간에서 미분가능하고, 이 구간에서

① $f(x)$가 증가하면 $f'(x) \geq 0$

② $f(x)$가 감소하면 $f'(x) \leq 0$

• 미분가능한 함수 $f(x)$가 $x=a$에서 극값을 가지면

$$f'(a)=0$$

(단, 일반적으로 역은 성립하지 않는다.)

예 $f(x)=x^3$에서 $f'(0)=0$이지만 $x \neq 0$일 때

$f'(x)=3x^2>0$이므로 $x=0$에서 극값을 갖지 않는다.

유형 01 접선의 방정식 - 곡선 위의 점의 좌표가 주어질 때

미분가능한 함수 $f(x)$가 $\lim\limits_{x \to e} \dfrac{f(x)-1}{x^2-e^2} = \dfrac{1}{e^2}$을 만족시킬 때, 곡선 $y=f(x)\ln x$ 위의 점 $(e, f(e))$에서의 접선의 방정식은 $y=ax+b$이다. 상수 a, b에 대하여 ab의 값은?

① $-\dfrac{2}{e}$ ② $-\dfrac{3}{e}$ ③ $-\dfrac{4}{e}$ ④ $-\dfrac{5}{e}$ ⑤ $-\dfrac{6}{e}$

해결 포인트
$\lim\limits_{x \to e} \dfrac{f(x)-f(e)}{x-e} = f'(e)$

01-1 곡선 $y=x\ln x$ 위의 점 (e, e)를 지나고, 이 점에서의 접선과 수직인 직선의 방정식은?

① $y=-ex-\dfrac{3}{2}e$ ② $y=-ex+\dfrac{1}{2}e$ ③ $y=-\dfrac{1}{2}x+e$

④ $y=-\dfrac{1}{2}x+\dfrac{3}{2}e$ ⑤ $y=-\dfrac{1}{2}x+2e$

01-2 매개변수 θ로 나타낸 곡선 $x=\theta-\sin\theta$, $y=1-\cos\theta$에 대하여 $\theta=\dfrac{3}{2}\pi$에 대응하는 곡선 위의 점에서의 접선의 방정식이 $y=ax+b$일 때, $a+b$의 값은? (단, a, b는 상수이다.)

① $-\dfrac{3}{2}\pi$ ② $1-\dfrac{3}{2}\pi$ ③ $\dfrac{3}{2}\pi$ ④ $1+\dfrac{3}{2}\pi$ ⑤ $2+\dfrac{3}{2}\pi$

해결 포인트
매개변수로 나타낸 함수의 미분법을 이용하여 $\dfrac{dy}{dx}$를 구하고, $\theta=\dfrac{3}{2}\pi$를 대입하여 접선의 기울기를 구한다.

유형 02 접선의 방정식 - 기울기가 주어질 때 **중요**

곡선 $y=\ln(2x-1)$에 접하고 직선 $2x-y+3=0$에 평행한 직선의 y절편은?

① -2 ② $-\dfrac{7}{4}$ ③ $-\dfrac{3}{2}$ ④ $-\dfrac{5}{4}$ ⑤ -1

해결 포인트
직선 $2x-y+3=0$에 평행한 직선의 기울기는 2이다.

02-1 곡선 $y=\cos 2x$ $\left(-\dfrac{\pi}{4} \leq x \leq \dfrac{\pi}{4}\right)$에 접하고, x축의 양의 방향과 이루는 각의 크기가 $\dfrac{2}{3}\pi$인 직선의 y절편은?

① $\dfrac{1}{2}-\dfrac{\sqrt{3}}{6}\pi$ ② $\dfrac{\sqrt{3}}{2}-\dfrac{\pi}{6}$ ③ $\dfrac{1}{2}+\dfrac{\pi}{6}$ ④ $\dfrac{\sqrt{3}}{2}+\dfrac{\pi}{6}$ ⑤ $\dfrac{1}{2}+\dfrac{\sqrt{3}}{6}\pi$

유형 **03** **접선의 방정식 - 곡선 밖의 한 점이 주어질 때**

점 $(0, -e^2)$에서 곡선 $y = x \ln x - x$에 그은 접선의 방정식이 $y = ax - e^2$일 때, 상수 a의 값을 구하시오.

03-1 직선 $y = m(x+5)$와 곡선 $y = e^{x+3}$이 서로 접할 때, 상수 m의 값은?

① $\dfrac{1}{e^2}$ ② $\dfrac{2}{e^2}$ ③ $\dfrac{1}{e}$ ④ $\dfrac{2}{e}$ ⑤ 1

03-2 점 $(4, 0)$에서 곡선 $y = \dfrac{2x}{x-1}$에 그은 두 접선의 기울기의 곱은?

① $\dfrac{2}{9}$ ② $\dfrac{1}{3}$ ③ $\dfrac{4}{9}$ ④ $\dfrac{2}{3}$ ⑤ $\dfrac{8}{9}$

유형 **04** **함수의 증가와 감소**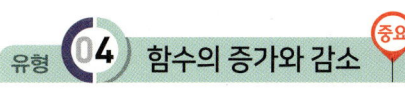

함수 $f(x) = x^2 \ln x$가 감소하는 구간에 속하는 정수 x의 개수는?

① 0 ② 1 ③ 2 ④ 3 ⑤ 4

04-1 함수 $f(x) = ax + \ln (x^2+4)$가 구간 $(-\infty, \infty)$에서 증가하기 위한 상수 a의 최솟값은?

① $\dfrac{1}{e}$ ② $\dfrac{1}{2}$ ③ 1 ④ 2 ⑤ e

유형 05 함수의 극대와 극소

해결 포인트
미분가능한 함수 $g(x)$가 $x=0$에서 극솟값 1을 가지면
$$g'(0)=0, \ g(0)=1$$

함수 $f(x)=x^2+ax+b$에 대하여 $g(x)=e^{-x}f(x)$는 $x=0$에서 극솟값 1을 가질 때, $g(x)$의 극댓값은? (단, a, b는 상수이다.)

① $\dfrac{3}{e}$　　　　② $\dfrac{4}{e}$　　　　③ 2　　　　④ e　　　　⑤ $2e$

05-1 함수 $f(x)=\dfrac{kx}{x^2+k}$가 $x=2$에서 극값을 가질 때, $f(x)$의 극솟값은? (단, $k\ne0$)

① $-\dfrac{5}{4}$　　　② -1　　　③ $-\dfrac{3}{4}$　　　④ $-\dfrac{1}{2}$　　　⑤ $-\dfrac{1}{4}$

05-2 함수 $f(x)=2x\sin 2x+\cos 2x \ (0<x<\pi)$가 $x=\alpha$에서 극댓값을 갖고, $x=\beta$에서 극솟값을 가질 때, $\alpha-\beta$의 값은?

① $-\pi$　　　② $-\dfrac{\pi}{2}$　　　③ $-\dfrac{\pi}{4}$　　　④ $\dfrac{\pi}{4}$　　　⑤ $\dfrac{\pi}{2}$

유형 06 극값을 가질 조건

함수 $f(x)=\ln(3x^2+a)+\dfrac{1}{2}x$가 극값을 갖지 않도록 하는 실수 a의 최솟값을 구하시오.

06-1 함수 $f(x)=2x-\dfrac{k}{x}-2k\ln x$가 극댓값과 극솟값을 모두 갖도록 하는 실수 k의 값의 범위는?

① $k<-2$　　　　② $k<0$　　　　③ $k>2$
④ $k<-2$ 또는 $k>0$　　　　⑤ $k<0$ 또는 $k>2$

01

곡선 $y=\dfrac{1}{x^2+2}$ 위의 점 $\left(1, \dfrac{1}{3}\right)$에서의 접선과 x축 및 y축으로 둘러싸인 삼각형의 넓이는?

① $\dfrac{2}{3}$ ② $\dfrac{25}{36}$ ③ $\dfrac{13}{18}$

④ $\dfrac{3}{4}$ ⑤ $\dfrac{7}{9}$

02

곡선 $y=xe^{-x}$ 위의 원점이 아닌 한 점 $\mathrm{P}(t, te^{-t})$에서의 접선이 x축과 만나는 점의 좌표를 $(f(t), 0)$이라 하자. $\displaystyle\lim_{t\to 0+}\dfrac{f(t)}{t^2}$의 값은? (단, $t\neq 1$)

① $-\dfrac{5}{2}$ ② -2 ③ $-\dfrac{3}{2}$

④ -1 ⑤ $-\dfrac{1}{2}$

03

매개변수 $t\ (t>0)$으로 나타내어진 함수 $x=\dfrac{2}{t}+2\sqrt{t}$, $y=2t-\dfrac{1}{t}$에서 $t=1$에 대응하는 점에서의 접선의 방정식이 $y=ax+b$일 때, 상수 a, b에 대하여 $a+b$의 값을 구하시오.

04 중요

곡선 $y=\dfrac{e^{2x}+e^{-2x}}{2}$ 위의 점 P와 두 점 $\mathrm{A}(0, -8)$, $\mathrm{B}(3, 0)$에 대하여 삼각형 PAB의 넓이가 최소일 때, 점 P의 x좌표는?

① 0 ② $\dfrac{1}{2}\ln 2$ ③ $\dfrac{1}{2}\ln 3$

④ $\ln 2$ ⑤ $\ln 3$

05

점 $(0, -e)$에서 곡선 $y=x\ln x$에 그은 접선의 접점을 P라 할 때, 이 접선과 수직이고 점 P를 지나는 직선의 방정식은?

① $y=-ex-\dfrac{3}{2}e$ ② $y=-ex+\dfrac{1}{2}e$

③ $y=-\dfrac{1}{2}x+e$ ④ $y=-\dfrac{1}{2}x+\dfrac{3}{2}e$

⑤ $y=-\dfrac{1}{2}x+2e$

06

원점에서 곡선 $y=(x+2k)e^{-2x}$에 서로 다른 두 개의 접선을 그을 수 있을 때, 자연수 k의 최솟값을 구하시오.

07

두 곡선 $y=2\sin^2 x$, $y=k-2\sqrt{3}\cos x$의 교점에서의 접선이 서로 일치할 때, 상수 k의 값은? (단, $0<x<\pi$)

① $\dfrac{3}{2}$ ② 2 ③ $\dfrac{5}{2}$

④ 3 ⑤ $\dfrac{7}{2}$

08

두 곡선 $y=\ln(2x+3)$, $y=a-\ln x$의 교점에서 두 곡선에 각각 접하는 직선이 서로 수직일 때, 상수 a의 값은?

① -1 ② $-\ln 2$ ③ $\ln 2$

④ $\dfrac{1}{e}$ ⑤ e

빈출 유형 마무리

09

수열 $\{a_k\}$의 일반항 a_k가 다음 조건을 만족시킨다.

> 원점에서 곡선 $y=\ln kx$에 그은 접선이 곡선 $y=a_k e^x$에도 접한다.

$\displaystyle\sum_{k=1}^{20} a_k = \dfrac{p}{e^q}$일 때, 유리수 p, q에 대하여 $p+q$의 값을 구하시오.

10

다음 중 함수 $f(x)=\dfrac{e^{x^2}}{x}$이 증가하는 구간에 속하는 수는?

① $-\dfrac{\sqrt{3}}{2}$ ② $-\dfrac{1}{2}$ ③ $-\dfrac{1}{3}$

④ $\dfrac{1}{2e}$ ⑤ $\dfrac{1}{\sqrt{e}}$

11

함수 $f(x)=e^{-x}\cos x\ (0\le x\le 2\pi)$가 $x=a$에서 극솟값을 가질 때, $\sin a$의 값은?

① $-\dfrac{\sqrt{2}}{2}$ ② $-\dfrac{1}{2}$ ③ $\dfrac{1}{2}$

④ $\dfrac{\sqrt{2}}{2}$ ⑤ 1

12 중요

함수 $f(x)=e^x(-1+4x-x^2)$의 극댓값을 α, 극솟값을 β라 할 때, $\dfrac{\alpha}{\beta}$의 값은?

① $-\dfrac{e^4}{2}$ ② $-\dfrac{e^4}{3}$ ③ $-e^2$

④ $-\dfrac{e^2}{2}$ ⑤ $-\dfrac{e^2}{3}$

13

함수 $f(x)=(1+\sin x)\cos x+kx$가 극값을 갖지 않도록 하는 실수 k의 값의 범위는 $k\le\alpha$ 또는 $k\ge\beta$이다. $\alpha\beta$의 값은?

① $-\dfrac{9}{4}$ ② $-\dfrac{7}{4}$ ③ $-\dfrac{3}{2}$

④ $-\dfrac{5}{4}$ ⑤ -1

14

함수 $f(x)=\ln x+\dfrac{k}{x}-x$가 극댓값과 극솟값을 모두 가질 때, 실수 k의 값의 범위는 $\alpha<k<\beta$이다. $\beta-\alpha$의 값은?

① $\dfrac{1}{8}$ ② $\dfrac{1}{4}$ ③ $\dfrac{3}{8}$

④ $\dfrac{1}{2}$ ⑤ $\dfrac{5}{8}$

15 | 2015 6월 평가원 B형 26번 |

양의 실수 전체의 집합에서 미분가능한 함수 $f(x)$에 대하여 함수 $g(x)$를

$$g(x)=f(x)\ln x^4$$

이라 하자. 곡선 $y=f(x)$ 위의 점 $(e,\ -e)$에서의 접선과 곡선 $y=g(x)$ 위의 점 $(e,\ -4e)$에서의 접선이 서로 수직일 때, $100f'(e)$의 값을 구하시오.

16 | 2012 6월 평가원 가형 8번 |

함수

$$f(x)=\dfrac{1}{2}x^2-a\ln x\ (a>0)$$

의 극솟값이 0일 때, 상수 a의 값은?

① $\dfrac{1}{e}$ ② $\dfrac{2}{e}$ ③ $\sqrt{e}$

④ e ⑤ $2e$

도함수의 활용 (2)

❶ 곡선의 오목과 볼록, 변곡점

(1) 곡선의 오목과 볼록

함수 $f(x)$가 어떤 구간에서

① $f''(x)>0$이면 곡선 $y=f(x)$는 이 구간에서 아래로 볼록하다.

② $f''(x)<0$이면 곡선 $y=f(x)$는 이 구간에서 위로 볼록하다.

(2) 변곡점

곡선 $y=f(x)$ 위의 점 $P(a, f(a))$에 대하여 $x=a$의 좌우에서 곡선의 볼록 상태가 바뀔 때, 점 P를 곡선 $y=f(x)$의 변곡점이라 한다.

➡ 함수 $f(x)$에서 $f''(a)=0$이고 $x=a$의 좌우에서 $f''(x)$의 부호가 바뀌면 점 $(a, f(a))$는 곡선 $y=f(x)$의 변곡점이다.

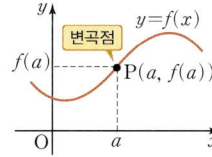

❷ 함수의 그래프

미분가능한 함수 $y=f(x)$의 그래프의 개형은 다음을 조사하여 그린다.

① 정의역과 치역   ② 대칭성과 주기   ③ 좌표축과의 교점

④ 증가와 감소, 극대와 극소   ⑤ 오목과 볼록, 변곡점   ⑥ 점근선

$f'(x)$의 부호로 판정 $f''(x)$의 부호로 판정

❸ 함수의 최대·최소

함수 $f(x)$가 닫힌구간 $[a, b]$에서 연속일 때, 최댓값과 최솟값은 다음과 같은 순서로 구한다.

❶ 구간 $[a, b]$에서의 $f(x)$의 극댓값과 극솟값을 구한다.

❷ 구간 $[a, b]$의 양 끝값에서의 함숫값 $f(a)$, $f(b)$를 구한다.

❸ 구한 극댓값, 극솟값, $f(a)$, $f(b)$ 중에서 가장 큰 값이 최댓값이고, 가장 작은 값이 최솟값이다.

❹ 방정식과 부등식에의 활용

(1) 방정식의 실근의 개수 : 방정식 $f(x)=g(x)$의 서로 다른 실근의 개수는 두 함수 $y=f(x)$, $y=g(x)$의 그래프의 교점의 개수 또는 함수 $y=f(x)-g(x)$의 그래프와 x축의 교점의 개수와 같다.

(2) 부등식에의 활용 : 어떤 구간에서 부등식 $f(x) \geq g(x)$가 성립함을 보이려면

➡ $h(x)=f(x)-g(x)$로 놓고, 주어진 구간에서 ($h(x)$의 최솟값)≥ 0임을 보인다.

❺ 속도와 가속도

좌표평면 위를 움직이는 점 P의 시각 t에서의 위치 (x, y)가 $x=f(t)$, $y=g(t)$일 때 점 P의 시각 t에서의 속도, 속력, 가속도, 가속도의 크기는 다음과 같다.

(1) 속도 : $\left(\dfrac{dx}{dt}, \dfrac{dy}{dt}\right)$ 또는 $(f'(t), g'(t))$

(2) 속력 : $\sqrt{\left(\dfrac{dx}{dt}\right)^2+\left(\dfrac{dy}{dt}\right)^2}$ 또는 $\sqrt{\{f'(t)\}^2+\{g'(t)\}^2}$

(3) 가속도 : $\left(\dfrac{d^2x}{dt^2}, \dfrac{d^2y}{dt^2}\right)$ 또는 $(f''(t), g''(t))$

(4) 가속도의 크기 : $\sqrt{\left(\dfrac{d^2x}{dt^2}\right)^2+\left(\dfrac{d^2y}{dt^2}\right)^2}$ 또는 $\sqrt{\{f''(t)\}^2+\{g''(t)\}^2}$

위치
⬇ 미분
속도
⬇ 미분
가속도

개념 Plus

• 구간 $[a, b]$에 속하는 임의의 서로 다른 두 실수 x_1, x_2에 대하여
$$f\left(\frac{x_1+x_2}{2}\right)>\frac{f(x_1)+f(x_2)}{2}$$
이면 곡선 $y=f(x)$는 구간 $[a, b]$에서 위로 볼록하고,
$$f\left(\frac{x_1+x_2}{2}\right)<\frac{f(x_1)+f(x_2)}{2}$$
이면 곡선 $y=f(x)$는 구간 $[a, b]$에서 아래로 볼록하다.

• $f''(a)=0$이라 해서 점 $(a, f(a))$가 항상 변곡점인 것은 아니다.
예 $f(x)=x^4$

• 점근선은 다음과 같이 구한다.
① $\lim\limits_{x \to \infty} f(x)=b$ 또는 $\lim\limits_{x \to -\infty} f(x)=b$
➡ 점근선은 직선 $y=b$
② $\lim\limits_{x \to a+} f(x)=\pm\infty$ 또는 $\lim\limits_{x \to a-} f(x)=\pm\infty$
➡ 점근선은 직선 $x=a$

• 방정식 $f(x)=0$의 서로 다른 실근의 개수는 함수 $y=f(x)$의 그래프와 x축의 교점의 개수와 같다.

• 어떤 구간에서 부등식 $f(x) \geq 0$이 성립함을 보이려면
➡ 그 구간에서 ($f(x)$의 최솟값)≥ 0임을 보인다.

• **직선 운동에서의 속도와 가속도**
수직선 위를 움직이는 점 P의 시각 t에서의 위치 x가 $x=f(t)$일 때, 시각 t에서 점 P의 속도를 $v(t)$, 가속도를 $a(t)$라 하면
① $v(t)=\dfrac{dx}{dt}=f'(t)$
② $a(t)=\dfrac{d}{dt}v(t)=f''(t)$

• 속도의 크기를 속력이라 한다.

유형 01 곡선의 오목과 볼록

곡선 $y=(2x^2+a)e^x$이 실수 전체의 집합에서 아래로 볼록할 때, 실수 a의 최솟값을 구하시오.

01-1 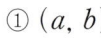 미분가능한 함수 $y=f(x)$의 도함수 $y=f'(x)$의 그래프가 오른쪽 그림과 같을 때, 다음 중 함수 $y=f(x)$의 그래프가 위로 볼록한 구간은?

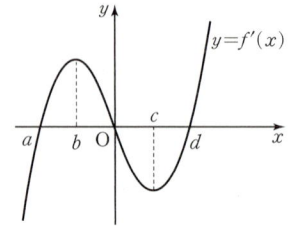

① (a, b) ② $(a, 0)$ ③ (b, c)
④ $(0, d)$ ⑤ (c, d)

01-2 임의의 서로 다른 두 실수 a, b에 대하여

$$f\left(\frac{a+b}{2}\right) > \frac{f(a)+f(b)}{2}$$

를 만족시키는 함수는?

① $f(x)=\cos x \left(\frac{\pi}{2} < x < \pi\right)$ ② $f(x)=x^2$

③ $f(x)=xe^x \ (x>-2)$ ④ $f(x)=\dfrac{1}{x^2+1} \ (x>1)$

⑤ $f(x)=-x \ln x \ (x>0)$

유형 02 변곡점

함수 $f(x)=2x+\cos x \ (0<x<2\pi)$에 대하여 곡선 $y=f(x)$의 두 변곡점 사이의 거리는?
① π ② $\sqrt{2}\pi$ ③ $\sqrt{3}\pi$ ④ 2π ⑤ $\sqrt{5}\pi$

02-1 미분가능한 함수 $y=f(x)$의 도함수 $y=f'(x)$의 그래프가 오른쪽 그림과 같을 때, 구간 $[a, h]$에서 곡선 $y=f(x)$의 변곡점의 개수는?

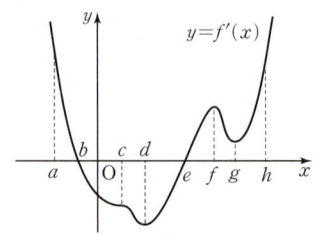

① 1 ② 2 ③ 3
④ 4 ⑤ 5

유형 **03** 함수의 그래프

함수 $f(x)=e^{-x^2}$에 대하여 〈보기〉에서 옳은 것만을 있는 대로 고른 것은?

| 보기 |

ㄱ. 곡선 $y=f(x)$는 y축에 대하여 대칭이다.
ㄴ. 함수 $f(x)$는 $x=1$에서 극댓값을 갖는다.
ㄷ. 곡선 $y=f(x)$의 변곡점은 2개이다.

① ㄱ   ② ㄴ   ③ ㄱ, ㄷ   ④ ㄴ, ㄷ   ⑤ ㄱ, ㄴ, ㄷ

03-1 함수 $f(x)=2x+x \ln x$에 대하여 〈보기〉에서 옳은 것만을 있는 대로 고른 것은?

| 보기 |

ㄱ. 함수 $f(x)$의 치역은 $\left\{ y \middle| y \geq -\dfrac{1}{e^3} \right\}$이다.

ㄴ. 함수 $f(x)$는 $x=\dfrac{1}{e^3}$에서 극솟값 $-\dfrac{1}{e^3}$을 갖는다.

ㄷ. $x>0$에서 곡선 $y=f(x)$는 위로 볼록하다.

① ㄱ   ② ㄴ   ③ ㄱ, ㄴ   ④ ㄴ, ㄷ   ⑤ ㄱ, ㄴ, ㄷ

유형 **04** 그래프의 활용

미분가능한 함수 $y=f(x)$의 도함수 $y=f'(x)$의 그래프가 오른쪽 그림과 같을 때, 〈보기〉에서 옳은 것만을 있는 대로 고른 것은?
(단, $f(0)=0$)

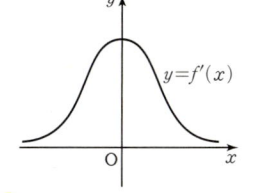

| 보기 |
ㄱ. 구간 $(-\infty, \infty)$에서 함수 $f(x)$는 증가한다.
ㄴ. 점 $(0, 0)$은 곡선 $y=f(x)$의 변곡점이다.
ㄷ. 구간 $(-\infty, 0)$에서 곡선 $y=f(x)$는 위로 볼록하다.

① ㄱ   ② ㄴ   ③ ㄱ, ㄴ   ④ ㄴ, ㄷ   ⑤ ㄱ, ㄴ, ㄷ

04-1 두 함수 $y=f(x)$, $y=g(x)$의 그래프가 오른쪽 그림과 같다. 두 곡선 $y=f(x)$, $y=g(x)$의 변곡점의 좌표가 각각 $(d, f(d))$, $(0, 0)$일 때, 다음 중 $f''(x)g''(x)>0$을 만족시키는 구간은?

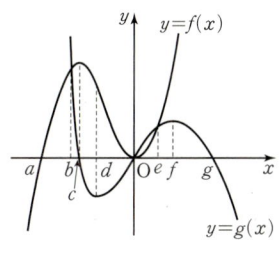

① (a, b) ② (c, d) ③ $(d, 0)$
④ (e, f) ⑤ (f, g)

유형 **05** 함수의 최대·최소

구간 $[0, 1]$에서 함수 $f(x) = x + \sqrt{1-x^2}$의 최솟값은?

① -2　　② $-\dfrac{\sqrt{2}}{2}$　　③ 1　　④ 2　　⑤ $\dfrac{3\sqrt{2}}{2}$

05-1 함수 $f(x) = kx - \ln x$의 최솟값이 2일 때, 상수 k의 값은?

① $\dfrac{1}{2}$　　② 1　　③ 2　　④ e　　⑤ e^2

05-2 함수 $f(x) = 2\sin^3 x + 3\cos^2 x$의 최댓값을 M, 최솟값을 m이라 할 때, $M-m$의 값을 구하시오.

유형 **06** 함수의 최대·최소의 활용 중요

곡선 $y = \ln x$ 위의 점 $A(a, \ln a)$에서의 접선과 x축 및 y축으로 둘러싸인 도형의 넓이의 최댓값을 구하시오. (단, $0 < a < e$)

06-1 오른쪽 그림과 같이 곡선 $y = 4\cos x \left(-\dfrac{\pi}{2} < x < \dfrac{\pi}{2} \right)$와 x축으로 둘러싸인 부분에 내접하는 직사각형 ABCD의 둘레의 길이의 최댓값은?

① $\dfrac{\pi}{3} + 2\sqrt{3}$　　② $\dfrac{2}{3}\pi + 2$　　③ $\dfrac{2}{3}\pi + 4\sqrt{3}$

④ $\pi + 4\sqrt{2}$　　⑤ $\dfrac{4}{3}\pi + 4$

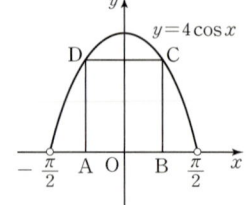

유형 **07** 방정식의 실근의 개수 중요

방정식 $x \ln x - 2x - k = 0$이 오직 한 개의 실근을 가지도록 하는 실수 k의 값이 <u>아닌</u> 것은?

① $-e$ ② -1 ③ 0 ④ 1 ⑤ 2

해결 포인트

곡선 $y = x \ln x - 2x$와 직선 $y = k$가 오직 한 점에서 만나야 한다.

07-1 방정식 $e^{-x} = 2k - e^x$이 서로 다른 두 실근을 갖도록 하는 실수 k의 값의 범위를 구하시오.

07-2 방정식 $x^2 - ke^x = 0$이 서로 다른 세 실근을 갖도록 하는 실수 k의 값의 범위가 $\alpha < k < \beta$일 때, $\alpha + \beta$의 값은?

① $\dfrac{2}{e^2}$ ② $\dfrac{4}{e^2}$ ③ $\dfrac{2}{e}$ ④ $\dfrac{8}{e^2}$ ⑤ $\dfrac{4}{e}$

유형 **08** 부등식에의 활용

$0 < x < \dfrac{\pi}{2}$일 때, 부등식 $\tan x + 2 \sin x > 3x$가 성립함을 증명하시오.

08-1 $x > 0$일 때, 부등식 $k \ln x \leq \sqrt{x}$가 성립하도록 하는 양수 k의 최댓값을 구하시오.

08-2 $e \leq x \leq e^2$에서 부등식 $ax \leq \ln x \leq bx$가 성립하도록 실수 a, b의 값을 정할 때, a의 최댓값을 M, b의 최솟값을 m이라 하자. Mm의 값을 구하시오.

해결 포인트

구간 $[e, e^2]$에서 $x > 0$이므로 주어진 부등식을 $a \leq \dfrac{\ln x}{x} \leq b$로 변형한다.

유형 **09** 평면 운동에서의 속도

좌표평면 위를 움직이는 점 P의 시각 t에서의 위치 (x, y)가
$$x = t^3 - 5t, \ y = \sqrt{15}\,t$$
로 나타내어진다. 점 P의 속력이 8일 때의 시각은?

① 1 ② $\dfrac{3}{2}$ ③ 2 ④ $\dfrac{5}{2}$ ⑤ 3

09-1 좌표평면 위를 움직이는 점 P의 시각 t에서의 위치 (x, y)가
$$x = t^2 - 3t, \ y = t^3 + 3t^2 - 18t$$
로 나타내어진다. 점 P가 출발 후 처음으로 다시 출발 지점으로 되돌아왔을 때의 시각에서의 속력을 구하시오.

해결 포인트

점 P가 출발 후 처음으로 다시 출발 지점으로 되돌아왔을 때의 시각을 $t = a \ (a > 0)$이라 할 때, $a^2 - 3a = 0$, $a^3 + 3a^2 - 18a = 0$을 만족시키는 실수 a의 값을 구한다.

유형 **10** 평면 운동에서의 가속도

좌표평면 위를 움직이는 점 P의 시각 t에서의 위치 (x, y)가
$$x = kt^2 - k\cos t, \ y = k\sin t$$
로 나타내어진다. 점 P의 $t = \dfrac{\pi}{2}$에서의 가속도의 크기가 5일 때, 양수 k의 값은?

① $\sqrt{2}$ ② $\sqrt{3}$ ③ 2 ④ $\sqrt{5}$ ⑤ $\sqrt{6}$

해결 포인트

점 P의 시각 $t = \dfrac{\pi}{2}$에서의 가속도의 크기가 5이므로
$$\sqrt{\left(\dfrac{d^2x}{dt^2}\right)^2 + \left(\dfrac{d^2y}{dt^2}\right)^2} = 5$$
를 만족시키는 양수 k의 값을 구한다.

10-1 좌표평면 위를 움직이는 점 P의 시각 t에서의 위치 (x, y)가
$$x = t^3 - t, \ y = 2t^3 + t$$
로 나타내어진다. 점 P의 속력이 $\sqrt{53}$일 때, 가속도의 크기를 구하시오.

10-2 좌표평면 위를 움직이는 점 P의 시각 t에서의 위치 (x, y)가
$$x = \dfrac{1}{3}t^3 - \dfrac{3}{2}t^2 + \dfrac{1}{4}t + \dfrac{1}{6}, \ y = \dfrac{\sqrt{7}}{2}t^2 - \dfrac{\sqrt{5}}{3}t + \sqrt{2}$$
로 나타내어질 때, 점 P의 가속도의 크기의 최솟값은?

① $\sqrt{2}$ ② $\sqrt{3}$ ③ 2 ④ $\sqrt{5}$ ⑤ $\sqrt{7}$

빈출 유형 마무리

01

다음 중 곡선 $y=\ln(x^2+4)$가 아래로 볼록한 구간은?

① $(-e^2, -e)$ ② $(-e, -2)$ ③ $(-2, 2)$

④ $\left(\dfrac{1}{e}, e\right)$ ⑤ $(1, 3)$

02

곡선 $y=(a+\cos x)e^x$이 실수 전체의 집합에서 위로 볼록할 때, 상수 a의 최댓값은?

① -2 ② -1 ③ 0

④ 1 ⑤ 2

03 중요

정의역에 속하는 임의의 서로 다른 두 실수 a, b에 대하여

$$f\left(\frac{a+b}{2}\right)<\frac{f(a)+f(b)}{2}$$

를 만족시키는 함수만을 〈보기〉에서 있는 대로 고른 것은?

┤ 보기 ├

ㄱ. $f(x)=\ln x$

ㄴ. $f(x)=2x^2+e^{-x}$

ㄷ. $f(x)=\dfrac{1}{x+1}$ $(x>-1)$

① ㄴ ② ㄷ ③ ㄱ, ㄴ

④ ㄴ, ㄷ ⑤ ㄱ, ㄴ, ㄷ

04

곡선 $y=\ln x+x^2$의 변곡점에서의 접선의 y절편은?

① $-\dfrac{3}{2}-\dfrac{1}{2}\ln 2$ ② $-\dfrac{1}{2}-\dfrac{1}{2}\ln 2$ ③ $-\dfrac{1}{2}$

④ $\dfrac{1}{2}+\dfrac{1}{2}\ln 2$ ⑤ $\dfrac{3}{2}+\dfrac{1}{2}\ln 2$

05

미분가능한 함수 $y=f(x)$의 도함수 $y=f'(x)$의 그래프가 오른쪽 그림과 같다. $y=f(x)$의 그래프에서 극값을 갖는 점의 개수를 m, 변곡점의 개수를 n이라 할 때, $m+n$의 값을 구하시오.

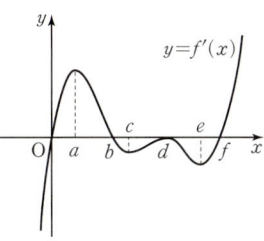

06

미분가능한 함수 $y=f(x)$의 도함수 $y=f'(x)$의 그래프가 오른쪽 그림과 같다. $f(b)=0$, $f(d)=0$일 때, 다음 중 $f(x)>0$, $f'(x)f''(x)>0$을 모두 만족시키는 구간은?

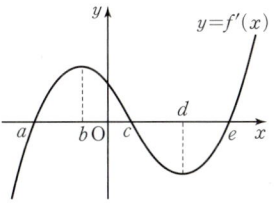

① (a, b) ② (a, c) ③ (b, c)

④ (c, d) ⑤ (d, e)

07

함수 $f(x)=\dfrac{3x}{x^2+1}$에 대하여 〈보기〉에서 옳은 것만을 있는 대로 고른 것은?

┤ 보기 ├

ㄱ. 곡선 $y=f(x)$는 원점에 대하여 대칭이다.

ㄴ. 함수 $f(x)$의 극댓값과 극솟값의 합은 0이다.

ㄷ. 곡선 $y=f(x)$의 변곡점은 한 직선 위에 있다.

① ㄱ ② ㄴ ③ ㄱ, ㄴ

④ ㄴ, ㄷ ⑤ ㄱ, ㄴ, ㄷ

08

함수 $f(x)=ax\sqrt{1-x^2}+b$의 최댓값은 5, 최솟값은 3일 때, 상수 a, b에 대하여 $a+b$의 값을 구하시오. (단, $a>0$)

빈출 유형 마무리

09

오른쪽 그림과 같이 곡선 $y=e^x$ 위의 점 $P(a, e^a)$에서의 접선과 x축 및 직선 $x=20$으로 둘러싸인 삼각형의 넓이의 최댓값은? (단, $a<20$)

① $2e^{19}$ ② $4e^{19}$
③ $6e^{18}$ ④ $8e^{17}$
⑤ $10e^{16}$

10

오른쪽 그림과 같이 옆면의 모서리의 길이가 10인 정사각뿔이 있다. 이 정사각뿔의 부피가 최대가 되도록 하는 밑면의 한 변의 길이는?

① $6\sqrt{3}$ ② $\dfrac{20\sqrt{3}}{3}$
③ $\dfrac{22\sqrt{3}}{3}$ ④ $8\sqrt{3}$
⑤ $\dfrac{26\sqrt{3}}{3}$

11

$0 \le x \le 2\pi$에서 방정식 $2\sin x = x + k$가 오직 한 개의 실근을 갖도록 하는 실수 k의 최댓값과 최솟값의 합은?

① -2π ② $-\pi$ ③ 0
④ π ⑤ 2π

12

방정식 $\dfrac{1}{16}x^4 = ke^{x-4}$이 서로 다른 세 실근을 갖도록 하는 실수 k의 값의 범위는?

① $-4<k<4$ ② $-4<k<8$ ③ $0<k<16$
④ $0<k<24$ ⑤ $0<k<48$

13

$x \ge 0$일 때, 부등식 $\sin x \ge -\dfrac{1}{2}x^2 + k$가 성립하도록 하는 실수 k의 최댓값은?

① -2 ② -1 ③ 0
④ 1 ⑤ 2

14

좌표평면 위의 점 $(1, 4)$를 출발하여 곡선 $xy=4$ 위를 움직이는 점 P가 있다. 점 P의 x좌표가 매초 1씩 증가할 때, 점 P가 점 $(4, 1)$을 지나는 순간의 속력은?

① 1 ② $\dfrac{\sqrt{17}}{4}$ ③ $\dfrac{3\sqrt{2}}{4}$
④ $\dfrac{\sqrt{19}}{4}$ ⑤ $\dfrac{\sqrt{5}}{2}$

15

| 2019 6월 평가원 가형 26번 |

좌표평면에서 점 $(2, a)$가 곡선 $y=\dfrac{2}{x^2+b}$ $(b>0)$의 변곡점일 때, $\dfrac{b}{a}$의 값을 구하시오. (단, a, b는 상수이다.)

16

| 2015 9월 평가원 B형 20번 |

3 이상의 자연수 n에 대하여 함수 $f(x)$가

$$f(x) = x^n e^{-x}$$

일 때, 〈보기〉에서 옳은 것만을 있는 대로 고른 것은?

┤ 보기 ├
ㄱ. $f\left(\dfrac{n}{2}\right) = f'\left(\dfrac{n}{2}\right)$
ㄴ. 함수 $f(x)$는 $x=n$에서 극댓값을 갖는다.
ㄷ. 점 $(0, 0)$은 곡선 $y=f(x)$의 변곡점이다.

① ㄴ ② ㄷ ③ ㄱ, ㄴ
④ ㄱ, ㄷ ⑤ ㄱ, ㄴ, ㄷ

적분법

01 Ⅲ. 적분법

부정적분

① **여러 가지 함수의 부정적분**

(1) 함수 $y=x^n$ (n은 실수)의 부정적분

  ① $n\neq -1$일 때 $\displaystyle\int x^n\,dx=\dfrac{1}{n+1}x^{n+1}+C$

  ② $n=-1$일 때 $\displaystyle\int \dfrac{1}{x}\,dx=\ln|x|+C$

(2) 지수함수의 부정적분

  ① $\displaystyle\int e^x\,dx=e^x+C$
    ② $\displaystyle\int a^x\,dx=\dfrac{a^x}{\ln a}+C$ (단, $a>0$, $a\neq 1$)

(3) 삼각함수의 부정적분

  ① $\displaystyle\int \sin x\,dx=-\cos x+C$
   ② $\displaystyle\int \cos x\,dx=\sin x+C$

  ③ $\displaystyle\int \sec^2 x\,dx=\tan x+C$
   ④ $\displaystyle\int \csc^2 x\,dx=-\cot x+C$

  ⑤ $\displaystyle\int \sec x\tan x\,dx=\sec x+C$
  ⑥ $\displaystyle\int \csc x\cot x\,dx=-\csc x+C$

② **치환적분법**

(1) 치환적분법

  미분가능한 함수 $g(t)$에 대하여 $x=g(t)$로 놓으면

$$\int f(x)\,dx=\int f(g(t))g'(t)\,dt$$

(2) $\dfrac{f'(x)}{f(x)}$ 꼴인 함수의 부정적분

$$\int \dfrac{f'(x)}{f(x)}\,dx=\ln|f(x)|+C$$

③ **유리함수의 부정적분**

(1) (분자의 차수)$\geq$(분모의 차수)인 경우 ──
  분자를 분모로 나누어 몫과 나머지 꼴로 나타내어 부정적분을 구한다.
(2) 분모가 인수분해되고 (분자의 차수)$<$(분모의 차수)인 경우
  부분분수로 변형하여 부정적분을 구한다.

$\dfrac{f'(x)}{f(x)}$ 꼴이 아닌 유리함수의 부정적분을 구할 때 이용한다.

④ **부분적분법**

두 함수 $f(x)$, $g(x)$가 미분가능할 때

    그대로   미분

$$\int f(x)g'(x)\,dx=f(x)g(x)-\int f'(x)g(x)\,dx$$

    적분   그대로

참고 $\{f(x)g(x)\}'=f'(x)g(x)+f(x)g'(x)$에서

$$f(x)g(x)=\int f'(x)g(x)\,dx+\int f(x)g'(x)\,dx$$

$$\therefore \int f(x)g'(x)\,dx=f(x)g(x)-\int f'(x)g(x)\,dx$$

개념 Plus

• **부정적분의 성질**

  ① $\displaystyle\int kf(x)\,dx=k\int f(x)\,dx$

    (단, k는 0이 아닌 실수)

  ② $\displaystyle\int \{f(x)\pm g(x)\}\,dx$

    $=\displaystyle\int f(x)\,dx\pm\int g(x)\,dx$

    (복부호동순)

• $\displaystyle\int f(x)\,dx=F(x)+C$일 때

  $\displaystyle\int f(ax+b)\,dx$

  $=\dfrac{1}{a}F(ax+b)+C$ (단, $a\neq 0$)

  이므로

  $n\neq -1$일 때

  $\displaystyle\int (ax+b)^n\,dx$

  $=\dfrac{1}{a}\times\dfrac{1}{n+1}(ax+b)^{n+1}+C$

  $n=-1$일 때

  $\displaystyle\int (ax+b)^{-1}\,dx$

  $=\dfrac{1}{a}\ln|ax+b|+C$

• **부분분수**

  $\dfrac{1}{AB}=\dfrac{1}{B-A}\left(\dfrac{1}{A}-\dfrac{1}{B}\right)$

    (단, $A\neq B$)

• 미분하면 간단한 꼴로 변하는 것을 $f(x)$로 택하고 적분하기 쉬운 것을 $g'(x)$로 택한다. 일반적으로 로그함수, 다항함수, 삼각함수, 지수함수 순서로 $f(x)$를 택한다.

• $\displaystyle\int \ln x\,dx$는 $\displaystyle\int 1\times\ln x\,dx$로 생각하여 부분적분법을 이용하여 적분한다.

내신 & 수능 빈출 유형

부정적분 $\displaystyle\int \frac{3x^2-2\sqrt{x}}{x}dx$를 구하면? (단, C는 적분상수이다.)

① $6x^2-2\sqrt{x}+C$

② $\dfrac{3}{2}x^2-2\sqrt{x}+C$

③ $6x^2-4\sqrt{x}+C$

④ $\dfrac{3}{2}x^2-4\sqrt{x}+C$

⑤ $\dfrac{3}{2}x^2+4\sqrt{x}+C$

해결 포인트
$\sqrt{x}=x^{\frac{1}{2}}$, $\sqrt[p]{x^q}=x^{\frac{q}{p}}$임을 이용하여 피적분함수를 변형한 다음 적분한다.

01-1 양의 실수 전체의 집합에서 정의된 미분가능한 함수 $f(x)$가

$$\lim_{h\to 0}\frac{f(x+h)-f(x)}{h}=\sqrt[3]{x}+\frac{1}{x}$$

을 만족시킨다. $f(1)=\dfrac{3}{4}$일 때, $f(8)$의 값은?

① $4+\ln 2$ 　② $6+\ln 2$ 　③ $8+\ln 2$ 　④ $10+2\ln 2$ 　⑤ $12+3\ln 2$

유형 **02** 지수함수의 부정적분

실수 전체의 집합에서 미분가능한 함수 $f(x)$에 대하여 $f'(x)=\dfrac{e^{2x}-1}{e^x+1}$, $f(0)=1$일 때, $f(\ln 2)$의 값은?

① $3-\ln 2$ 　② $2-\ln 2$ 　③ $1-\ln 2$ 　④ $2+\ln 2$ 　⑤ $3+\ln 2$

해결 포인트
인수분해 공식을 이용하여 $f'(x)$를 간단히 정리한 다음 지수함수의 부정적분을 이용한다.

02-1 함수 $f(x)=\displaystyle\int \frac{8^x-1}{2^x-1}dx$에 대하여 $f(0)=\dfrac{1}{\ln 2}$일 때, $f(\log_2 3)$의 값은?

① $\dfrac{5+\ln 2}{2\ln 2}$ 　② $\dfrac{7+\ln 3}{2\ln 2}$ 　③ $\dfrac{1+\ln 2}{\ln 2}$ 　④ $\dfrac{5+\ln 3}{\ln 2}$ 　⑤ $\dfrac{7+\ln 3}{\ln 2}$

02-2 함수 $f(x)=\ln 2\displaystyle\int 2^x dx$에 대하여 $f(0)=1$일 때, $\displaystyle\sum_{n=1}^{\infty}\frac{1}{f(n)}$의 값은?

① $\dfrac{1}{2}$ 　② 1 　③ $\dfrac{3}{2}$ 　④ 2 　⑤ $\dfrac{5}{2}$

유형 **03** 삼각함수의 부정적분

함수 $f(x)=\displaystyle\int\frac{\sin^2 x}{1-\cos x}dx$에 대하여 $f(0)=\dfrac{1}{2}$일 때, $f\left(\dfrac{\pi}{6}\right)$의 값은?

① $\dfrac{\pi}{6}-\dfrac{1}{2}$ ② $\dfrac{\pi}{6}+\dfrac{1}{2}$ ③ $\dfrac{\pi}{6}+1$ ④ $\dfrac{\pi}{3}-\dfrac{1}{2}$ ⑤ $\dfrac{\pi}{3}+1$

03-1 $x>0$에서 정의된 미분가능한 함수 $f(x)$와 $f(x)$의 한 부정적분 $F(x)$가 다음 조건을 만족시킬 때, $f\left(\dfrac{\pi}{2}\right)$의 값은?

> (가) $F(x)=xf(x)-(x\sin x+\cos x)$
> (나) $f(\pi)=1$

① -1 ② 0 ③ 1 ④ 2 ⑤ 3

> **해결 포인트**
> $\{f(x)g(x)\}'$
> $=f'(x)g(x)+f(x)g'(x)$
> 이므로
> $\{xf(x)\}'=f(x)+xf'(x)$
> 임을 이용한다.

유형 **04** 치환적분법 ^{중요}

함수 $f(x)=3\displaystyle\int e^x\sqrt{e^x+1}\,dx$에 대하여 $f(\ln 3)=15$일 때, $f(\ln 8)$의 값을 구하시오.

> **해결 포인트**
> $e^x+1=t$로 치환한다.

04-1 함수 $f(x)=\displaystyle\int\sin^3 x\,dx$에 대하여 $f(\pi)=1$일 때, $f\left(\dfrac{\pi}{3}\right)$의 값은?

① $-\dfrac{1}{8}$ ② $-\dfrac{1}{6}$ ③ $-\dfrac{1}{3}$ ④ $\dfrac{1}{3}$ ⑤ $\dfrac{1}{6}$

04-2 함수 $f(x)=\displaystyle\int\frac{\sqrt{\ln x}}{x}dx$에 대하여 $f(e)=1$일 때, $f(e^4)$의 값은?

① $\dfrac{16}{3}$ ② $\dfrac{17}{3}$ ③ 6 ④ $\dfrac{19}{3}$ ⑤ $\dfrac{20}{3}$

유형 05 $\dfrac{f'(x)}{f(x)}$ 꼴인 함수의 부정적분 / 유리함수의 부정적분

함수 $f(x)$에 대하여 $f'(x)=\dfrac{e^x-e^{-x}}{e^x+e^{-x}}$, $f(0)=\ln 2$일 때, $f(\ln 3)$의 값은?

① $\ln \dfrac{8}{3}$ ② $\ln 3$ ③ $\ln \dfrac{10}{3}$ ④ $\ln \dfrac{11}{3}$ ⑤ $\ln 4$

해결 포인트

주어진 함수가 $\dfrac{f'(x)}{f(x)}$ 꼴이면

$\displaystyle \int \dfrac{f'(x)}{f(x)}dx=\ln|f(x)|+C$

임을 이용하여 적분하고, 그 이외의 분수 꼴이면 부분분수로 변형하거나 분자를 분모로 나누어 분자를 간단히 한 후 적분한다.

05-1 함수 $f(x)=\displaystyle\int \dfrac{1}{x^2+3x+2}dx$에 대하여 $f(0)=\ln 2$일 때, $f(2)$의 값은?

① $\ln 3$ ② $\ln 4$ ③ $\ln 5$ ④ $\ln 6$ ⑤ $\ln 7$

유형 06 부분적분법 🔴중요

원점을 지나는 곡선 $y=f(x)$ 위의 임의의 점 (x, y)에서의 접선의 기울기가 xe^{-x}일 때, $f(-2)$의 값은?

① $e-2$ ② $2e-1$ ③ e^2-1 ④ $2e+1$ ⑤ e^2+1

해결 포인트

접선의 기울기는 미분계수와 같음을 이용한다. 즉, $f'(x)=xe^{-x}$

06-1 곡선 $y=f(x)$ 위의 임의의 점 $(t, f(t))$에서의 접선의 기울기가 $t\ln t$이다. 이 곡선이 점 $(\sqrt{e}, e)$를 지날 때, 함수 $f(x)$의 최솟값은? (단, $t>0$)

① $e-\dfrac{1}{4}$ ② $e-\dfrac{1}{2}$ ③ $e-1$ ④ $\dfrac{5}{4}-e$ ⑤ $\dfrac{1}{4}-e$

06-2 부정적분 $\displaystyle\int \dfrac{x}{\cos^2 x}dx$를 구하면? (단, C는 적분상수이다.)

① $x\tan x-\ln|\sin x|+C$ ② $x\tan x-\ln|\cos x|+C$

③ $x\tan x+\ln|\cos x|+C$ ④ $x\cot x-\ln|\sin x|+C$

⑤ $x\cot x+\ln|\cos x|+C$

01

함수 $f(x)=\displaystyle\int\left(2x+\dfrac{1}{x}\right)^2 dx$에 대하여 $f(1)=3$일 때, $f(-3)$의 값은?

① -49 ② -35 ③ -23
④ -11 ⑤ -5

02 중요

$x>0$에서 정의된 미분가능한 함수 $f(x)$가 다음 조건을 만족시킬 때, $f(2)$의 값은?

> (가) $f(1)=1$
> (나) $\displaystyle\int f(x)dx=xf(x)+\dfrac{1}{x^2}$

① $\dfrac{5}{4}$ ② $\dfrac{4}{3}$ ③ $\dfrac{17}{12}$
④ $\dfrac{3}{2}$ ⑤ $\dfrac{19}{12}$

03

등식

$$\int \dfrac{4\sin^3 x-4\sin x+\cos^3 x-2}{\cos^2 x}dx$$
$$=p\cos x+q\sin x+r\tan x+C$$

가 성립할 때, 상수 p, q, r에 대하여 $p+q+r$의 값을 구하시오. (단, C는 적분상수이다.)

04

원점을 지나는 함수 $y=f(x)$의 그래프 위의 임의의 점 $(x,\ y)$에서의 접선의 기울기가 $\cos x \tan x$일 때, $f(\pi)$의 값을 구하시오.

05

미분가능한 함수 $f(x)$가 다음 조건을 만족시킬 때, $f(1)$의 값은?

> (가) $f'(x)=3^x+x+k$ (단, k는 상수이다.)
> (나) $\displaystyle\lim_{x\to 0}\dfrac{f(x)}{x}=3$

① $\dfrac{2}{\ln 3}+2$ ② $\dfrac{2}{\ln 3}+\dfrac{5}{2}$ ③ $\dfrac{3}{\ln 3}+\dfrac{3}{2}$
④ $\dfrac{3}{\ln 3}+2$ ⑤ $\dfrac{3}{\ln 3}+\dfrac{5}{2}$

06

부정적분 $\displaystyle\int \dfrac{2x-4}{(x-1)(x-3)}dx$를 구하면?

(단, C는 적분상수이다.)

① $\ln\left|\dfrac{x-1}{x-3}\right|+C$ ② $\ln\left|\dfrac{x-3}{x-1}\right|+C$
③ $\ln\left|\dfrac{(x-1)^2}{x-3}\right|+C$ ④ $\ln|(x-1)(x-3)|+C$
⑤ $\ln|(x-1)(x-3)^2|+C$

07

함수 $f(x)=\displaystyle\int \dfrac{1}{\cos^2 x(1+\tan x)}dx$에 대하여 $f\left(\dfrac{\pi}{4}\right)=\ln 2$일 때, $f\left(\dfrac{\pi}{3}\right)$의 값은?

① $-\ln(2+\sqrt{3})$ ② $-\ln(1+\sqrt{3})$ ③ $\ln(1+\sqrt{3})$
④ $\ln(2+\sqrt{3})$ ⑤ $\ln(3+\sqrt{3})$

08

함수 $f(x)=\displaystyle\int \dfrac{1}{x\sqrt{\ln x+5}}dx$에 대하여 $f\left(\dfrac{1}{e}\right)=8$일 때, $f(e^4)$의 값을 구하시오.

09 중요

$\ln 2 \le x \le \ln 7$에서 정의된 함수

$$f(x) = \int e^x \sqrt{e^x + 2}\, dx$$

의 최댓값과 최솟값의 차를 $\dfrac{q}{p}$라 할 때, $p+q$의 값을 구하시오. (단, p와 q는 서로소인 자연수이다.)

10

실수 전체의 집합에서 연속인 함수 $f(x)$의 도함수 $f'(x)$가

$$f'(x) = \begin{cases} 2\sin x(1-\cos x) & (x<0) \\ xe^{x^2} & (x \ge 0) \end{cases}$$

이고 $f(-\pi)=2$일 때, $f(\sqrt{\ln 7})$의 값을 구하시오.

11

부정적분 $\displaystyle\int \ln(x+2)dx$를 구하면? (단, C는 적분상수이다.)

① $\ln(x+2) - 2x + C$
② $\ln(x+2) - x + C$
③ $(x+2)\ln(x+2) - 2x + C$
④ $(x+2)\ln(x+2) - x + C$
⑤ $(x+2)\ln(x+2) + x + C$

12

함수 $f(x)$에 대하여 $\displaystyle\int x^2 e^x\, dx = e^x f(x) + C$가 성립할 때, $f(1)$의 값은? (단, C는 적분상수이다.)

① 1   ② 2   ③ 3
④ 4   ⑤ 5

13

$I_n = \displaystyle\int x^n e^{-x}\, dx\ (n=0,\ 1,\ 2,\ \cdots)$에 대하여 다음 중 I_n과 I_{n+1} 사이의 관계식으로 알맞은 것은?

① $I_{n+1} = -x^n e^{-x} + nI_n$
② $I_{n+1} = -x^{n+1} e^{-x} + nI_n$
③ $I_{n+1} = -x^{n+1} e^{-x} + (n+1)I_n$
④ $I_{n+1} = -x^{n+1} e^{-x} - e^{-x} + (n+1)I_n$
⑤ $I_{n+1} = -x^{n+1} e^{-x} + e^{-x} + (n+1)I_n$

14

미분가능한 함수 $f(x)$가 $\displaystyle\int f(x)dx = xf(x) - x^2 e^{-x}$을 만족시킬 때, $f(1) - f(0)$의 값을 구하시오.

15

$0 \le x < 2\pi$에서 정의된 함수 $f(x) = \displaystyle\int e^x \cos x\, dx$에 대하여 $f(0) = \dfrac{1}{2}$일 때, 방정식 $f(x)=0$의 모든 근의 합을 구하시오.

16

미분가능한 함수 $f(x)$가

$$\lim_{h \to 0} \frac{f(x+3h) - f(x-h)}{h} = 4x\sin x$$

를 만족시킨다. 원점을 지나는 곡선 $y = f(x)$ 위의 점 $\left(\dfrac{\pi}{2},\ f\left(\dfrac{\pi}{2}\right)\right)$에서의 접선의 y절편은?

① $1 - \dfrac{\pi^2}{2}$ ② $1 - \dfrac{\pi^2}{4}$ ③ $1 - \dfrac{\pi}{2}$
④ $1 - \dfrac{\pi}{4}$ ⑤ $1 + \dfrac{\pi}{4}$

02 정적분

① 정적분

(1) 정적분의 정의

함수 $f(x)$가 닫힌구간 $[a, b]$에서 연속일 때, $f(x)$의 한 부정적분을 $F(x)$라 하면

$$\int_a^b f(x)dx = \left[F(x) \right]_a^b = F(b) - F(a) \quad \leftarrow f(x) \text{의 } a \text{에서 } b \text{까지의 정적분}$$

(2) 정적분의 성질

두 함수 $f(x)$, $g(x)$가 임의의 세 실수 a, b, c를 포함하는 닫힌구간에서 연속일 때

① $\displaystyle\int_a^b kf(x)dx = k\int_a^b f(x)dx$ (단, k는 실수)

② $\displaystyle\int_a^b \{f(x) \pm g(x)\}dx = \int_a^b f(x)dx \pm \int_a^b g(x)dx$ (복부호동순)

③ $\displaystyle\int_a^b f(x)dx + \int_b^c f(x)dx = \int_a^c f(x)dx \quad \leftarrow a, b, c$의 대소에 관계없이 성립한다.

(3) 우함수와 기함수의 정적분

함수 $f(x)$가 닫힌구간 $[-a, a]$에서 연속일 때

① $f(-x) = f(x)$, 즉 $f(x)$가 우함수이면 $\displaystyle\int_{-a}^a f(x)dx = 2\int_0^a f(x)dx$

② $f(-x) = -f(x)$, 즉 $f(x)$가 기함수이면 $\displaystyle\int_{-a}^a f(x)dx = 0$

(4) 주기함수의 정적분

주기가 p인 연속함수 $f(x)$에 대하여

① $\displaystyle\int_a^b f(x)dx = \int_{a+p}^{b+p} f(x)dx$ ② $\displaystyle\int_a^{a+p} f(x)dx = \int_b^{b+p} f(x)dx$

② 치환적분법과 부분적분법을 이용한 정적분

(1) 치환적분법을 이용한 정적분

닫힌구간 $[a, b]$에서 연속인 함수 $f(x)$에 대하여 미분가능한 함수 $x = g(t)$의 도함수 $g'(t)$가 닫힌구간 $[\alpha, \beta]$에서 연속이고 $a = g(\alpha)$, $b = g(\beta)$이면

$$\int_a^b f(x)dx = \int_\alpha^\beta f(g(t))g'(t)dt$$

(2) 부분적분법을 이용한 정적분

두 함수 $f(x)$, $g(x)$가 미분가능하고, $f'(x)$, $g'(x)$가 연속일 때

$$\int_a^b f(x)g'(x)dx = \left[f(x)g(x) \right]_a^b - \int_a^b f'(x)g(x)dx$$

③ 정적분으로 정의된 함수

(1) 정적분으로 정의된 함수의 미분 (단, a는 실수)

① $\displaystyle\frac{d}{dx}\int_a^x f(t)dt = f(x)$ ② $\displaystyle\frac{d}{dx}\int_x^{x+a} f(t)dt = f(x+a) - f(x)$

(2) 정적분으로 정의된 함수의 극한

① $\displaystyle\lim_{x \to a}\frac{1}{x-a}\int_a^x f(t)dt = f(a)$ ② $\displaystyle\lim_{h \to 0}\frac{1}{h}\int_a^{a+h} f(t)dt = f(a)$

개념 Plus

• $\displaystyle\int_a^a f(x)dx = 0$

$\displaystyle\int_a^b f(x)dx = -\int_b^a f(x)dx$

• 우함수의 그래프는 y축에 대하여 대칭이다.

예 $1, x^2, x^4, \cos x$

• 기함수의 그래프는 원점에 대하여 대칭이다.

예 $x, x^3, \sin x, \tan x$

• 주기가 p인 함수 $f(x)$는

$f(x+p) = f(x)$

를 만족시킨다.

• **삼각치환법을 이용한 정적분**

피적분함수가

(1) $a^2 - x^2$ $(a > 0)$ 꼴을 포함하면

$x = a\sin\theta$ $\left(-\dfrac{\pi}{2} \le \theta \le \dfrac{\pi}{2}\right)$

로 치환한다.

(2) $a^2 + x^2$ $(a > 0)$ 꼴을 포함하면

$x = a\tan\theta$ $\left(-\dfrac{\pi}{2} < \theta < \dfrac{\pi}{2}\right)$

로 치환한다.

• ① $\displaystyle\frac{d}{dx}\int_x^a f(t)dt = -f(x)$

② $\displaystyle\frac{d}{dx}\int_{h(x)}^{g(x)} f(t)dt$

$= f(g(x))g'(x)$

$\qquad - f(h(x))h'(x)$

유형 01 정적분의 계산

정적분 $\displaystyle\int_0^1 \dfrac{1}{(x-2)(x-3)}dx$의 값은?

① $\ln\dfrac{3}{2}$ ② $\ln\dfrac{4}{3}$ ③ $\ln\dfrac{5}{4}$ ④ $\ln\dfrac{6}{5}$ ⑤ $\ln\dfrac{7}{6}$

01-1 $\displaystyle\int_0^2 \dfrac{x^2+2}{x+1}dx = a\ln 3 + b$일 때, 유리수 a, b에 대하여 $a+b$의 값을 구하시오.

01-2 정적분 $\displaystyle\int_0^{\frac{\pi}{4}} \dfrac{\cos^2 x - \sin^2 x}{\sin x + \cos x}dx$의 값은?

① $\sqrt{2}-1$ ② $\sqrt{2}$ ③ $2\sqrt{2}-1$ ④ $\sqrt{2}+1$ ⑤ $2\sqrt{2}+1$

유형 02 정적분의 성질

함수 $f(x) = \begin{cases} 3x^2 - 1 & (x < 0) \\ \sin \pi x & (x \ge 0) \end{cases}$에 대하여 정적분 $\displaystyle\int_{-1}^1 f(x)dx$의 값은?

① $\dfrac{1}{\pi}$ ② $\dfrac{2}{\pi}$ ③ $\dfrac{1}{\pi}+1$ ④ $\dfrac{1}{\pi}+2$ ⑤ $\dfrac{2}{\pi}+2$

02-1 정적분 $\displaystyle\int_0^2 |e^x - e|dx$의 값은?

① $e^2 - 2e$ ② $e^2 - 1$ ③ $e^2 - 2e + 1$

④ $e^2 + 2e$ ⑤ $e^2 + 2e + 1$

유형 03 우함수와 기함수의 정적분

정적분 $\displaystyle\int_{-\frac{\pi}{2}}^{\frac{\pi}{2}} (\sin x + \cos 3x + \tan 5x)dx$의 값은?

① $-\dfrac{4}{3}$　　② $-\dfrac{2}{3}$　　③ $\dfrac{2}{3}$　　④ $\dfrac{4}{3}$　　⑤ 2

해결 포인트
$\sin(-x) = -\sin x \rightarrow$ 기함수
$\cos(-x) = \cos x \rightarrow$ 우함수
$\tan(-x) = -\tan x \rightarrow$ 기함수

03-1 정적분 $\displaystyle\int_{-\frac{\pi}{2}}^{\frac{\pi}{2}} (\sin x + 2\cos x + x\cos x)dx$의 값은?

① 1　　② 2　　③ 3　　④ 4　　⑤ 5

해결 포인트
① (우함수)×(우함수)=(우함수)
② (우함수)×(기함수)=(기함수)
③ (기함수)×(기함수)=(우함수)

03-2 미분가능한 함수 $f(x)$가 다음 조건을 만족시킬 때, 정적분 $\displaystyle\int_{-2}^{4} f(x)dx$의 값을 구하시오.

> (가) 모든 실수 x에 대하여 $f'(x) > 0$이고, $f(-x) = -f(x)$가 성립한다.
> (나) $\displaystyle\int_{2}^{4} |f(x)|dx = 3$

유형 04 주기함수의 정적분

임의의 실수 a에 대하여 정적분 $\displaystyle\int_{a}^{a+2\pi} \cos x\, dx$의 값은?

① 0　　② $\dfrac{1}{2}$　　③ 1　　④ $\dfrac{3}{2}$　　⑤ 2

04-1 주기가 2인 연속함수 $f(x)$에 대하여 $\displaystyle\int_{0}^{1} f(x)dx=1$, $\displaystyle\int_{-1}^{2} f(x)dx=3$일 때, 정적분 $\displaystyle\int_{2}^{4} f(x)dx$의 값을 구하시오.

해결 포인트
주기가 p인 함수 $f(x)$에 대하여
$\displaystyle\int_{a}^{b} f(x)dx = \int_{a+p}^{b+p} f(x)dx$

유형 **05** 치환적분법을 이용한 정적분 〈중요〉

해결 포인트
$1+\ln x=t$로 치환한다.

함수 $f(x)=\dfrac{1}{x(1+\ln x)^2}$에 대하여 정적분 $\displaystyle\int_1^{e^2} f(x)dx$의 값은?

① $\dfrac{1}{3}$　　　② $\dfrac{2}{3}$　　　③ 1　　　④ $\dfrac{4}{3}$　　　⑤ $\dfrac{5}{3}$

05-1 $\displaystyle\int_0^{\frac{\pi}{2}} \sin x(1-\sin^2 x)dx$의 값은?

① $\dfrac{1}{3}$　　　② $\dfrac{2}{3}$　　　③ 1　　　④ $\dfrac{4}{3}$　　　⑤ $\dfrac{5}{3}$

05-2 함수 $f(x)=x\sqrt{x+3}$에 대하여 $\displaystyle\int_{-2}^{2} f(x)dx$의 값은?

해결 포인트
$x+3=t$로 놓으면 $x=t-3$이다.

① $\dfrac{6}{5}$　　　② $\dfrac{7}{5}$　　　③ $\dfrac{8}{5}$　　　④ $\dfrac{9}{5}$　　　⑤ 2

05-3 정적분 $\displaystyle\int_0^1 \dfrac{1}{1+x^2}dx$의 값은?

해결 포인트
$x=\tan\theta\left(-\dfrac{\pi}{2}<\theta<\dfrac{\pi}{2}\right)$로 치환한다.

① $\dfrac{\pi}{6}$　　　② $\dfrac{\pi}{4}$　　　③ $\dfrac{\pi}{3}$　　　④ $\dfrac{\pi}{2}$　　　⑤ π

유형 **06** 부분적분법을 이용한 정적분 〈중요〉

$\displaystyle\int_0^1 (1+2e^{-x})dx-\int_1^e \dfrac{\ln x}{x^2}dx$의 값을 구하시오.

06-1 정적분 $\displaystyle\int_0^{\frac{\pi}{4}} x\sin 2x\, dx$의 값은?

① $\dfrac{1}{8}$　　　② $\dfrac{1}{4}$　　　③ $\dfrac{3}{8}$　　　④ $\dfrac{1}{2}$　　　⑤ $\dfrac{5}{8}$

유형 **07** 정적분으로 나타내어진 함수의 미분

함수 $f(x)=\displaystyle\int_0^x (1-t^2)e^t\,dt$의 극댓값을 M, 극솟값을 m이라 할 때, $M-m$의 값은?

① $\dfrac{1}{e}$ ② $\dfrac{2}{e}$ ③ $\dfrac{3}{e}$ ④ $\dfrac{4}{e}$ ⑤ $\dfrac{5}{e}$

해결 포인트

$f(x)=\displaystyle\int_a^x g(t)\,dt$이면
$f'(x)=g(x)$이다.

07-1 $0<x<2\pi$에서 정의된 함수 $f(x)=\displaystyle\int_0^x \sin t(2+\cos t)\,dt$의 극댓값은?

① 1 ② 2 ③ 3 ④ 4 ⑤ 5

07-2 $x>0$에서 정의된 함수 $f(x)=\displaystyle\int_x^{x+1}\left(t+\dfrac{2}{t}\right)dt$의 최솟값은?

① $-1+\ln 2$ ② $-\dfrac{1}{2}+\ln 2$ ③ $\dfrac{1}{2}+2\ln 2$

④ $1+2\ln 2$ ⑤ $\dfrac{3}{2}+2\ln 2$

유형 **08** 정적분으로 나타내어진 함수의 극한

미분가능한 함수 $f(x)$에 대하여 $f'(0)=5$일 때, $\displaystyle\lim_{x\to 0}\dfrac{1}{x}\int_0^x (2e^t+1)f'(t)\,dt$의 값을 구하시오.

해결 포인트

$\displaystyle\lim_{x\to a}\dfrac{1}{x-a}\int_a^x f(t)\,dt=f(a)$
임을 이용한다.

08-1 함수 $f(x)=x^2e^x$에 대하여 $\displaystyle\lim_{x\to 1}\dfrac{1}{x-1}\int_1^x f(t)f'(t)\,dt$의 값은?

① e^2 ② $2e^2$ ③ $3e^2$ ④ $4e^2$ ⑤ $5e^2$

빈출 유형 마무리

01

정적분 $\int_0^1 (3^x+e^{-x})dx + \int_1^2 (3^t+e^{-t})dt$의 값은?

① $\dfrac{8}{\ln 3}-\dfrac{1}{e^2}$

② $\dfrac{8}{\ln 3}-\dfrac{1}{e^2}+1$

③ $\dfrac{8}{\ln 3}-\dfrac{1}{e^2}+2$

④ $\dfrac{8}{\ln 3}-\dfrac{1}{e^2}+3$

⑤ $\dfrac{8}{\ln 3}-\dfrac{1}{e^2}+4$

02

$\int_0^{\frac{\pi}{4}} (2x+\tan^2 x)dx = a\pi^2 + b\pi + c$일 때, 유리수 a, b, c에 대하여 $a+b+c$의 값은?

① $\dfrac{7}{16}$

② $\dfrac{9}{16}$

③ $\dfrac{11}{16}$

④ $\dfrac{13}{16}$

⑤ $\dfrac{15}{16}$

03

다항함수 $f(x)$가 임의의 실수 x에 대하여

$$f(-x)=f(x), \quad \int_0^{\frac{\pi}{3}} f(x)dx=4$$

를 만족시킬 때, $\int_{-\frac{\pi}{3}}^{\frac{\pi}{3}} (\tan x+4)f(x)dx$의 값을 구하시오.

04

연속함수 $f(x)$에 대하여 $\int_1^3 f(x)dx=12$일 때, 정적분 $\int_2^3 f(2x-3)dx$의 값을 구하시오.

05

정적분 $\int_1^2 \dfrac{1}{x(x^2+1)}dx$의 값은?

① $\dfrac{1}{2}\ln\dfrac{5}{2}$

② $\dfrac{1}{2}\ln 2$

③ $\dfrac{1}{2}\ln\dfrac{7}{4}$

④ $\dfrac{1}{2}\ln\dfrac{8}{5}$

⑤ $\dfrac{1}{2}\ln\dfrac{3}{2}$

06

정적분 $\int_0^{\frac{\pi}{2}} \cos^3 x\, dx$의 값은?

① $\dfrac{1}{3}$

② $\dfrac{1}{2}$

③ $\dfrac{2}{3}$

④ 1

⑤ $\dfrac{4}{3}$

07

$\int_0^1 \dfrac{1}{\sqrt{4-x^2}}dx=k\pi$일 때, 상수 k의 값은?

① 0

② $\dfrac{1}{6}$

③ $\dfrac{1}{3}$

④ $\dfrac{1}{2}$

⑤ 1

08 중요

$0\le x\le 2$에서 정의된 함수 $y=f(x)$의 그래프가 오른쪽 그림과 같을 때, 정적분 $\int_0^2 e^x f(x)dx$의 값은?

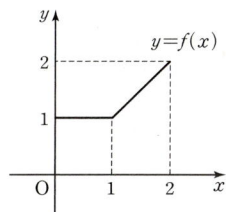

① e^2-e

② e^2-e+1

③ e^2+e-1

④ e^2+e

⑤ e^2+e+1

빈출 유형 마무리

09

정적분 $\int_0^{\frac{\pi}{2}} e^x \sin 2x \, dx$의 값은?

① $e^{\frac{\pi}{2}}+1$ 　　② $\frac{4}{5}(e^{\frac{\pi}{2}}+1)$ 　　③ $\frac{3}{5}(e^{\frac{\pi}{2}}+1)$

④ $\frac{2}{5}(e^{\frac{\pi}{2}}+1)$ 　　⑤ $\frac{2}{5}(e^{\frac{\pi}{2}}-1)$

10 중요

정적분 $\int_e^{e^2} \frac{\ln(\ln x)}{x} dx$의 값은?

① $\ln 2 - 2$ 　　② $2\ln 2 - 2$ 　　③ $2\ln 2 - 1$
④ $\ln 2 + 2$ 　　⑤ $2\ln 2 + 2$

11

미분가능한 함수 $f(x)$와 그 도함수 $f'(x)$가 모든 실수 x에 대하여

$$f(x) = e^{2x} - 2x - \int_0^x f'(t)e^t \, dt$$

를 만족시킬 때, $f'(\ln 2)$의 값은?

① 1 　　② 2 　　③ 3
④ 4 　　⑤ 5

12

함수 $f(x)$가 등식 $f(x) = \cos x + \int_0^{\frac{\pi}{3}} f(t) \sin t \, dt$를 만족시킬 때, $f\left(\frac{\pi}{3}\right)$의 값은?

① $\frac{1}{4}$ 　　② $\frac{1}{2}$ 　　③ $\frac{3}{4}$
④ 1 　　⑤ $\frac{5}{4}$

13

$f(x) = 3^x + \ln x$일 때, $\lim_{x \to 1} \frac{1}{x^2-1} \int_1^x f(t) dt$의 값은?

① 1 　　② $\frac{3}{2}$ 　　③ 2
④ $\frac{5}{2}$ 　　⑤ 3

14

$\lim_{h \to 0} \frac{1}{h} \int_{\frac{\pi}{2}-h}^{\frac{\pi}{2}+h} x^2 \sin x \, dx$의 값은?

① π 　　② 2π 　　③ $\frac{\pi^2}{4}$
④ $\frac{\pi^2}{2}$ 　　⑤ π^2

15

| 2019 6월 평가원 가형 11번 |

$\int_1^{\sqrt{2}} x^3 \sqrt{x^2-1} \, dx$의 값은?

① $\frac{7}{15}$ 　　② $\frac{8}{15}$ 　　③ $\frac{3}{5}$
④ $\frac{2}{3}$ 　　⑤ $\frac{11}{15}$

16

| 2013 수능 가형 12번 |

연속함수 $f(x)$가 $f(x) = e^{x^2} + \int_0^1 tf(t) \, dt$를 만족시킬 때, $\int_0^1 xf(x)dx$의 값은?

① $e-2$ 　　② $\frac{e-1}{2}$ 　　③ $\frac{e}{2}$
④ $e-1$ 　　⑤ $\frac{e+1}{2}$

03 정적분의 활용

1 정적분과 급수의 합 사이의 관계

(1) 함수 $f(x)$가 닫힌구간 $[a, b]$에서 연속일 때

$$\int_a^b f(x)dx = \lim_{n \to \infty} \sum_{k=1}^{n} f(x_k)\Delta x \left(\text{단, } \Delta x = \frac{b-a}{n}, \ x_k = a + k\Delta x \right)$$

(2) 정적분을 이용한 급수의 계산

① $\displaystyle\lim_{n \to \infty} \sum_{k=1}^{n} f\left(\frac{k}{n}\right) \times \frac{1}{n} = \int_0^1 f(x)dx \implies x = \frac{k}{n}$인 경우

② $\displaystyle\lim_{n \to \infty} \sum_{k=1}^{n} f\left(a + \frac{p}{n}k\right) \times \frac{p}{n} = \int_a^{a+p} f(x)dx = \int_0^p f(a+x)dx \implies x = \frac{p}{n}k$인 경우

③ $\displaystyle\lim_{n \to \infty} \sum_{k=1}^{n} f\left(a + \frac{b-a}{n}k\right) \times \frac{b-a}{n} = \int_a^b f(x)dx \implies x = \frac{b-a}{n}k$인 경우

2 넓이

(1) 곡선과 x축 사이의 넓이   ┌ $f(x)$는 닫힌구간 $[a, b]$에서 연속

곡선 $y = f(x)$와 x축 및 두 직선 $x = a$, $x = b$로 둘러싸인 도형의 넓이 S는

$$S = \int_a^b |f(x)|dx$$

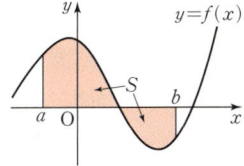

(2) 두 곡선 사이의 넓이   ┌ $f(x), g(x)$는 닫힌구간 $[a, b]$에서 연속

두 곡선 $y = f(x)$, $y = g(x)$ 및 두 직선 $x = a$, $x = b$로 둘러싸인 도형의 넓이 S는

$$S = \int_a^b |f(x) - g(x)|dx$$

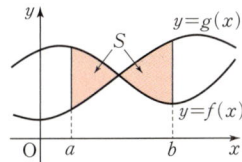

3 입체도형의 부피

닫힌구간 $[a, b]$에 속하는 x좌표가 x인 점에서 x축에 수직인 평면으로 자른 단면의 넓이가 $S(x)$인 입체도형의 부피 V는

┌ $S(x)$는 닫힌구간 $[a, b]$에서 연속

$$V = \int_a^b S(x)dx$$

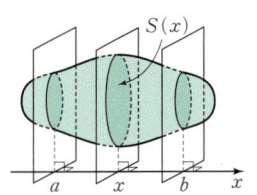

4 속도와 거리

(1) 평면 위를 움직이는 점이 움직인 거리

좌표평면 위를 움직이는 점 P의 시각 t에서의 위치 (x, y)가 $x = f(t)$, $y = g(t)$일 때, 시각 $t = a$에서 $t = b$까지 점 P가 움직인 거리 s는

$$s = \int_a^b \sqrt{\left(\frac{dx}{dt}\right)^2 + \left(\frac{dy}{dt}\right)^2} \, dt = \int_a^b \sqrt{\{f'(t)\}^2 + \{g'(t)\}^2} \, dt$$

(2) 곡선의 길이

┌ 곡선 위의 점 P가 움직인 경로가 겹치지 않으면 점 P가 움직인 거리와 같다.

① 매개변수 t로 나타낸 곡선 $x = f(t)$, $y = g(t)$ $(a \le t \le b)$의 길이 l은

$$l = \int_a^b \sqrt{\left(\frac{dx}{dt}\right)^2 + \left(\frac{dy}{dt}\right)^2} \, dt = \int_a^b \sqrt{\{f'(t)\}^2 + \{g'(t)\}^2} \, dt$$

② 곡선 $y = f(x)$ $(a \le x \le b)$의 길이 l은   ← $x = t, y = f(t)$ $(a \le t \le b)$로 나타낼 수 있으므로

$$l = \int_a^b \sqrt{1 + \{f'(x)\}^2} \, dx$$

$\frac{dx}{dt} = 1, \ \frac{dy}{dt} = f'(t)$

• **구분구적법**

어떤 도형의 넓이(또는 부피)를 그 도형을 간단한 도형으로 잘게 나누어 넓이(또는 부피)의 합의 극한값으로 구하는 방법

• 급수를 정적분으로 나타낼 때, 무엇을 x로 정하느냐에 따라 여러 가지 정적분으로 나타낼 수 있다.

• 함수 $g(y)$가 닫힌구간 $[c, d]$에서 연속일 때, 곡선 $x = g(y)$와 y축 및 두 직선 $y = c, y = d$로 둘러싸인 도형의 넓이 S는

$$S = \int_c^d |g(y)|dy$$

• 두 함수 $f(y), g(y)$가 닫힌구간 $[c, d]$에서 연속일 때, 두 곡선 $x = f(y), x = g(y)$ 및 두 직선 $y = c, y = d$로 둘러싸인 도형의 넓이 S는

$$S = \int_c^d |f(y) - g(y)|dy$$

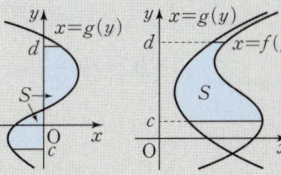

• **직선 위를 움직이는 점의 위치와 움직인 거리**

수직선 위를 움직이는 점 P의 시각 t에서의 속도가 $v(t)$이고 시각 $t = 0$에서의 위치가 x_0일 때,

① 시각 t에서의 점 P의 위치 x는

$$x = x_0 + \int_0^t v(t)dt$$

② 시각 $t = a$에서 $t = b$까지 점 P가 움직인 거리 s는

$$s = \int_a^b |v(t)|dt$$

유형 **01** 정적분과 급수의 합 사이의 관계

다음은 $\int_0^2 x^2\,dx$의 값을 급수의 합을 이용하여 구하는 과정이다. (가), (나)에 알맞은 수를 순서대로 나열한 것은?

$f(x)=x^2$이라 하면 함수 $f(x)$는 닫힌구간 $[0,\,2]$에서 연속이다.

$\Delta x=\dfrac{2-0}{n}=\dfrac{2}{n}$로 놓으면

$x_k=0+k\Delta x=\dfrac{2k}{n}$, $f(x_k)=x_k{}^2=\left(\dfrac{2k}{n}\right)^2$

이므로

$\displaystyle\int_0^2 x^2\,dx=\lim_{n\to\infty}\sum_{k=1}^{n}f(x_k)\Delta x=\lim_{n\to\infty}\sum_{k=1}^{n}\left(\dfrac{2k}{n}\right)^2\times\dfrac{2}{n}$

$\displaystyle\qquad=\lim_{n\to\infty}\dfrac{8}{n^3}\sum_{k=1}^{n}k^2=\cdots$

$\displaystyle\qquad=\boxed{\text{(가)}}\times\lim_{n\to\infty}\left(1+\dfrac{1}{n}\right)\left(2+\dfrac{1}{n}\right)=\boxed{\text{(나)}}$

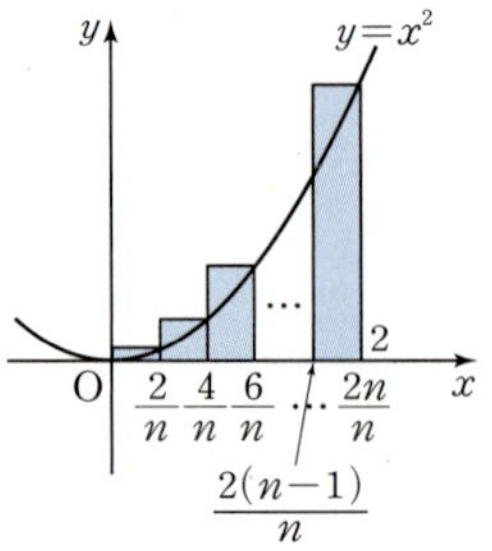

---

① $\dfrac{3}{2}$, 3   ② $\dfrac{3}{2}$, $\dfrac{9}{2}$ ③ $\dfrac{4}{3}$, $\dfrac{8}{3}$ ④ $\dfrac{4}{3}$, 4   ⑤ $\dfrac{5}{4}$, $\dfrac{5}{2}$

해결 포인트

$\int_0^2 x^2\,dx$의 값, 즉 곡선 $y=x^2$과 x축 및 직선 $x=2$로 둘러싸인 도형의 넓이는 구분구적법에 의하여 그림과 같이 구간 $[0,\,2]$를 n등분하여 얻은

가로의 길이가 $\dfrac{2}{n}$,

세로의 길이가 $\left(\dfrac{2k}{n}\right)^2$

$(k=1,\,2,\,3,\,\cdots,\,n)$

인 n개의 직사각형의 넓이의 합의 극한값

$\displaystyle\lim_{n\to\infty}\sum_{k=1}^{n}\left(\dfrac{2k}{n}\right)^2\times\dfrac{2}{n}$

로 구할 수 있다.

01-1 다음은 $\int_0^3 (-x)\,dx$의 값을 급수의 합을 이용하여 구하는 과정이다. (가), (나)에 알맞은 식을 순서대로 $f(n)$, $g(n)$이라 할 때, $f(3)+g(3)$의 값은?

$h(x)=-x$라 하면 함수 $h(x)$는 닫힌구간 $[0,\,3]$에서 연속이다.

$\Delta x=\dfrac{3-0}{n}=\dfrac{3}{n}$으로 놓으면 $x_k=0+k\Delta x=\dfrac{3k}{n}$이므로

$\displaystyle\int_0^3 (-x)\,dx=\lim_{n\to\infty}\sum_{k=1}^{n}\left(-\dfrac{3k}{n}\right)\times\boxed{\text{(가)}}=-9\lim_{n\to\infty}\dfrac{1}{n^2}\sum_{k=1}^{n}k=\cdots$

$\displaystyle\qquad=-\dfrac{9}{2}\lim_{n\to\infty}\left(1+\boxed{\text{(나)}}\right)=-\dfrac{9}{2}$

---

① $\dfrac{1}{3}$ ② $\dfrac{2}{3}$ ③ 1 ④ $\dfrac{4}{3}$ ⑤ $\dfrac{5}{3}$

해결 포인트

$h(x)=-x$라 하면

$\displaystyle\int_0^3 (-x)\,dx=\lim_{n\to\infty}\sum_{k=1}^{n}h(x_k)\Delta x$

임을 이용한다.

01-2 $\displaystyle\int_0^3 4x^3\,dx=\lim_{n\to\infty}\sum_{k=1}^{n}\dfrac{ak^3}{n^3}\times\dfrac{3}{n}=b$라 할 때, 상수 a, b에 대하여 $a+b$의 값은?

① 186   ② 187   ③ 188   ④ 189   ⑤ 190

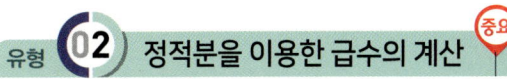

$\lim\limits_{n \to \infty} \sum\limits_{k=1}^{n} f\left(\dfrac{k}{n}\right) \times \dfrac{1}{n}$ 에서

$x = \dfrac{k}{n}$ 라 하면

(주어진 식)$= \displaystyle\int_{0}^{1} f(x)\,dx$

임을 이용한다.

$\lim\limits_{n \to \infty} \sum\limits_{k=1}^{n} \dfrac{2k}{n^2+k^2}$ 의 값은?

① $\ln\sqrt{2}$ 　　② $\ln\sqrt{3}$ 　　③ $\ln 2$ 　　④ $\ln\sqrt{5}$ 　　⑤ $\ln\sqrt{6}$

02-1 $\lim\limits_{n \to \infty} \dfrac{\sum\limits_{k=1}^{n} \left(\dfrac{k}{n}\right)^4}{\sum\limits_{k=1}^{n} \dfrac{k}{n}}$ 의 값은?

① $\dfrac{1}{5}$ 　　② $\dfrac{3}{10}$ 　　③ $\dfrac{2}{5}$ 　　④ $\dfrac{1}{2}$ 　　⑤ $\dfrac{3}{5}$

02-2 $\lim\limits_{n \to \infty} \sum\limits_{k=1}^{n} \dfrac{1}{n} \ln\left(1+\dfrac{2k}{n}\right)$ 의 값은?

① $\dfrac{1}{2}\ln 3 - 3$ 　　② $\dfrac{1}{2}\ln 3 - 2$ 　　③ $\dfrac{1}{2}\ln 3 - 1$

④ $\dfrac{3}{2}\ln 3 - 2$ 　　⑤ $\dfrac{3}{2}\ln 3 - 1$

02-3 $\lim\limits_{n \to \infty} \sum\limits_{k=n+1}^{2n} \dfrac{\sqrt{k}}{n\sqrt{n}} = \displaystyle\int_{a}^{b} \sqrt{x}\,dx$ 일 때, $a+b$의 값은? (단, a, b는 상수이다.)

① 0 　　② 1 　　③ 2 　　④ 3 　　⑤ 4

유형 **03** 곡선과 좌표축 사이의 넓이

오른쪽 그림과 같이 곡선 $y=(2-x)e^x$과 x축 및 y축으로 둘러싸인 도형의 넓이는?

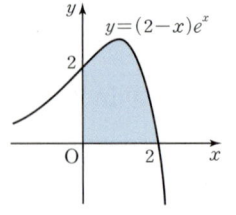

① e^2-5 ② e^2-4 ③ e^2-3

④ e^2-2 ⑤ e^2-1

03-1 곡선 $y=\ln x$와 x축, y축 및 직선 $y=2$로 둘러싸인 도형의 넓이는?

① e^2-2 ② e^2-1 ③ $2e^2-2$

④ $2e^2-1$ ⑤ $2e^2$

03-2 오른쪽 그림과 같이 곡선 $y=e^x+4e^{-x}$과 x축, y축 및 직선 $x=a$로 둘러싸인 도형의 넓이가 6일 때, 양수 a의 값은?

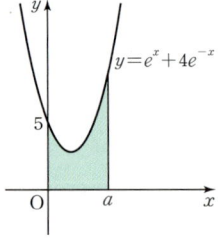

① $\ln 2$ ② 1 ③ $\ln 3$

④ $\ln 4$ ⑤ $1+\ln 2$

유형 **04** 두 곡선 사이의 넓이

두 곡선 $y=4\sqrt{x}$, $y=\sqrt{x}+3$과 y축으로 둘러싸인 도형의 넓이는?

① $\dfrac{\sqrt{2}}{2}$ ② 1 ③ $\sqrt{2}$ ④ 2 ⑤ $2\sqrt{2}$

해결 포인트

두 곡선 $y=4\sqrt{x}$, $y=\sqrt{x}+3$의 교점의 x좌표를 구해야 한다.

04-1 두 곡선 $y=\sin x$, $y=\cos x$와 두 직선 $x=0$, $x=\pi$로 둘러싸인 도형의 넓이는?

① $\sqrt{2}$ ② 2 ③ $2\sqrt{2}$ ④ 4 ⑤ $4\sqrt{2}$

유형 **05** 함수와 그 역함수의 그래프로 둘러싸인 도형의 넓이

함수 $f(x)=e^{x-1}$의 역함수를 $g(x)$라 할 때, 두 곡선 $y=f(x)$, $y=g(x)$와 x축 및 y축으로 둘러싸인 도형의 넓이는?

① $2+\dfrac{1}{e}$ ② $1+\dfrac{2}{e}$ ③ $1+\dfrac{1}{e}$

④ $1-\dfrac{1}{e}$ ⑤ $1-\dfrac{2}{e}$

해결 포인트

일반적으로 증가함수 $y=f(x)$와 그 역함수 $y=f^{-1}(x)$의 그래프로 둘러싸인 도형의 넓이는 두 곡선 $y=f(x)$, $y=f^{-1}(x)$가 직선 $y=x$에 대하여 대칭임을 이용하여 구한다.

05-1 $0\le x\le1$에서 정의된 함수 $f(x)=\tan\dfrac{\pi}{4}x$의 역함수를 $y=g(x)$라 할 때, 곡선 $y=g(x)$와 x축 및 직선 $x=1$로 둘러싸인 도형의 넓이는?

① $1-\dfrac{1}{\pi}\ln2$ ② $1-\dfrac{2}{\pi}\ln2$ ③ $1-\dfrac{3}{\pi}\ln2$

④ $1-\dfrac{4}{\pi}\ln2$ ⑤ $1-\dfrac{5}{\pi}\ln2$

유형 **06** 입체도형의 부피

곡선 $y=\dfrac{1}{x}$과 x축 및 두 직선 $x=1$, $x=4$로 둘러싸인 도형을 밑면으로 하고, x축에 수직인 평면으로 자른 단면의 모양이 정사각형인 입체도형의 부피는?

① $\dfrac{1}{4}$ ② $\dfrac{1}{2}$ ③ $\dfrac{3}{4}$ ④ 1 ⑤ $\dfrac{5}{4}$

해결 포인트

닫힌구간 $[a,\,b]$에 속하는 x좌표가 x인 점에서 x축에 수직인 평면으로 자른 단면의 넓이가 $S(x)$인 입체도형의 부피 V는

$$V=\int_a^b S(x)dx$$

(단, $S(x)$는 구간 $[a,\,b]$에서 연속)

06-1 원 $x^2+y^2=1$을 밑면으로 하는 입체도형을 원점에서 $|x|$ $(-1\le x\le1)$만큼 떨어진 x축 위의 점에서 x축에 수직인 평면으로 자른 단면이 높이가 $|x|$인 이등변삼각형일 때, 이 입체도형의 부피는?

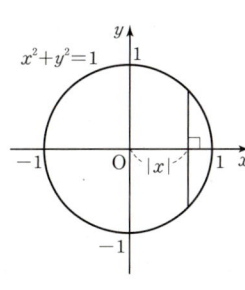

① $\dfrac{1}{3}$ ② $\dfrac{2}{3}$ ③ 1

④ $\dfrac{5}{3}$ ⑤ 2

유형 **07** 평면 위를 움직이는 점이 움직인 거리

좌표평면 위를 움직이는 점 P의 시각 t에서의 위치 (x, y)가
$$x=\cos t+\sin t,\ y=\cos t-\sin t$$
로 나타내어질 때, 시각 $t=0$에서 $t=\dfrac{\pi}{2}$까지 점 P가 움직인 거리는?

① $\dfrac{\pi}{2}$ ② $\dfrac{\sqrt{2}}{2}\pi$ ③ π ④ $\sqrt{2}\pi$ ⑤ 2π

해결 포인트

$t=0$에서 $t=\dfrac{\pi}{2}$까지 점 P가 움직인 거리는
$$\int_0^{\frac{\pi}{2}}\sqrt{\left(\dfrac{dx}{dt}\right)^2+\left(\dfrac{dy}{dt}\right)^2}\,dt\text{이다.}$$

07-1 좌표평면 위를 움직이는 점 P의 시각 t에서의 위치 (x, y)가
$$x=e^t,\ y=\dfrac{e^{2t}-2t}{4}$$
로 나타내어질 때, 시각 $t=0$에서 $t=1$까지 점 P가 움직인 거리는?

① $\dfrac{1}{4}e^2$ ② $\dfrac{1}{4}(e^2+1)$ ③ $\dfrac{1}{4}(e^2+2)$ ④ $\dfrac{1}{2}(e^2+1)$ ⑤ $\dfrac{1}{2}(e^2+2)$

07-2 좌표평면 위를 움직이는 점 P의 시각 t에서의 위치 (x, y)가
$$x=\dfrac{4}{3}t\sqrt{t},\ y=\dfrac{1}{2}(t^2-2t+1)$$
로 나타내어진다. 시각 $t=0$에서 $t=a$까지 점 P가 움직인 거리가 12일 때, 양수 a의 값은?

① 2 ② $\dfrac{5}{2}$ ③ 3 ④ $\dfrac{7}{2}$ ⑤ 4

해결 포인트

$t=0$에서 $t=a$까지 점 P가 움직인 거리가 12이므로
$$\int_0^{a}\sqrt{\left(\dfrac{dx}{dt}\right)^2+\left(\dfrac{dy}{dt}\right)^2}\,dt=12$$
임을 이용하여 양수 a의 값을 구한다.

유형 **08** 곡선의 길이

곡선 $y=\dfrac{1}{4}(x^2-2\ln x)$ $(3\le x\le 9)$의 길이를 구하시오.

해결 포인트

곡선 $y=f(x)$의 $x=3$에서 $x=9$까지 길이는 $\displaystyle\int_3^{9}\sqrt{1+\{f'(x)\}^2}\,dx$임을 이용한다.

08-1 매개변수 t로 나타낸 곡선 $x=\dfrac{2}{3}t^3$, $y=t^2$ $(0\le t\le\sqrt{3})$의 길이는?

① $\dfrac{11}{3}$ ② 4 ③ $\dfrac{13}{3}$ ④ $\dfrac{14}{3}$ ⑤ 5

빈출 유형 마무리

01

$\displaystyle\lim_{n\to\infty}\frac{1}{n^2}\left(e^{\frac{2}{n}}+2e^{\frac{4}{n}}+3e^{\frac{6}{n}}+\cdots+ne^{\frac{2n}{n}}\right)$의 값은?

① $\dfrac{1}{8}e^2+\dfrac{1}{8}$ ② $\dfrac{1}{6}e^2+\dfrac{1}{6}$ ③ $\dfrac{1}{4}e^2$

④ $\dfrac{1}{4}e^2+\dfrac{1}{4}$ ⑤ $\dfrac{1}{2}e^2+\dfrac{1}{2}$

02

곡선 $y=e^{-x+1}$과 x축 및 두 직선 $x=n$, $x=n+1$로 둘러싸인 도형의 넓이를 S_n이라 할 때, $\displaystyle\sum_{n=1}^{\infty}S_n$의 값은?

① 1   ② 2   ③ 3

④ 4   ⑤ 5

03

곡선 $y=\sqrt{x+1}$과 y축 및 두 직선 $y=0$, $y=2$로 둘러싸인 도형의 넓이를 구하시오.

04

곡선 $f(x)=(x+1)e^{-x}$과 x축 및 두 직선 $x=0$, $x=2$로 둘러싸인 도형의 넓이는?

① $2-\dfrac{4}{e^2}$ ② $2-\dfrac{2}{e^2}$ ③ $3-\dfrac{4}{e^2}$

④ $3-\dfrac{2}{e^2}$ ⑤ $4-\dfrac{4}{e^2}$

05 (중요)

오른쪽 그림과 같이 실수 전체의 집합에서 연속인 함수 $y=f(x)$의 그래프와 x축으로 둘러싸인 두 도형 A, B의 넓이가 각각 24, 20일 때, 정적분 $\displaystyle\int_0^p xf(2x^2)dx$의 값을 구하시오. $\left(\text{단, }p>\dfrac{1}{2}\right)$

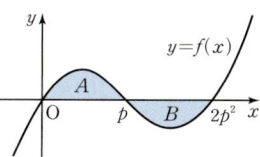

06

곡선 $y=\ln x$와 이 곡선 위의 점 $(e,\ 1)$에서의 접선 및 x축으로 둘러싸인 도형의 넓이는?

① $\dfrac{e}{2}-1$ ② $\dfrac{e-1}{2}$ ③ $\dfrac{e}{2}$

④ $e-\dfrac{1}{2}$ ⑤ $e-1$

07

곡선 $y=\sin x\left(0\leq x\leq\dfrac{\pi}{2}\right)$와 x축 및 직선 $x=\dfrac{\pi}{2}$로 둘러싸인 도형의 넓이를 곡선 $y=a\cos x$가 이등분할 때, 양수 a의 값은?

① $\dfrac{3}{4}$ ② $\dfrac{4}{5}$ ③ 1

④ $\dfrac{5}{4}$ ⑤ $\dfrac{4}{3}$

08

양수 a에 대하여 두 곡선 $f(x)=\ln x$, $g(x)=ax^2$이 한 점에서 접할 때, 이 두 곡선과 x축으로 둘러싸인 도형의 넓이는?

① $\dfrac{1}{4}\sqrt{e}-1$ ② $\dfrac{1}{3}\sqrt{e}-1$ ③ $\dfrac{1}{2}\sqrt{e}-1$

④ $\dfrac{2}{3}\sqrt{e}-1$ ⑤ $\dfrac{3}{4}\sqrt{e}-1$

빈출 유형 마무리

09

함수 $f(x) = \sqrt{x-3}$과 그 역함수 $g(x)$에 대하여
$\int_3^4 f(x)dx + \int_0^1 g(x)dx$의 값은?

① $2\sqrt{2}$ ② $2\sqrt{3}$ ③ 4

④ $3\sqrt{2}$ ⑤ $3\sqrt{3}$

10

$0 \le x \le \dfrac{\pi}{2}$에서 함수 $f(x) = \sin x$의 역함수를 $g(x)$라 할 때,
곡선 $y = g(x)$와 x축 및 직선 $x=1$로 둘러싸인 도형의 넓이는?

① $\dfrac{\pi}{2} - \dfrac{1}{2}$ ② $\dfrac{\pi}{2} - 1$ ③ $\pi - 1$

④ $\pi - \dfrac{1}{2}$ ⑤ $2\pi - 1$

11 중요

곡선 $y = \sqrt{\cos x}$ $\left(-\dfrac{\pi}{2} \le x \le \dfrac{\pi}{2} \right)$와
x축으로 둘러싸인 도형을 밑면으로
하는 입체도형이 있다. 이 입체도형
을 x축에 수직인 평면으로 자른 단
면이 정사각형일 때, 이 입체도형의 부피는?

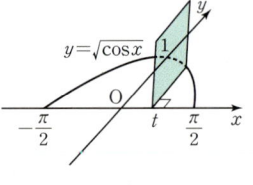

① 1 ② 2 ③ 3

④ 4 ⑤ 5

12

좌표평면 위의 곡선 $y = f(x)$ 위를 움직이는 점 P에서 x축, y축 위에 내린 수선의 발을 각각 Q, R라 할 때, 시각 t에서의 점 Q의 위치는 $\left(\dfrac{2t^4\sqrt{t}}{9}, 0 \right)$이고 점 R의 속도는 $(0, t^2)$이다. 시각 $t=0$에서 $t=2$까지 점 P가 움직인 거리를 s라 할 때, $9s$의 값을 구하시오.

13

오른쪽 그림과 같이 반지름의 길이가 r인
구를 중심 O에서 $\dfrac{r}{2}$만큼 떨어진 평면으
로 잘라 2개의 부분으로 나누었을 때, 큰
부분과 작은 부분의 부피의 비는?

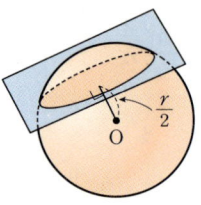

① $3:1$ ② $8:3$ ③ $8:5$

④ $27:2$ ⑤ $27:5$

14

| 2015 6월 평가원 B형 9번 |

함수 $y = e^x$의 그래프와 x축, y축 및 직선 $x=1$로 둘러싸인 도형의 넓이가 직선 $y = ax$ $(0 < a < e)$에 의하여 이등분될 때, 상수 a의 값은?

① $e - \dfrac{1}{3}$ ② $e - \dfrac{1}{2}$ ③ $e - 1$

④ $e - \dfrac{4}{3}$ ⑤ $e - \dfrac{3}{2}$

15

| 2012 수능 가형 16번 |

오른쪽 그림에서 두 곡선 $y = e^x$,
$y = xe^x$과 y축으로 둘러싸인 도형 A의
넓이를 a, 두 곡선 $y = e^x$, $y = xe^x$과 직
선 $x=2$로 둘러싸인 도형 B의 넓이를
b라 할 때, $b - a$의 값은?

① $\dfrac{3}{2}$ ② $e - 1$

③ 2 ④ $\dfrac{5}{2}$

⑤ e

Memo

Memo

Memo

기출, 이젠 N회독이 국룰이다!

기적의 수능 기출서

수능 기출의 바이블

과학탐구	사회탐구	수학	영어	국어
· 물리학 I · 화학 I · 생명과학 I · 지구과학 I	· 생활과 윤리 · 사회·문화	· 수학 I · 수학 II · 미적분 · 확률과 통계	· 영어	· 독서 · 문학 · 화법과 작문 · 언어와 매체

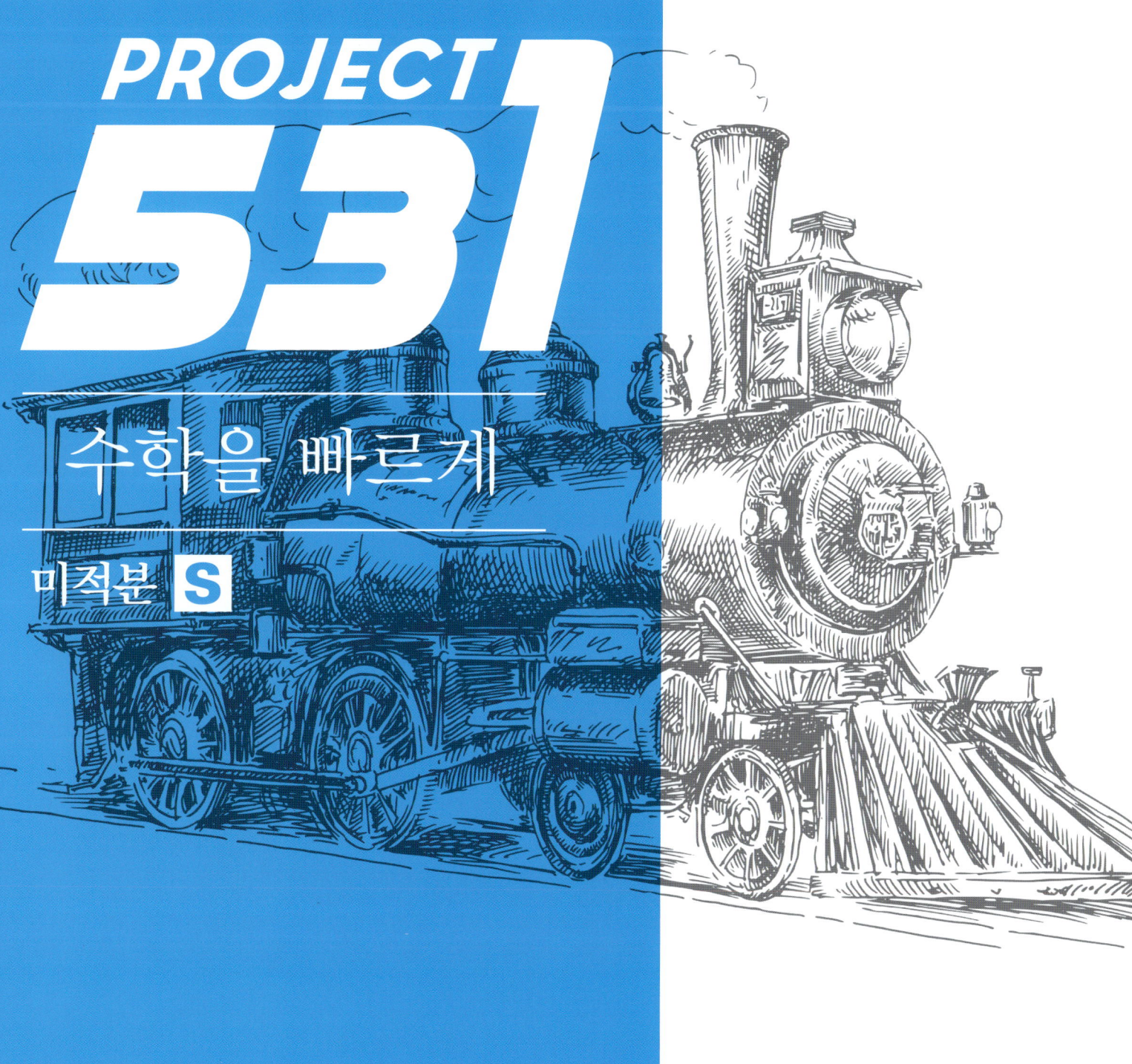

이투스북

PROJECT
531

수학을 빠르게

미적분 S

정답과 풀이

531 Project Speedy

미적분

정답과 풀이

Speed Check

빠른 정답 체크

Ⅰ 수열의 극한

01 │ 수열의 수렴과 발산

내신&수능 **빈출 유형**			본문 9~12쪽

유형 01 ①	01-1 ⑤	
유형 02 ②	02-1 ③	02-2 ②
유형 03 3	03-1 ②	03-2 4
유형 04 ②	04-1 ②	
유형 05 ②	05-1 ⑤	05-2 ④
유형 06 ②	06-1 ③	
유형 07 ②	07-1 20	
유형 08 ③	08-1 80	

빈출 유형 마무리					본문 13~14쪽

01 4	02 1	03 ①	04 ⑤	05 ⑤	06 ⑤
07 ①	08 ①	09 ④	10 ②	11 40	12 5
13 ③	14 ③	15 4			

02 │ 급수

내신&수능 **빈출 유형**			본문 16~19쪽

유형 01 ②	01-1 2	
유형 02 15	02-1 ①	02-2 ③
유형 03 1	03-1 ①	
유형 04 19	04-1 4	04-2 ③
유형 05 54	05-1 1	
유형 06 ②	06-1 3	06-2 ③
유형 07 ⑤	07-1 ①	07-2 36

빈출 유형 마무리					본문 20~22쪽

01 ⑤	02 5	03 1	04 3	05 ④	06 ⑤
07 3	08 ①	09 ②	10 92	11 ④	12 ③
13 ④	14 5	15 ②	16 288	17 829	18 ①
19 ①	20 ②				

미분법

04 도함수의 활용 (1)

내신 & 수능 빈출 유형		본문 44~46쪽
유형 01 ⑤	01-1 ④	01-2 ④
유형 02 ①	02-1 ⑤	
유형 03 2	03-1 ③	03-2 ③
유형 04 ①	04-1 ②	
유형 05 ①	05-1 ②	05-2 ②
유형 06 12	06-1 ③	

빈출 유형 마무리				본문 47~48쪽
01 ②	02 ④	03 10	04 ③	05 ④	06 2
07 ⑤	08 ③	09 212	10 ①	11 ④	12 ②
13 ①	14 ②	15 50	16 ④		

05 도함수의 활용 (2)

내신 & 수능 빈출 유형		본문 50~54쪽
유형 01 4	01-1 ③	01-2 ⑤
유형 02 ⑤	02-1 ③	
유형 03 ③	03-1 ③	
유형 04 ③	04-1 ③	
유형 05 ③	05-1 ④	05-2 5
유형 06 $\dfrac{2}{e}$	06-1 ③	
유형 07 ②	07-1 $k>1$	07-2 ②
유형 08 풀이 참조	08-1 $\dfrac{e}{2}$	08-2 $\dfrac{2}{e^3}$
유형 09 ③	09-1 $3\sqrt{82}$	
유형 10 ④	10-1 $6\sqrt{5}$	10-2 ⑤

빈출 유형 마무리				본문 55~56쪽
01 ③	02 ①	03 ④	04 ①	05 7	06 ④
07 ⑤	08 6	09 ①	10 ②	11 ①	12 ③
13 ③	14 ②	15 96	16 ③		

적분법

01 | 부정적분

02 | 정적분

03 | 정적분의 활용

01 | 수열의 수렴과 발산

내신&수능 **빈출 유형**　　　　　　　　본문 9~12쪽

유형 01

두 수열 $\{a_n\}$, $\{b_n\}$이 모두 수렴하므로

$\lim\limits_{n\to\infty} a_n=\alpha$, $\lim\limits_{n\to\infty} b_n=\beta$로 놓으면

$\lim\limits_{n\to\infty}(3a_n+b_n)=3\alpha+\beta=7$ ...... ㉠

$\lim\limits_{n\to\infty}(2a_n-b_n)=2\alpha-\beta=3$ ...... ㉡

㉠, ㉡을 연립하여 풀면 $\alpha=2$, $\beta=1$

$\therefore \lim\limits_{n\to\infty}(4a_n+3b_n)=4\alpha+3\beta=11$

● 다른 풀이 ●

$4a_n+3b_n=2(3a_n+b_n)-(2a_n-b_n)$이므로

$\lim\limits_{n\to\infty}(4a_n+3b_n)=\lim\limits_{n\to\infty}\{2(3a_n+b_n)-(2a_n-b_n)\}$

$=2\times7-3=11$　　답 ①

01-1

두 수열 $\{a_n\}$, $\{b_n\}$이 모두 수렴하므로

$\lim\limits_{n\to\infty} a_n=\alpha$, $\lim\limits_{n\to\infty} b_n=\beta$로 놓으면

$\lim\limits_{n\to\infty}(a_n-b_n)=\alpha-\beta=4$, $\lim\limits_{n\to\infty} a_nb_n=\alpha\beta=2$

이때, $\alpha^2+\beta^2=(\alpha-\beta)^2+2\alpha\beta$

$=4^2+2\times2=20$

$\therefore \lim\limits_{n\to\infty}(a_n^2+b_n^2)=\lim\limits_{n\to\infty} a_n^2+\lim\limits_{n\to\infty} b_n^2$

$=\alpha^2+\beta^2=20$　　답 ⑤

유형 02

$a\neq0$이면 $\lim\limits_{n\to\infty}\dfrac{an^2+bn+2}{3n+\sqrt{3n+1}}=\infty$ (또는 $-\infty$)이므로

$a=0$

$\therefore \lim\limits_{n\to\infty}\dfrac{an^2+bn+2}{3n+\sqrt{3n+1}}=\lim\limits_{n\to\infty}\dfrac{bn+2}{3n+\sqrt{3n+1}}$

$=\lim\limits_{n\to\infty}\dfrac{b+\dfrac{2}{n}}{3+\sqrt{\dfrac{3}{n}+\dfrac{1}{n^2}}}=\dfrac{b}{3}=8$

따라서 $b=24$이므로 $a+b=0+24=24$　　답 ②

02-1

$\lim\limits_{n\to\infty}\dfrac{\sqrt{an+2}}{(n+1)(\sqrt{3n+1}-\sqrt{3n-1})}$

$=\lim\limits_{n\to\infty}\dfrac{\sqrt{an+2}\,(\sqrt{3n+1}+\sqrt{3n-1})}{(n+1)(\sqrt{3n+1}-\sqrt{3n-1})(\sqrt{3n+1}+\sqrt{3n-1})}$

$=\lim\limits_{n\to\infty}\dfrac{\sqrt{3an^2+(6+a)n+2}+\sqrt{3an^2+(6-a)n-2}}{2(n+1)}$

$=\lim\limits_{n\to\infty}\dfrac{\sqrt{3a+\dfrac{6+a}{n}+\dfrac{2}{n^2}}+\sqrt{3a+\dfrac{6-a}{n}-\dfrac{2}{n^2}}}{2\left(1+\dfrac{1}{n}\right)}$

$=\sqrt{3a}=6$

따라서 $3a=36$이므로 $a=12$　　답 ③

02-2

$a_n-b_n=c_n$이라 하면 $b_n=a_n-c_n$이고 $\lim\limits_{n\to\infty} c_n=2$이다.

$\therefore \lim\limits_{n\to\infty}\left(\dfrac{a_n^2}{b_n}-\dfrac{b_n^2}{a_n}\right)=\lim\limits_{n\to\infty}\dfrac{a_n^3-b_n^3}{a_nb_n}$

$=\lim\limits_{n\to\infty}\dfrac{(a_n-b_n)(a_n^2+a_nb_n+b_n^2)}{a_nb_n}$

$=\lim\limits_{n\to\infty}\dfrac{c_n\{a_n^2+a_n(a_n-c_n)+(a_n-c_n)^2\}}{a_n(a_n-c_n)}$

$=\lim\limits_{n\to\infty}\dfrac{c_n(3a_n^2-3a_nc_n+c_n^2)}{a_n^2-a_nc_n}$

$=\lim\limits_{n\to\infty}\dfrac{c_n\left(3-\dfrac{3c_n}{a_n}+\dfrac{c_n^2}{a_n^2}\right)}{1-\dfrac{c_n}{a_n}}$

$=\lim\limits_{n\to\infty}3c_n=3\times2=6$　　답 ②

유형 03

$\sqrt{12n}<(\sqrt{n+3}+\sqrt{n}\,)a_n<\sqrt{12(n+6)}$에서

$\dfrac{\sqrt{12n}}{\sqrt{n+3}+\sqrt{n}}<a_n<\dfrac{\sqrt{12(n+6)}}{\sqrt{n+3}+\sqrt{n}}$

이때, $\lim\limits_{n\to\infty}\dfrac{\sqrt{12n}}{\sqrt{n+3}+\sqrt{n}}=\lim\limits_{n\to\infty}\dfrac{\sqrt{12}}{\sqrt{1+\dfrac{3}{n}}+\sqrt{1}}=\sqrt{3}$이고,

$\lim\limits_{n\to\infty}\dfrac{\sqrt{12(n+6)}}{\sqrt{n+3}+\sqrt{n}}=\lim\limits_{n\to\infty}\dfrac{\sqrt{12\left(1+\dfrac{6}{n}\right)}}{\sqrt{1+\dfrac{3}{n}}+\sqrt{1}}=\sqrt{3}$이므로

$\lim\limits_{n\to\infty} a_n=\sqrt{3}$

따라서 $\alpha=\sqrt{3}$이므로 $\alpha^2=(\sqrt{3})^2=3$　　답 3

03-1

$4n+2<a_n<4n+6$에서

$\sum\limits_{k=1}^{n}(4k+2)<\sum\limits_{k=1}^{n} a_k<\sum\limits_{k=1}^{n}(4k+6)$

$4\times\dfrac{n(n+1)}{2}+2n<\sum\limits_{k=1}^{n} a_k<4\times\dfrac{n(n+1)}{2}+6n$

$2n^2+4n < \sum_{k=1}^{n} a_k < 2n^2+8n$

$\dfrac{2n^2+4n}{n^2+2} < \dfrac{\sum_{k=1}^{n} a_k}{n^2+2} < \dfrac{2n^2+8n}{n^2+2}$

이때,

$\displaystyle\lim_{n\to\infty} \dfrac{2n^2+4n}{n^2+2} = \lim_{n\to\infty} \dfrac{2+\dfrac{4}{n}}{1+\dfrac{2}{n^2}} = 2$

$\displaystyle\lim_{n\to\infty} \dfrac{2n^2+8n}{n^2+2} = \lim_{n\to\infty} \dfrac{2+\dfrac{8}{n}}{1+\dfrac{2}{n^2}} = 2$

이므로

$\displaystyle\lim_{n\to\infty} \dfrac{\sum_{k=1}^{n} a_k}{n^2+2} = 2$　　　🔲 ②

03-2

$n^2+1 < a_n < n^2+n+2$에서

$(2n+1)^2+1 < a_{2n+1} < (2n+1)^2+(2n+1)+2$

$4n^2+4n+2 < a_{2n+1} < 4n^2+6n+4$

또한 $\dfrac{1}{n^2+n+2} < \dfrac{1}{a_n} < \dfrac{1}{n^2+1}$이므로

$\dfrac{4n^2+4n+2}{n^2+n+2} < \dfrac{a_{2n+1}}{a_n} < \dfrac{4n^2+6n+4}{n^2+1}$

이때,

$\displaystyle\lim_{n\to\infty} \dfrac{4n^2+4n+2}{n^2+n+2} = \lim_{n\to\infty} \dfrac{4+\dfrac{4}{n}+\dfrac{2}{n^2}}{1+\dfrac{1}{n}+\dfrac{2}{n^2}} = 4$

$\displaystyle\lim_{n\to\infty} \dfrac{4n^2+6n+4}{n^2+1} = \lim_{n\to\infty} \dfrac{4+\dfrac{6}{n}+\dfrac{4}{n^2}}{1+\dfrac{1}{n^2}} = 4$

이므로

$\displaystyle\lim_{n\to\infty} \dfrac{a_{2n+1}}{a_n} = 4$　　　🔲 4

유형 04

ㄱ. (거짓) [반례] $a_n = (-1)^n$이면 $a_n^2 = (-1)^{2n} = 1$이므로 수열 $\{a_n^2\}$은 수렴하지만 수열 $\{a_n\}$은 발산(진동)한다.

ㄴ. (참) $\displaystyle\lim_{n\to\infty}(a_n+2b_n)=\alpha$, $\displaystyle\lim_{n\to\infty}(2a_n-b_n)=\beta$라 하면

$a_n = \dfrac{1}{5}\{(a_n+2b_n)+2(2a_n-b_n)\}$이므로

$\displaystyle\lim_{n\to\infty} a_n = \lim_{n\to\infty} \dfrac{1}{5}\{(a_n+2b_n)+2(2a_n-b_n)\}$

$= \dfrac{1}{5}\lim_{n\to\infty}(a_n+2b_n)+\dfrac{2}{5}\lim_{n\to\infty}(2a_n-b_n)$

$= \dfrac{1}{5}\alpha+\dfrac{2}{5}\beta$

따라서 수열 $\{a_n\}$은 수렴한다.

ㄷ. (거짓) [반례] $a_n=\dfrac{1}{n}$, $b_n=n$이면 수열 $\{a_n\}$은 0에 수렴하고, 수열 $\{a_n b_n\}$은 1에 수렴하지만 수열 $\{b_n\}$은 발산한다.

따라서 옳은 것은 ㄴ뿐이다.　　　🔲 ②

04-1

ㄱ. (거짓) [반례] $a_n=(-1)^n$이면 수열 $\{a_n\}$은 발산하지만 $|a_n|=1$이므로 수열 $\{|a_n|\}$은 수렴한다.

ㄴ. (참) $a_n+b_n=c_n$이라 하면 $\displaystyle\lim_{n\to\infty} c_n=0$이고,

$b_n=-a_n+c_n$이므로

$\displaystyle\lim_{n\to\infty} \dfrac{a_n}{b_n} = \lim_{n\to\infty} \dfrac{a_n}{-a_n+c_n}$

$= \lim_{n\to\infty} \dfrac{1}{-1+\dfrac{c_n}{a_n}} = -1$

ㄷ. (거짓) [반례] $\{a_n\} : 1, 0, 1, 0, 1, \cdots$
　　　　　　　　$\{b_n\} : 0, 1, 0, 1, 0, \cdots$

이면 $\displaystyle\lim_{n\to\infty} a_n b_n=0$이지만 $\displaystyle\lim_{n\to\infty} a_n \ne 0$, $\displaystyle\lim_{n\to\infty} b_n \ne 0$이다.

따라서 옳은 것은 ㄴ뿐이다.　　　🔲 ②

유형 05

$\displaystyle\lim_{n\to\infty} \dfrac{3^{n+1}}{a\times 3^n-3^{n-1}} = \lim_{n\to\infty} \dfrac{3}{a-\dfrac{1}{3}} = \dfrac{9}{3a-1}$

이때, $\dfrac{9}{3a-1}=5$이므로

$15a-5=9$　　$\therefore a=\dfrac{14}{15}$

따라서 $0 < a < 1$이므로

$\displaystyle\lim_{n\to\infty} \dfrac{5a^n+3}{2a^n+4} = \lim_{n\to\infty} \dfrac{5\times\left(\dfrac{14}{15}\right)^n+3}{2\times\left(\dfrac{14}{15}\right)^n+4} = \dfrac{3}{4}$　　　🔲 ②

05-1

(i) $a>1$일 때

$\displaystyle\lim_{n\to\infty} \dfrac{a^{n+1}+3a+2}{a^n+1} = \lim_{n\to\infty} \dfrac{a+\dfrac{3}{a^{n-1}}+\dfrac{2}{a^n}}{1+\dfrac{1}{a^n}} = a$

$\therefore a=4$

(ii) $0 < a < 1$일 때

$\displaystyle\lim_{n\to\infty} \dfrac{a^{n+1}+3a+2}{a^n+1} = 3a+2$

즉, $3a+2=4$　　$\therefore a=\dfrac{2}{3}$

(iii) $a=1$일 때

$\displaystyle\lim_{n\to\infty} \dfrac{a^{n+1}+3a+2}{a^n+1} = \dfrac{1+3\times 1+2}{1+1} = 3 \ne 4$

(i), (ii), (iii)에 의하여 주어진 조건을 만족시키는 모든 양수 a의 값의 합은 $4+\dfrac{2}{3}=\dfrac{14}{3}$이므로

$p=3$, $q=14$　　$\therefore p+q=3+14=17$　　　🔲 ⑤

05-2

$4^{n+1}-2^n<(2^{n+1}+4^n)a_n<3^n+4^{n+1}$에서

$\dfrac{4^{n+1}-2^n}{2^{n+1}+4^n}<a_n<\dfrac{3^n+4^{n+1}}{2^{n+1}+4^n}$

이때,

$\displaystyle\lim_{n\to\infty}\dfrac{4^{n+1}-2^n}{2^{n+1}+4^n}=\lim_{n\to\infty}\dfrac{4-\left(\frac{1}{2}\right)^n}{2\times\left(\frac{1}{2}\right)^n+1}=4$

$\displaystyle\lim_{n\to\infty}\dfrac{3^n+4^{n+1}}{2^{n+1}+4^n}=\lim_{n\to\infty}\dfrac{\left(\frac{3}{4}\right)^n+4}{2\times\left(\frac{1}{2}\right)^n+1}=4$

이므로

$\displaystyle\lim_{n\to\infty}a_n=4$　　　　　　　　답 ④

유형 06

첫째항이 $x+2$이고 공비가 $\dfrac{x-3}{4}$이므로 주어진 수열이 수렴하려면 $x+2=0$ 또는 $-1<\dfrac{x-3}{4}\leq1$이어야 한다.

(i) $x+2=0$에서 $x=-2$

(ii) $-1<\dfrac{x-3}{4}\leq1$에서 $-4<x-3\leq4$이므로

　　$-1<x\leq7$

(i), (ii)에서 $x=-2$ 또는 $-1<x\leq7$

따라서 모든 정수 x의 값의 합은

$(-2)+0+1+2+\cdots+7=26$　　　　답 ②

06-1

첫째항과 공비가 모두 $\log_2 x-2$인 등비수열이므로 주어진 수열이 수렴하려면 $-1<\log_2 x-2\leq1$이어야 한다.

즉, $1<\log_2 x\leq3$이므로 $2<x\leq8$

따라서 모든 정수 x의 값의 합은

$3+4+5+6+7+8=33$　　　　　　답 ③

유형 07

(i) $|x|>1$일 때, $\displaystyle\lim_{n\to\infty}\dfrac{1}{x^{2n}}=0$이므로

$f(x)=\displaystyle\lim_{n\to\infty}\dfrac{x^{2n+3}+3x+a}{x^{2n}+1}$

$\quad=\displaystyle\lim_{n\to\infty}\dfrac{x^3+\frac{3}{x^{2n-1}}+\frac{a}{x^{2n}}}{1+\frac{1}{x^{2n}}}=x^3$

(ii) $|x|<1$일 때, $\displaystyle\lim_{n\to\infty}x^{2n}=0$이므로

$f(x)=\displaystyle\lim_{n\to\infty}\dfrac{x^{2n+3}+3x+a}{x^{2n}+1}=3x+a$

(iii) $x=1$일 때, $f(1)=\dfrac{4+a}{2}$

함수 $f(x)$가 $x=1$에서 연속이려면

$\displaystyle\lim_{x\to1+}f(x)=\lim_{x\to1-}f(x)=f(1)$이어야 하므로

$1=3+a=\dfrac{4+a}{2}$　　　∴ $a=-2$

따라서 $f(x)=\displaystyle\lim_{n\to\infty}\dfrac{x^{2n+3}+3x-2}{x^{2n}+1}$이므로

$f(-1)=-3$　　　　　　　　　　　　답 ②

07-1

(i) $|x|>1$일 때, $\displaystyle\lim_{n\to\infty}\dfrac{1}{x^{2n}}=0$이므로

$f(x)=\displaystyle\lim_{n\to\infty}\dfrac{x^{2n+2}+ax+b}{x^{2n-1}+2}$

$\quad=\displaystyle\lim_{n\to\infty}\dfrac{x^3+\frac{a}{x^{2n-2}}+\frac{b}{x^{2n-1}}}{1+\frac{2}{x^{2n-1}}}=x^3$

(ii) $|x|<1$일 때, $\displaystyle\lim_{n\to\infty}x^{2n}=0$이므로

$f(x)=\displaystyle\lim_{n\to\infty}\dfrac{x^{2n+2}+ax+b}{x^{2n-1}+2}=\dfrac{ax+b}{2}$

(iii) $x=1$일 때, $f(1)=\dfrac{1+a+b}{3}$

(iv) $x=-1$일 때, $f(-1)=1-a+b$

함수 $f(x)$가 모든 실수 x에서 연속이려면 $x=1$, $x=-1$에서 연속이어야 한다.

함수 $f(x)$가 $x=1$에서 연속이려면

$\displaystyle\lim_{x\to1+}f(x)=\lim_{x\to1-}f(x)=f(1)$이어야 하므로

$1=\dfrac{a+b}{2}=\dfrac{1+a+b}{3}$

∴ $a+b=2$　　　　　　　　　　……㉠

또한 $x=-1$에서 연속이려면

$\displaystyle\lim_{x\to-1+}f(x)=\lim_{x\to-1-}f(x)=f(-1)$이어야 하므로

$\dfrac{-a+b}{2}=-1=1-a+b$

∴ $-a+b=-2$　　　　　　　　　……㉡

㉠, ㉡을 연립하여 풀면 $a=2$, $b=0$

∴ $10a+b=10\times2+0=20$　　　　답 20

유형 08

$a_n=\overline{\mathrm{A}_n\mathrm{B}_n}$

$=\sqrt{\left(\dfrac{2n+3}{n+2}-\dfrac{2}{n+2}\right)^2+\left(\dfrac{2n-1}{n+1}-\dfrac{n+3}{n+1}\right)^2}$

$=\sqrt{\left(\dfrac{2n+1}{n+2}\right)^2+\left(\dfrac{n-4}{n+1}\right)^2}$

$=\sqrt{\dfrac{4n^2+4n+1}{n^2+4n+4}+\dfrac{n^2-8n+16}{n^2+2n+1}}$

이므로

$\displaystyle\lim_{n\to\infty}a_n=\lim_{n\to\infty}\sqrt{\dfrac{4n^2+4n+1}{n^2+4n+4}+\dfrac{n^2-8n+16}{n^2+2n+1}}$

$$=\lim_{n\to\infty}\sqrt{\frac{4+\frac{4}{n}+\frac{1}{n^2}}{1+\frac{4}{n}+\frac{4}{n^2}}+\frac{1-\frac{8}{n}+\frac{16}{n^2}}{1+\frac{2}{n}+\frac{1}{n^2}}}$$

$$=\sqrt{4+1}=\sqrt{5}$$

답 ③

08-1

오른쪽 그림과 같이 원의 중심 O(0, 0)에서 직선

$y=-2x+\dfrac{5n-1}{n+2}$, 즉

$2x+y-\dfrac{5n-1}{n+2}=0$까지의 거리를

d_n이라 하면

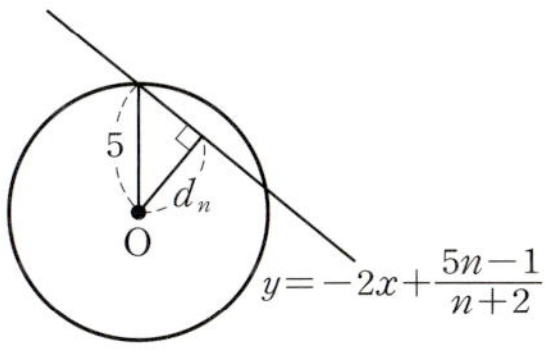

$$d_n=\frac{\left|-\frac{5n-1}{n+2}\right|}{\sqrt{2^2+1^2}}=\frac{\frac{5n-1}{n+2}}{\sqrt{5}}=\frac{5n-1}{\sqrt{5}(n+2)}$$

또한 원의 반지름의 길이가 5이므로

$a_n=2\sqrt{5^2-d_n^{\,2}}$ $\quad\therefore a_n^{\,2}=4(5^2-d_n^{\,2})$

$$\therefore \lim_{n\to\infty}a_n^{\,2}=\lim_{n\to\infty}4\left\{25-\frac{(5n-1)^2}{5(n+2)^2}\right\}$$

$$=\lim_{n\to\infty}4\left(25-\frac{25n^2-10n+1}{5n^2+20n+20}\right)$$

$$=\lim_{n\to\infty}4\left(25-\frac{25-\frac{10}{n}+\frac{1}{n^2}}{5+\frac{20}{n}+\frac{20}{n^2}}\right)$$

$$=4(25-5)=80$$

답 80

빈출 유형 마무리

본문 13~14쪽

01 4	02 1	03 ①	04 ⑤	05 ⑤	06 ⑤
07 ①	08 ①	09 ④	10 ②	11 40	12 5
13 ③	14 ③	15 4			

01

두 수열 $\{a_n\}$, $\{b_n\}$이 모두 수렴하므로

$\lim\limits_{n\to\infty}a_n=\alpha$, $\lim\limits_{n\to\infty}b_n=\beta$로 놓으면

$\lim\limits_{n\to\infty}(a_n-3b_n)=\alpha-3\beta=5$ …… ㉠

$\lim\limits_{n\to\infty}(2a_n+b_n)=2\alpha+\beta=3$ …… ㉡

㉠, ㉡을 연립하여 풀면 $\alpha=2$, $\beta=-1$

$$\therefore \lim_{n\to\infty}\frac{3a_n+2b_n}{a_nb_n+3}=\frac{3\times2+2\times(-1)}{2\times(-1)+3}=4$$

답 4

02

$(n+1)^2<n^2+2n+3<(n+2)^2$이므로

$n+1<\sqrt{n^2+2n+3}<n+2$

$\therefore [\sqrt{n^2+2n+3}]=n+1$

$$\lim_{n\to\infty}(\sqrt{n^2+3n+3}-[\sqrt{n^2+2n+3}])$$

$$=\lim_{n\to\infty}\{\sqrt{n^2+3n+3}-(n+1)\}$$

$$=\lim_{n\to\infty}\frac{\{\sqrt{n^2+3n+3}-(n+1)\}\{\sqrt{n^2+3n+3}+(n+1)\}}{\sqrt{n^2+3n+3}+(n+1)}$$

$$=\lim_{n\to\infty}\frac{n+2}{\sqrt{n^2+3n+3}+n+1}$$

$$=\lim_{n\to\infty}\frac{1+\frac{2}{n}}{\sqrt{1+\frac{3}{n}+\frac{3}{n^2}}+1+\frac{1}{n}}=\frac{1}{2}$$

따라서 $\alpha=\dfrac{1}{2}$이므로

$2\alpha=2\times\dfrac{1}{2}=1$

답 1

03

$a_1=S_1=3\times1^2-4\times1=-1$

$a_n=S_n-S_{n-1}$

$\quad=(3n^2-4n)-\{3(n-1)^2-4(n-1)\}$

$\quad=(3n^2-4n)-(3n^2-10n+7)$

$\quad=6n-7\ (n\ge2)$ …… ㉠

㉠에 $n=1$을 대입하면 $a_1=-1$

$\therefore a_n=6n-7\ (n\ge1)$

$$\therefore \lim_{n\to\infty}\frac{S_n}{(2n-1)a_n}=\lim_{n\to\infty}\frac{3n^2-4n}{(2n-1)(6n-7)}$$

$$=\lim_{n\to\infty}\frac{3n^2-4n}{12n^2-20n+7}$$

$$=\lim_{n\to\infty}\frac{3-\frac{4}{n}}{12-\frac{20}{n}+\frac{7}{n^2}}$$

$$=\frac{1}{4}$$

답 ①

04

수열 $\{a_n\}$은 첫째항이 3, 공비가 2인 등비수열이므로

$a_n=3\times2^{n-1}$

수열 $\{b_n\}$은 첫째항이 4, 공비가 6인 등비수열이므로

$b_n=4\times6^{n-1}$

$$\therefore \lim_{n\to\infty}\log_{a_n}b_n=\lim_{n\to\infty}\frac{\log b_n}{\log a_n}$$

$$=\lim_{n\to\infty}\frac{\log 4\times6^{n-1}}{\log 3\times2^{n-1}}$$

$$=\lim_{n\to\infty}\frac{\log 4+(n-1)\log 6}{\log 3+(n-1)\log 2}$$

$$=\lim_{n\to\infty}\frac{\log 4+n\log 6-\log 6}{\log 3+n\log 2-\log 2}$$

$$=\lim_{n\to\infty}\frac{\frac{\log 4}{n}+\log 6-\frac{\log 6}{n}}{\frac{\log 3}{n}+\log 2-\frac{\log 2}{n}}$$

$$=\frac{\log 6}{\log 2}$$

$$= \log_2 6$$
$$= 1 + \log_2 3$$
답 ⑤

05

조건 (가)에서 $\dfrac{a_n}{3n-1} = c_n$이라 하면

$a_n = (3n-1)c_n$이고 $\displaystyle\lim_{n\to\infty} c_n = -2$이다.

조건 (나)에서

$4n+1 < 2a_n + (n+1)b_n < 4n+6$

$4n+1 < (6n-2)c_n + (n+1)b_n < 4n+6$

$4n+1-(6n-2)c_n < (n+1)b_n < 4n+6-(6n-2)c_n$

$\dfrac{4n+1-(6n-2)c_n}{n+1} < b_n < \dfrac{4n+6-(6n-2)c_n}{n+1}$

이때,

$\displaystyle\lim_{n\to\infty} \dfrac{4n+1-(6n-2)c_n}{n+1}$

$= \displaystyle\lim_{n\to\infty} \dfrac{4+\dfrac{1}{n}-\left(6-\dfrac{2}{n}\right)c_n}{1+\dfrac{1}{n}}$

$= 4-6\times(-2) = 16$

$\displaystyle\lim_{n\to\infty} \dfrac{4n+6-(6n-2)c_n}{n+1}$

$= \displaystyle\lim_{n\to\infty} \dfrac{4+\dfrac{6}{n}-\left(6-\dfrac{2}{n}\right)c_n}{1+\dfrac{1}{n}}$

$= 4-6\times(-2) = 16$

이므로

$\displaystyle\lim_{n\to\infty} b_n = 16$
답 ⑤

06

ㄱ. (거짓) $0 < a_n < c_n$에서 $\displaystyle\lim_{n\to\infty} c_n = 0$이므로

$\displaystyle\lim_{n\to\infty} a_n = 0$

이때, $\displaystyle\lim_{n\to\infty} b_n = \alpha$라 하면

$\displaystyle\lim_{n\to\infty} a_n b_n = \lim_{n\to\infty} a_n \lim_{n\to\infty} b_n = 0 \times \alpha = 0$

ㄴ. (참) $\displaystyle\lim_{n\to\infty} a_n = \alpha$, $\displaystyle\lim_{n\to\infty} b_n = \beta$라 하면

$0 < a_n < c_n < b_n$이므로 $\alpha \geq 0$, $\beta \geq 0$

$\displaystyle\lim_{n\to\infty}(a_n+b_n) = \alpha+\beta = 0$에서 $\alpha=0$, $\beta=0$이므로

$\displaystyle\lim_{n\to\infty} c_n = 0$

ㄷ. (참) $\displaystyle\lim_{n\to\infty} a_n = \alpha$, $\displaystyle\lim_{n\to\infty} b_n = \beta$라 하면

$0 < a_n < c_n < b_n$이므로 $\alpha \geq 0$, $\beta \geq 0$

$\displaystyle\lim_{n\to\infty} a_n b_n = \alpha\beta > 0$에서 $\alpha > 0$, $\beta > 0$이므로 $\displaystyle\lim_{n\to\infty} c_n > 0$

따라서 옳은 것은 ㄴ, ㄷ이다.
답 ⑤

07

ㄱ. (참) $\displaystyle\lim_{n\to\infty} a_n = \alpha$라 하면

$\displaystyle\lim_{n\to\infty} b_n = \lim_{n\to\infty}\{(b_n-a_n)+a_n\}$

$= -\displaystyle\lim_{n\to\infty}(a_n-b_n) + \lim_{n\to\infty} a_n$

$= 0 + \alpha = \alpha$

따라서 수열 $\{b_n\}$은 수렴한다.

ㄴ. (거짓) [반례] $a_n = 1 - \dfrac{1}{n}$, $b_n = 1 + \dfrac{1}{n}$이면 모든 자연수 n에

대하여 $1 - \dfrac{1}{n} < 1 + \dfrac{1}{n}$이므로 $a_n < b_n$이지만

$\displaystyle\lim_{n\to\infty} a_n = 1$, $\displaystyle\lim_{n\to\infty} b_n = 1$이므로 극한값은 같다.

ㄷ. (거짓) [반례] $a_n = n - \dfrac{2}{n}$, $b_n = n + \dfrac{2}{n}$이면

$\displaystyle\lim_{n\to\infty}(a_n-b_n) = \lim_{n\to\infty}\left(-\dfrac{4}{n}\right) = 0$이지만

$\displaystyle\lim_{n\to\infty} a_n = \infty$, $\displaystyle\lim_{n\to\infty} b_n = \infty$이므로 $\displaystyle\lim_{n\to\infty} c_n = \infty$이다.

따라서 옳은 것은 ㄱ뿐이다.
답 ①

08

$\dfrac{a_{n+1}}{a_n} \leq \dfrac{3}{4}$에 $n = 1, 2, 3, \cdots, n-1$을 차례로 대입하면

$\dfrac{a_2}{a_1} \leq \dfrac{3}{4}$

$\dfrac{a_3}{a_2} \leq \dfrac{3}{4}$

$\dfrac{a_4}{a_3} \leq \dfrac{3}{4}$

$\vdots$

$\dfrac{a_n}{a_{n-1}} \leq \dfrac{3}{4}$

변끼리 곱하면

$\dfrac{a_2}{a_1} \times \dfrac{a_3}{a_2} \times \dfrac{a_4}{a_3} \times \cdots \times \dfrac{a_n}{a_{n-1}} \leq \left(\dfrac{3}{4}\right)^{n-1}$

$\dfrac{a_n}{a_1} \leq \left(\dfrac{3}{4}\right)^{n-1}$ $\therefore a_n \leq a_1 \times \left(\dfrac{3}{4}\right)^{n-1}$

이때, $a_n > 0$이므로 $0 < a_n \leq a_1 \times \left(\dfrac{3}{4}\right)^{n-1}$

그런데 $\displaystyle\lim_{n\to\infty} a_1 \times \left(\dfrac{3}{4}\right)^{n-1} = 0$이므로 $\displaystyle\lim_{n\to\infty} a_n = 0$

$\therefore \displaystyle\lim_{n\to\infty} \dfrac{2^{2n-1}-4-2a_n}{4a_n-4^n+2} = \lim_{n\to\infty} \dfrac{\dfrac{1}{2}-\left(\dfrac{1}{4}\right)^{n-1}-2a_n\times\left(\dfrac{1}{4}\right)^n}{4a_n\times\left(\dfrac{1}{4}\right)^n-1+2\times\left(\dfrac{1}{4}\right)^n}$

$= -\dfrac{1}{2}$
답 ①

09

등비수열 $\{9^n r^{2n}\} = \{(9r^2)^n\}$에서 공비가 $9r^2$이므로 수렴하려면

$-1 < 9r^2 \leq 1$이어야 한다.

(ⅰ) $-1 < 9r^2$에서 $9r^2+1 > 0$이므로 모든 실수 r에 대하여 성립한다.

(ⅱ) $9r^2 \leq 1$에서 $9r^2-1 \leq 0$

$(3r+1)(3r-1) \leq 0$

$\therefore -\dfrac{1}{3} \leq r \leq \dfrac{1}{3}$

(i), (ii)에 의하여 등비수열 $\{9^n r^{2n}\}$이 수렴하는 r의 값의 범위는

$$-\frac{1}{3} \le r \le \frac{1}{3}$$

ㄱ. 등비수열의 공비가 $\frac{r-1}{2}$이므로

$$-\frac{1}{3} \le r \le \frac{1}{3}, \quad -\frac{4}{3} \le r-1 \le -\frac{2}{3}$$

$$\therefore -\frac{2}{3} \le \frac{r-1}{2} \le -\frac{1}{3}$$

$$\therefore \lim_{n \to \infty} \left(\frac{r-1}{2}\right)^n = 0 \text{ (수렴)}$$

ㄴ. 등비수열의 공비가 $\frac{r+2}{r+1} = 1 + \frac{1}{r+1}$이므로

$$-\frac{1}{3} \le r \le \frac{1}{3}, \quad \frac{2}{3} \le r+1 \le \frac{4}{3}$$

$$\frac{3}{4} \le \frac{1}{r+1} \le \frac{3}{2} \quad \therefore \frac{7}{4} \le 1 + \frac{1}{r+1} \le \frac{5}{2}$$

$$\therefore \lim_{n \to \infty} \left(\frac{r+2}{r+1}\right)^n = \infty \text{ (발산)}$$

ㄷ. 등비수열의 공비가 $\left(\frac{2r+1}{2}\right)^2$이므로

$$-\frac{1}{3} \le r \le \frac{1}{3}, \quad \frac{1}{3} \le 2r+1 \le \frac{5}{3}$$

$$\frac{1}{6} \le \frac{2r+1}{2} \le \frac{5}{6} \quad \therefore \frac{1}{36} \le \left(\frac{2r+1}{2}\right)^2 \le \frac{25}{36}$$

$$\therefore \lim_{n \to \infty} \left\{\left(\frac{2r+1}{2}\right)^2\right\}^n = 0 \text{ (수렴)}$$

따라서 항상 수렴하는 것은 ㄱ, ㄷ이다.   답 ④

10

(i) $|x| > 1$일 때, $\lim\limits_{n \to \infty} \frac{1}{x^{2n}} = 0$이므로

$$f(x) = \lim_{n \to \infty} \frac{x^{2n-1} + ax^2 + bx + 2}{x^{2n+2} + 1}$$

$$= \lim_{n \to \infty} \frac{\frac{1}{x^3} + \frac{a}{x^{2n}} + \frac{b}{x^{2n+1}} + \frac{2}{x^{2n+2}}}{1 + \frac{1}{x^{2n+2}}}$$

$$= \frac{1}{x^3}$$

(ii) $|x| < 1$일 때, $\lim\limits_{n \to \infty} x^{2n} = 0$이므로

$$f(x) = \lim_{n \to \infty} \frac{x^{2n-1} + ax^2 + bx + 2}{x^{2n+2} + 1} = ax^2 + bx + 2$$

(iii) $x=1$일 때, $f(1) = \frac{1 + a + b + 2}{2} = \frac{3+a+b}{2}$

(iv) $x = -1$일 때, $f(-1) = \frac{-1 + a - b + 2}{2} = \frac{1+a-b}{2}$

함수 $f(x)$가 모든 실수 x에서 연속이므로 $x=1$, $x=-1$에서도 연속이다.

$x=1$에서 연속이므로

$$\lim_{x \to 1+} f(x) = \lim_{x \to 1-} f(x) = f(1)$$에서

$$1 = a + b + 2 = \frac{3+a+b}{2}$$

$$\therefore a + b = -1 \quad\quad\quad \cdots\cdots ㉠$$

또한 $x = -1$에서 연속이므로

$$\lim_{x \to -1+} f(x) = \lim_{x \to -1-} f(x) = f(-1)$$에서

$$a - b + 2 = -1 = \frac{1+a-b}{2}$$

$$\therefore a - b = -3 \quad\quad\quad \cdots\cdots ㉡$$

㉠, ㉡을 연립하여 풀면

$$a = -2, \ b = 1$$

$$\therefore ab = -2 \times 1 = -2 \quad\quad\quad 답 ②$$

11

(i) $|x| > 1$일 때, $\lim\limits_{n \to \infty} \frac{1}{x^{2n}} = 0$이므로

$$g(x) = \lim_{n \to \infty} \frac{x^{2n-1} - 1}{x^{2n} + 1} = \lim_{n \to \infty} \frac{\frac{1}{x} - \frac{1}{x^{2n}}}{1 + \frac{1}{x^{2n}}} = \frac{1}{x}$$

(ii) $|x| < 1$일 때, $\lim\limits_{n \to \infty} x^{2n} = 0$이므로

$$g(x) = \lim_{n \to \infty} \frac{x^{2n-1} - 1}{x^{2n} + 1} = -1$$

(iii) $x = 1$일 때, $g(1) = 0$

(iv) $x = -1$일 때, $g(-1) = -1$

(i)~(iv)에서 함수 $y = g(x)$의 그래프는 오른쪽 그림과 같다.

함수 $h(x) = f(x)g(x)$가 모든 실수 x에서 연속이므로 $x=1$에서 연속이다.

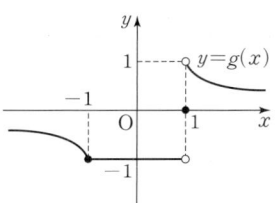

$$\lim_{x \to 1-} h(x) = \lim_{x \to 1-} f(x)g(x)$$

$$= \lim_{x \to 1-} f(x) \lim_{x \to 1-} g(x)$$

$$= (2+a) \times (-1) = -2 - a$$

$$\lim_{x \to 1+} h(x) = \lim_{x \to 1+} f(x)g(x)$$

$$= \lim_{x \to 1+} f(x) \lim_{x \to 1+} g(x)$$

$$= (2+a) \times 1 = 2 + a$$

$$h(1) = f(1)g(1) = (2+a) \times 0 = 0$$

이므로 $a = -2$

따라서 $f(x) = 2x^2 - 2x$이므로

$$f(5) = 40 \quad\quad\quad 답 40$$

12

원 $x^2 + y^2 = n^2$은 y축과 두 점 $(0, n)$, $(0, -n)$에서 만나므로

$$a_n = n$$

또한 원 $x^2 + y^2 = n^2$과 직선 $y = nx$가 제1사분면에서 만나는 점의 y좌표가 b_n이므로

$$x^2 + n^2 x^2 = n^2$$에서 $(n^2 + 1)x^2 = n^2$

$$x^2 = \frac{n^2}{n^2 + 1} \quad \therefore x = \frac{n}{\sqrt{n^2 + 1}} \ (\because n > 0)$$

즉, $b_n = \frac{n^2}{\sqrt{n^2 + 1}}$이므로

$$\lim_{n\to\infty} 10n(a_n - b_n) = \lim_{n\to\infty} 10n\left(n - \frac{n^2}{\sqrt{n^2+1}}\right)$$

$$= \lim_{n\to\infty} \frac{10n^2(\sqrt{n^2+1}-n)}{\sqrt{n^2+1}}$$

$$= \lim_{n\to\infty} \frac{10n^2}{\sqrt{n^2+1}(\sqrt{n^2+1}+n)}$$

$$= \lim_{n\to\infty} \frac{10n^2}{n^2+1+n\sqrt{n^2+1}}$$

$$= \lim_{n\to\infty} \frac{10}{1+\dfrac{1}{n^2}+\sqrt{1+\dfrac{1}{n^2}}}$$

$$= \frac{10}{2} = 5 \qquad \text{답 } 5$$

13

두 점 P_n, P_{n+1}의 좌표는
$P_n(2^n, \sqrt{2^n})$, $P_{n+1}(2^{n+1}, \sqrt{2^{n+1}})$이므로
$L_n = \overline{P_n P_{n+1}}$에서

$$L_n^2 = \overline{P_n P_{n+1}}^2$$
$$= (2^{n+1}-2^n)^2 + (\sqrt{2^{n+1}}-\sqrt{2^n})^2$$
$$= (2^n)^2 + (2^{n+1}-2\times\sqrt{2^{2n+1}}-2^n)$$
$$= 4^n + 2^n - 2^{n+1}\times\sqrt{2}$$

$$\therefore \lim_{n\to\infty}\left(\frac{L_{n+1}}{L_n}\right)^2 = \lim_{n\to\infty}\frac{L_{n+1}^2}{L_n^2}$$

$$= \lim_{n\to\infty}\frac{4^{n+1}+2^{n+1}-2^{n+2}\times\sqrt{2}}{4^n+2^n-2^{n+1}\times\sqrt{2}}$$

$$= \lim_{n\to\infty}\frac{4+\dfrac{2^{n+1}}{4^n}-\dfrac{2^{n+2}\times\sqrt{2}}{4^n}}{1+\dfrac{2^n}{4^n}-\dfrac{2^{n+1}\times\sqrt{2}}{4^n}}$$

$$= 4 \qquad \text{답 } ③$$

14

첫째항이 3이고 공비가 3이므로 등비수열 $\{a_n\}$의 일반항은
$$a_n = 3\times 3^{n-1} = 3^n$$

$$\therefore \lim_{n\to\infty}\frac{3^{n+1}-7}{a_n} = \lim_{n\to\infty}\frac{3^{n+1}-7}{3^n}$$

$$= \lim_{n\to\infty}\frac{3-\dfrac{7}{3^n}}{1} = 3 \qquad \text{답 } ③$$

15

자연수 n에 대하여 점 $(3n, 4n)$을 중심으로 하고 y축에 접하는
원 O_n의 방정식은
$$(x-3n)^2 + (y-4n)^2 = (3n)^2$$
점 $(3n, 4n)$과 점 $(0, -1)$ 사이의 거리는
$$\sqrt{(3n)^2+(4n+1)^2} = \sqrt{25n^2+8n+1}$$이므로
$$a_n = \sqrt{25n^2+8n+1}+3n$$
$$b_n = \sqrt{25n^2+8n+1}-3n$$

$$\therefore \lim_{n\to\infty}\frac{a_n}{b_n} = \lim_{n\to\infty}\frac{\sqrt{25n^2+8n+1}+3n}{\sqrt{25n^2+8n+1}-3n}$$

$$= \lim_{n\to\infty}\frac{\sqrt{25+\dfrac{8}{n}+\dfrac{1}{n^2}}+3}{\sqrt{25+\dfrac{8}{n}+\dfrac{1}{n^2}}-3}$$

$$= \frac{8}{2} = 4 \qquad \text{답 } 4$$

02 | 급수

내신&수능 빈출 유형 본문 16~19쪽

유형 01

주어진 급수의 부분합 S_n은

$$S_n = \sum_{k=1}^{n} \frac{1}{4k^2-1}$$

$$= \sum_{k=1}^{n} \frac{1}{(2k-1)(2k+1)}$$

$$= \frac{1}{2} \sum_{k=1}^{n} \left(\frac{1}{2k-1} - \frac{1}{2k+1} \right)$$

$$= \frac{1}{2} \left\{ \left(1 - \frac{1}{3} \right) + \left(\frac{1}{3} - \frac{1}{5} \right) + \cdots + \left(\frac{1}{2n-1} - \frac{1}{2n+1} \right) \right\}$$

$$= \frac{1}{2} \left(1 - \frac{1}{2n+1} \right)$$

$$\therefore \sum_{n=1}^{\infty} \frac{1}{4n^2-1} = \lim_{n\to\infty} S_n$$

$$= \lim_{n\to\infty} \frac{1}{2} \left(1 - \frac{1}{2n+1} \right)$$

$$= \frac{1}{2} \times (1-0) = \frac{1}{2}$$ 답 ②

01-1

주어진 급수의 제n항을 a_n이라 하면

$$a_n = \frac{1}{1+2+3+\cdots+n} = \frac{1}{\frac{n(n+1)}{2}} = \frac{2}{n(n+1)}$$

$$\therefore 1 + \frac{1}{1+2} + \frac{1}{1+2+3} + \frac{1}{1+2+3+4} + \cdots$$

$$= \sum_{n=1}^{\infty} \frac{2}{n(n+1)}$$

주어진 급수의 부분합 S_n은

$$S_n = \sum_{k=1}^{n} \frac{2}{k(k+1)}$$

$$= 2 \sum_{k=1}^{n} \left(\frac{1}{k} - \frac{1}{k+1} \right)$$

$$= 2 \left\{ \left(1 - \frac{1}{2} \right) + \left(\frac{1}{2} - \frac{1}{3} \right) + \cdots + \left(\frac{1}{n} - \frac{1}{n+1} \right) \right\}$$

$$= 2 \left(1 - \frac{1}{n+1} \right)$$

$$\therefore \sum_{n=1}^{\infty} \frac{2}{n(n+1)} = \lim_{n\to\infty} S_n$$

$$= \lim_{n\to\infty} 2 \left(1 - \frac{1}{n+1} \right)$$

$$= 2 \times (1-0) = 2$$ 답 2

유형 02

$\sum_{n=1}^{\infty} (a_n - a_{n+2})$의 부분합 S_n은

$$S_n = \sum_{k=1}^{n} (a_k - a_{k+2})$$

$$= (a_1-a_3) + (a_2-a_4) + (a_3-a_5) + \cdots$$
$$\qquad\qquad + (a_{n-1}-a_{n+1}) + (a_n-a_{n+2})$$

$$= a_1 + a_2 - a_{n+1} - a_{n+2}$$

$$= 10 + 7 - a_{n+1} - a_{n+2}$$

$$= 17 - a_{n+1} - a_{n+2}$$

$\lim_{n\to\infty} a_n = 1$이므로 $\lim_{n\to\infty} a_{n+1} = \lim_{n\to\infty} a_{n+2} = 1$

$$\therefore \sum_{n=1}^{\infty} (a_n - a_{n+2}) = \lim_{n\to\infty} S_n = \lim_{n\to\infty} (17 - a_{n+1} - a_{n+2})$$

$$= 17 - 1 - 1 = 15$$ 답 15

02-1

$d = a_{n+1} - a_n$이므로

$$\frac{d}{a_n a_{n+1}} = \frac{a_{n+1} - a_n}{a_n a_{n+1}} = \frac{1}{a_n} - \frac{1}{a_{n+1}}$$

$\sum_{n=1}^{\infty} \frac{d}{a_n a_{n+1}}$의 부분합 S_n은

$$S_n = \sum_{k=1}^{n} \frac{d}{a_k a_{k+1}}$$

$$= \sum_{k=1}^{n} \left(\frac{1}{a_k} - \frac{1}{a_{k+1}} \right)$$

$$= \left(\frac{1}{a_1} - \frac{1}{a_2} \right) + \left(\frac{1}{a_2} - \frac{1}{a_3} \right) + \cdots + \left(\frac{1}{a_n} - \frac{1}{a_{n+1}} \right)$$

$$= \frac{1}{a_1} - \frac{1}{a_{n+1}}$$

$$= 1 - \frac{1}{a_{n+1}}$$

이때, $d > 0$이므로 등차수열 $\{a_n\}$은 항의 값이 점점 커진다.

즉, $\lim_{n\to\infty} a_n = \infty$이므로 $\lim_{n\to\infty} \frac{1}{a_{n+1}} = \lim_{n\to\infty} \frac{1}{a_n} = 0$

$$\therefore \sum_{n=1}^{\infty} \frac{d}{a_n a_{n+1}} = \lim_{n\to\infty} S_n = \lim_{n\to\infty} \left(1 - \frac{1}{a_{n+1}} \right) = 1$$ 답 ①

02-2

$a_n = S_n - S_{n-1}$ $(n \geq 2)$이므로

$$\frac{a_n}{S_{n-1} S_n} = \frac{S_n - S_{n-1}}{S_{n-1} S_n} = \frac{1}{S_{n-1}} - \frac{1}{S_n}$$

$$\sum_{k=2}^{n} \frac{a_k}{S_{k-1} S_k} = \sum_{k=2}^{n} \left(\frac{1}{S_{k-1}} - \frac{1}{S_k} \right)$$

$$= \left(\frac{1}{S_1} - \frac{1}{S_2} \right) + \left(\frac{1}{S_2} - \frac{1}{S_3} \right) + \cdots + \left(\frac{1}{S_{n-1}} - \frac{1}{S_n} \right)$$

$$= \frac{1}{S_1} - \frac{1}{S_n} = 3 - \frac{1}{S_n}$$

$$\sum_{n=2}^{\infty} \frac{a_n}{S_{n-1} S_n} = \lim_{n\to\infty} \left(3 - \frac{1}{S_n} \right) = 3 - \lim_{n\to\infty} \frac{1}{S_n} = 1$$이므로

$$\lim_{n\to\infty} \frac{1}{S_n} = 2 \qquad \therefore \lim_{n\to\infty} S_n = \frac{1}{2}$$ 답 ③

유형 03

급수 $\sum_{n=1}^{\infty} (a_n - 2n)$이 수렴하므로

$$\lim_{n\to\infty} (a_n - 2n) = 0$$

$a_n - 2n = b_n$이라 하면 $a_n = b_n + 2n$이고 $\lim_{n\to\infty} b_n = 0$이므로

$$\lim_{n \to \infty} \frac{a_n + 4n - 1}{3a_n - 2} = \lim_{n \to \infty} \frac{b_n + 6n - 1}{3b_n + 6n - 2}$$
$$= \lim_{n \to \infty} \frac{6n - 1}{6n - 2}$$
$$= \lim_{n \to \infty} \frac{6 - \dfrac{1}{n}}{6 - \dfrac{2}{n}}$$
$$= \frac{6}{6} = 1$$

답 1

03-1

급수 $\sum\limits_{n=1}^{\infty} a_n$이 12로 수렴하므로 $\lim\limits_{n \to \infty} a_n = 0$

$$\therefore \lim_{n \to \infty} \frac{2a_n + n^2 - n - 3}{6a_n + 4n^2 - n + 2} = \lim_{n \to \infty} \frac{n^2 - n - 3}{4n^2 - n + 2}$$
$$= \lim_{n \to \infty} \frac{1 - \dfrac{1}{n} - \dfrac{3}{n^2}}{4 - \dfrac{1}{n} + \dfrac{2}{n^2}}$$
$$= \frac{1}{4}$$

답 ①

유형 04

$\sum\limits_{n=1}^{\infty} a_n = \alpha$, $\sum\limits_{n=1}^{\infty} b_n = \beta$라 하면

$$\sum_{n=1}^{\infty} (2a_n + b_n) = 2\sum_{n=1}^{\infty} a_n + \sum_{n=1}^{\infty} b_n$$
$$= 2\alpha + \beta = 11 \qquad \cdots\cdots \text{㉠}$$

$$\sum_{n=1}^{\infty} (a_n - 3b_n) = \sum_{n=1}^{\infty} a_n - 3\sum_{n=1}^{\infty} b_n$$
$$= \alpha - 3\beta = -12 \qquad \cdots\cdots \text{㉡}$$

㉠, ㉡을 연립하여 풀면

$\alpha = 3$, $\beta = 5$

$$\therefore \sum_{n=1}^{\infty} (3a_n + 2b_n) = 3\sum_{n=1}^{\infty} a_n + 2\sum_{n=1}^{\infty} b_n$$
$$= 3\alpha + 2\beta$$
$$= 3 \times 3 + 2 \times 5 = 19$$

답 19

04-1

$$\sum_{n=1}^{\infty} (3a_n - b_n) = 3\sum_{n=1}^{\infty} a_n - \sum_{n=1}^{\infty} b_n$$
$$= 3 \times 4 - \sum_{n=1}^{\infty} b_n = 18$$

에서 $12 - \sum\limits_{n=1}^{\infty} b_n = 18$ $\quad \therefore \sum\limits_{n=1}^{\infty} b_n = -6$

$$\therefore \sum_{n=1}^{\infty} \left(\frac{a_n}{2} - \frac{b_n}{3} \right) = \frac{1}{2}\sum_{n=1}^{\infty} a_n - \frac{1}{3}\sum_{n=1}^{\infty} b_n$$
$$= \frac{1}{2} \times 4 - \frac{1}{3} \times (-6) = 4$$

답 4

04-2

ㄱ. (참) $\sum\limits_{n=1}^{\infty} a_n = 2$, $\sum\limits_{n=1}^{\infty} b_n = 3$이므로

$$\sum_{n=1}^{\infty} (2b_n - 3a_n) = 2\sum_{n=1}^{\infty} b_n - 3\sum_{n=1}^{\infty} a_n$$
$$= 2 \times 3 - 3 \times 2 = 0$$

ㄴ. (참) $\sum\limits_{n=1}^{\infty} (a_n + b_n) = \alpha$, $\sum\limits_{n=1}^{\infty} b_n = \beta$라 하면

$$\sum_{n=1}^{\infty} a_n = \sum_{n=1}^{\infty} \{(a_n + b_n) - b_n\}$$
$$= \sum_{n=1}^{\infty} (a_n + b_n) - \sum_{n=1}^{\infty} b_n$$
$$= \alpha - \beta$$

즉, $\sum\limits_{n=1}^{\infty} (a_n + b_n)$, $\sum\limits_{n=1}^{\infty} b_n$이 모두 수렴하면 $\sum\limits_{n=1}^{\infty} a_n$도 수렴한다.

ㄷ. (거짓) [반례] $a_n = \left(\dfrac{3}{2} \right)^{n-1}$, $b_n = \left(\dfrac{1}{2} \right)^{n-1}$이면

$\sum\limits_{n=1}^{\infty} a_n b_n = 4$, $\sum\limits_{n=1}^{\infty} b_n = 2$이지만 $\sum\limits_{n=1}^{\infty} a_n = \infty$이다.

따라서 옳은 것은 ㄱ, ㄴ이다.

답 ③

유형 05

등비수열 $\{a_n\}$의 공비를 r라 하면 수열 $\{a_n a_{n+1}\}$의 각 항은

$a_1 a_2, \ a_2 a_3, \ a_3 a_4, \ \cdots$

즉, $a_1 a_2, \ a_1 r \times a_2 r, \ a_1 r^2 \times a_2 r^2, \ \cdots$

이므로 수열 $\{a_n a_{n+1}\}$은 첫째항이 $a_1 a_2$이고 공비가 r^2인 등비수열이다.

$a_1 = 3$, $a_2 = 2$에서 $r = \dfrac{a_2}{a_1} = \dfrac{2}{3}$이므로

$a_1 a_2 = 6$, $r^2 = \dfrac{4}{9}$

$$\therefore \sum_{n=1}^{\infty} a_n a_{n+1} = \frac{6}{1 - \dfrac{4}{9}} = \frac{54}{5}$$

$$\therefore 5\sum_{n=1}^{\infty} a_n a_{n+1} = 5 \times \frac{54}{5} = 54$$

답 54

05-1

등비수열 $\{a_n\}$의 공비를 r라 하면 $n \geq 2$인 n에 대하여 수열 $\{a_{n-1} a_n a_{n+1}\}$의 각 항은 $a_1 a_2 a_3, \ a_2 a_3 a_4, \ a_3 a_4 a_5, \ \cdots$

이때, $a_1 = 1$이므로 $n \geq 2$인 n에 대하여 수열 $\{a_{n-1} a_n a_{n+1}\}$의 각 항은 $1 \times r \times r^2, \ r \times r^2 \times r^3, \ r^2 \times r^3 \times r^4, \ \cdots$

즉, 수열 $\{a_{n-1} a_n a_{n+1}\}$은 첫째항이 r^3이고 공비도 r^3인 등비수열이다.

$\sum\limits_{n=1}^{\infty} a_n = \dfrac{1}{1-r} = 2$에서 $r = \dfrac{1}{2}$ $\quad \therefore r^3 = \dfrac{1}{8}$

$$\therefore \sum_{n=2}^{\infty} a_{n-1} a_n a_{n+1} = \frac{\dfrac{1}{8}}{1 - \dfrac{1}{8}} = \frac{1}{7}$$

$$\therefore 7\sum_{n=2}^{\infty} a_{n-1} a_n a_{n+1} = 7 \times \frac{1}{7} = 1$$

답 1

유형 06

첫째항이 $x-1$이고 공비가 $3-x$인 등비급수

$\sum\limits_{n=1}^{\infty} (x-1)(3-x)^{n-1}$이 수렴하려면

$x-1=0$ 또는 $-1<3-x<1$이어야 한다.

(i) $x-1=0$에서 $x=1$

(ii) $-1<3-x<1$에서 $-4<-x<-2$

$\therefore 2<x<4$

(i), (ii)에 의하여

$x=1$ 또는 $2<x<4$

따라서 구하는 정수 x는 1, 3의 2개이다. **답** ②

06-1

등비급수 $\displaystyle\sum_{n=1}^{\infty}\left(\dfrac{r+1}{2}\right)^{n}$이 수렴하려면 $-1<\dfrac{r+1}{2}<1$이어야 한다.

$\therefore -3<r<1$ ...... ㉠

등비수열 $\left\{\left(\dfrac{r}{3}+1\right)^{n}\right\}$이 수렴하려면 $-1<\dfrac{r}{3}+1\leq1$이어야 한다.

$\therefore -6<r\leq0$ ...... ㉡

㉠, ㉡에 의하여 등비급수와 등비수열이 모두 수렴하기 위한 r의 값의 범위는 $-3<r\leq0$이다.

따라서 구하는 정수 r는 -2, -1, 0의 3개이다. **답** 3

06-2

첫째항이 $\log_2 x$이고 공비가 $\sqrt[3]{2^x}-3$인 등비급수

$\displaystyle\sum_{n=1}^{\infty}\log_2 x(\sqrt[3]{2^x}-3)^{n-1}$이 수렴하려면 $\log_2 x=0$ 또는 $-1<\sqrt[3]{2^x}-3<1$이어야 한다.

(i) $\log_2 x=0$에서 $x=1$

(ii) $-1<\sqrt[3]{2^x}-3<1$에서 $2<\sqrt[3]{2^x}<4$, $2<2^{\frac{x}{3}}<2^2$이므로

$1<\dfrac{x}{3}<2$, $3<x<6$

(i), (ii)에 의하여 $x=1$ 또는 $3<x<6$

따라서 주어진 조건을 만족시키는 정수 x는 1, 4, 5이므로 그 합은

$1+4+5=10$ **답** ③

유형 07

$\triangle OPP_1$, $\triangle PP_1P_2$, $\triangle P_1P_2P_3$, $\cdots$이 모두 직각이등변삼각형이므로

$\overline{PP_1}=\overline{OP}\sin45°=2\times\dfrac{1}{\sqrt{2}}=\sqrt{2}$

$\overline{P_1P_2}=\overline{PP_1}\sin45°=\sqrt{2}\times\dfrac{1}{\sqrt{2}}=1$

$\overline{P_2P_3}=\overline{P_1P_2}\sin45°=1\times\dfrac{1}{\sqrt{2}}=\dfrac{1}{\sqrt{2}}$

$\overline{P_3P_4}=\overline{P_2P_3}\sin45°=\dfrac{1}{\sqrt{2}}\times\dfrac{1}{\sqrt{2}}=\dfrac{1}{2}$

$\vdots$

$\therefore \overline{P_1P_2}+\overline{P_2P_3}+\overline{P_3P_4}+\cdots=1+\dfrac{1}{\sqrt{2}}+\dfrac{1}{2}+\cdots$

$=\dfrac{1}{1-\dfrac{1}{\sqrt{2}}}$

$=\dfrac{\sqrt{2}}{\sqrt{2}-1}$

$=\sqrt{2}(\sqrt{2}+1)$

$=2+\sqrt{2}$ **답** ⑤

07-1

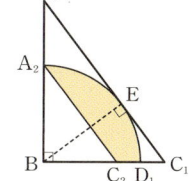

$\overline{A_1B}=4$, $\overline{BC_1}=3$, $\angle B=90°$인 삼각형 A_1BC_1에서 피타고라스 정리에 의하여

$\overline{A_1C_1}=\sqrt{3^2+4^2}=5$

그림과 같이 호 A_2D_1과 선분 A_1C_1이 만나는 점을 E라 하면 삼각형 A_1BC_1과 삼각형 BEC_1이 닮음이므로

$\overline{A_1B}:\overline{A_1C_1}=\overline{BE}:\overline{BC_1}$

$4:5=\overline{BE}:3$ $\therefore \overline{BE}=\dfrac{12}{5}$

즉, 부채꼴의 반지름의 길이가 $\dfrac{12}{5}$이므로 $\overline{A_2B}=\dfrac{12}{5}$이다.

이때, 삼각형 A_1BC_1과 삼각형 A_2BC_2가 닮음이고 닮음비가

$4:\dfrac{12}{5}=1:\dfrac{3}{5}$이므로 $\overline{BC_2}=\dfrac{3}{5}\times3=\dfrac{9}{5}$이고, 넓이의 비는

$1:\dfrac{9}{25}$이다.

$\therefore S_1=\pi\times\left(\dfrac{12}{5}\right)^2\times\dfrac{1}{4}-\dfrac{1}{2}\times\dfrac{12}{5}\times\dfrac{9}{5}$

$=\dfrac{36}{25}\pi-\dfrac{54}{25}$

따라서 그림 R_n에 색칠되어 있는 부분의 넓이 S_n은

$S_n=S_1+\dfrac{9}{25}S_1+\left(\dfrac{9}{25}\right)^2 S_1+\cdots+\left(\dfrac{9}{25}\right)^{n-1}S_1$

즉, $S_n=\displaystyle\sum_{k=1}^{n}\left(\dfrac{9}{25}\right)^{k-1}S_1=\sum_{k=1}^{n}\left(\dfrac{36}{25}\pi-\dfrac{54}{25}\right)\times\left(\dfrac{9}{25}\right)^{k-1}$

$\therefore \displaystyle\lim_{n\to\infty}S_n=\lim_{n\to\infty}\sum_{k=1}^{n}\left(\dfrac{36}{25}\pi-\dfrac{54}{25}\right)\times\left(\dfrac{9}{25}\right)^{k-1}$

$=\dfrac{\dfrac{36}{25}\pi-\dfrac{54}{25}}{1-\dfrac{9}{25}}$

$=\dfrac{\dfrac{36}{25}\pi-\dfrac{54}{25}}{\dfrac{16}{25}}=\dfrac{9(2\pi-3)}{8}$ **답** ①

07-2

오른쪽 그림과 같이 l_1은 R_1에서의 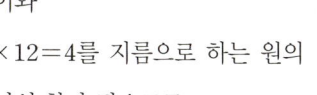 모양의 도형의 둘레의 길이이고 이것은

$\overline{AP_2}=\dfrac{2}{3}\times12=8$을 지름으로 하는 원의 둘레의 길이와

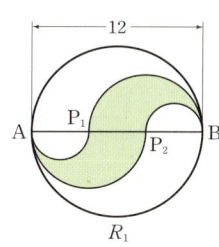

$\overline{AP_1}=\dfrac{1}{3}\times12=4$를 지름으로 하는 원의 둘레의 길이의 합과 같으므로

$l_1=2\pi\times4+2\pi\times2=12\pi$

이때, R_2 안에 있는 작은 원의 지름의 길이는 R_1의 원의 지름의 길이의 $\dfrac{1}{3}$이므로

닮음비는 $1:\dfrac{1}{3}$이다.

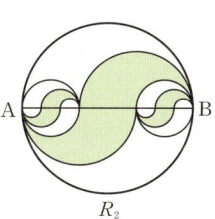

여기서 l_2는 l_1에 $\dfrac{1}{3}l_1$을 2번 더한 값이므로

$l_2 = l_1 + \dfrac{2}{3} l_1$

마찬가지 방법으로

$l_3 = l_1 + \dfrac{2}{3} l_1 + \left(\dfrac{2}{3}\right)^2 l_1$

$l_4 = l_1 + \dfrac{2}{3} l_1 + \left(\dfrac{2}{3}\right)^2 l_1 + \left(\dfrac{2}{3}\right)^3 l_1$

$\vdots$

$l_n = l_1 + \dfrac{2}{3} l_1 + \left(\dfrac{2}{3}\right)^2 l_1 + \cdots + \left(\dfrac{2}{3}\right)^{n-1} l_1$

즉, $l_n = \displaystyle\sum_{k=1}^{n} \left(\dfrac{2}{3}\right)^{k-1} l_1 = \sum_{k=1}^{n} 12\pi \times \left(\dfrac{2}{3}\right)^{k-1}$

$\therefore \dfrac{1}{\pi} \displaystyle\lim_{n\to\infty} l_n = \dfrac{1}{\pi} \lim_{n\to\infty} \sum_{k=1}^{n} 12\pi \times \left(\dfrac{2}{3}\right)^{k-1}$

$\qquad\qquad = \dfrac{1}{\pi} \times \dfrac{12\pi}{1 - \dfrac{2}{3}} = 36$

답 36

01

$\displaystyle\sum_{n=2}^{\infty} \dfrac{\sqrt{n^2-1}-n}{\sqrt{n(n+1)}}$ 의 부분합 S_n은

$S_n = \displaystyle\sum_{k=2}^{n} \dfrac{\sqrt{k^2-1}-k}{\sqrt{k(k+1)}}$

$\quad = \displaystyle\sum_{k=2}^{n} \left(\sqrt{\dfrac{k-1}{k}} - \sqrt{\dfrac{k}{k+1}} \right)$

$\quad = \left(\sqrt{\dfrac{1}{2}} - \sqrt{\dfrac{2}{3}} \right) + \left(\sqrt{\dfrac{2}{3}} - \sqrt{\dfrac{3}{4}} \right) + \cdots + \left(\sqrt{\dfrac{n-1}{n}} - \sqrt{\dfrac{n}{n+1}} \right)$

$\quad = \sqrt{\dfrac{1}{2}} - \sqrt{\dfrac{n}{n+1}}$

$\therefore \displaystyle\sum_{n=2}^{\infty} \dfrac{\sqrt{n^2-1}-n}{\sqrt{n(n+1)}} = \lim_{n\to\infty} S_n$

$\qquad\qquad = \displaystyle\lim_{n\to\infty} \left(\sqrt{\dfrac{1}{2}} - \sqrt{\dfrac{n}{n+1}} \right)$

$\qquad\qquad = \displaystyle\lim_{n\to\infty} \left(\sqrt{\dfrac{1}{2}} - \sqrt{\dfrac{1}{1 + \dfrac{1}{n}}} \right)$

$\qquad\qquad = \sqrt{\dfrac{1}{2}} - 1$

$\qquad\qquad = \dfrac{\sqrt{2}}{2} - 1$

답 ⑤

02

$\displaystyle\sum_{n=1}^{\infty} \dfrac{a_{n+1} - a_n}{a_n a_{n+1}}$

$= \displaystyle\sum_{n=1}^{\infty} \left(\dfrac{1}{a_n} - \dfrac{1}{a_{n+1}} \right)$

$= \displaystyle\lim_{n\to\infty} \sum_{k=1}^{n} \left(\dfrac{1}{a_k} - \dfrac{1}{a_{k+1}} \right)$

$= \displaystyle\lim_{n\to\infty} \left\{ \left(\dfrac{1}{a_1} - \dfrac{1}{a_2} \right) + \left(\dfrac{1}{a_2} - \dfrac{1}{a_3} \right) + \cdots + \left(\dfrac{1}{a_n} - \dfrac{1}{a_{n+1}} \right) \right\}$

$= \displaystyle\lim_{n\to\infty} \left(\dfrac{1}{a_1} - \dfrac{1}{a_{n+1}} \right)$

$= \dfrac{1}{a_1} - 1$

$= 2$

따라서 $a_1 = \dfrac{1}{3}$ 이므로

$15 a_1 = 15 \times \dfrac{1}{3} = 5$

답 5

03

$n \geq 2$일 때, a_n은 일차식이므로 수열 $\{a_n\}$은 등차수열이다.

$S_n = a_1 + \displaystyle\sum_{k=2}^{n} a_k$

$\quad = 0 + \dfrac{(n-1)(a_2 + a_n)}{2}$

$\quad = \dfrac{(n-1)\{0 + (2n-4)\}}{2} \quad (\because a_2 = 0)$

$\quad = (n-2)(n-1)$

$\therefore \displaystyle\sum_{n=3}^{\infty} \dfrac{1}{S_n} = \sum_{n=3}^{\infty} \dfrac{1}{(n-2)(n-1)}$

$\qquad\qquad = \displaystyle\sum_{n=3}^{\infty} \left(\dfrac{1}{n-2} - \dfrac{1}{n-1} \right)$

$\qquad\qquad = \displaystyle\lim_{n\to\infty} \sum_{k=3}^{n} \left(\dfrac{1}{k-2} - \dfrac{1}{k-1} \right)$

$\qquad\qquad = \displaystyle\lim_{n\to\infty} \left\{ \left(\dfrac{1}{1} - \dfrac{1}{2} \right) + \left(\dfrac{1}{2} - \dfrac{1}{3} \right) + \cdots + \left(\dfrac{1}{n-2} - \dfrac{1}{n-1} \right) \right\}$

$\qquad\qquad = \displaystyle\lim_{n\to\infty} \left(1 - \dfrac{1}{n-1} \right)$

$\qquad\qquad = 1$

답 1

04

이차방정식의 근과 계수의 관계에 의하여

$\alpha_n + \beta_n = 3$

$\alpha_n \beta_n = n^2 + n$

$\therefore \dfrac{1}{\alpha_n} + \dfrac{1}{\beta_n} = \dfrac{\alpha_n + \beta_n}{\alpha_n \beta_n} = \dfrac{3}{n^2 + n}$

$\qquad\qquad = \dfrac{3}{n(n+1)} = 3\left(\dfrac{1}{n} - \dfrac{1}{n+1} \right)$

$\displaystyle\sum_{n=1}^{\infty} \left(\dfrac{1}{\alpha_n} + \dfrac{1}{\beta_n} \right)$의 부분합 S_n은

$S_n = \displaystyle\sum_{k=1}^{n} 3\left(\dfrac{1}{k} - \dfrac{1}{k+1} \right)$

$\quad = 3\left\{ \left(\dfrac{1}{1} - \dfrac{1}{2} \right) + \left(\dfrac{1}{2} - \dfrac{1}{3} \right) + \cdots + \left(\dfrac{1}{n} - \dfrac{1}{n+1} \right) \right\}$

$\quad = 3\left(1 - \dfrac{1}{n+1} \right)$

$$\therefore \sum_{n=1}^{\infty}\left(\frac{1}{\alpha_n}+\frac{1}{\beta_n}\right)=\lim_{n\to\infty}S_n$$
$$=\lim_{n\to\infty}3\left(1-\frac{1}{n+1}\right)$$
$$=3 \qquad\qquad \text{답 } 3$$

05

$\sum\limits_{n=1}^{\infty}\log_3 a_n$의 부분합 S_n은

$$S_n=\sum_{k=1}^{n}\log_3 a_k$$
$$=\log_3 a_1+\log_3 a_2+\log_3 a_3+\cdots+\log_3 a_n$$
$$=\log_3(a_1 a_2 a_3 \cdots a_n)$$
$$=\log_3\frac{9n}{n+9}$$
$$\therefore \sum_{n=1}^{\infty}\log_3 a_n=\lim_{n\to\infty}S_n$$
$$=\lim_{n\to\infty}\log_3\frac{9n}{n+9}$$
$$=\lim_{n\to\infty}\log_3\frac{9}{1+\frac{9}{n}}$$
$$=\log_3 9$$
$$=2 \qquad\qquad \text{답 } ④$$

06

급수 $\sum\limits_{n=1}^{\infty}\dfrac{3n-a_n}{n+1}$이 수렴하므로

$$\lim_{n\to\infty}\frac{3n-a_n}{n+1}=0$$

이때, $\lim\limits_{n\to\infty}\dfrac{3n-a_n}{n+1}=\lim\limits_{n\to\infty}\dfrac{3-\frac{a_n}{n}}{1+\frac{1}{n}}=3-\lim\limits_{n\to\infty}\dfrac{a_n}{n}=0$

$$\therefore \lim_{n\to\infty}\frac{a_n}{n}=3 \qquad\qquad \text{답 } ⑤$$

07

급수 $\sum\limits_{n=2}^{\infty}\dfrac{pn^2+4}{n^2-1}$가 수렴하므로 $\lim\limits_{n\to\infty}\dfrac{pn^2+4}{n^2-1}=0$

이때, $\lim\limits_{n\to\infty}\dfrac{pn^2+4}{n^2-1}=\lim\limits_{n\to\infty}\dfrac{p+\frac{4}{n^2}}{1-\frac{1}{n^2}}=p$

$$\therefore p=0$$
$$\frac{4}{n^2-1}=\frac{4}{(n-1)(n+1)}=2\left(\frac{1}{n-1}-\frac{1}{n+1}\right)\text{이므로}$$

$$\sum_{n=2}^{\infty}\frac{4}{n^2-1}$$
$$=2\lim_{n\to\infty}\sum_{k=2}^{n}\left(\frac{1}{k-1}-\frac{1}{k+1}\right)$$
$$=2\lim_{n\to\infty}\left\{\left(\frac{1}{1}-\frac{1}{3}\right)+\left(\frac{1}{2}-\frac{1}{4}\right)+\left(\frac{1}{3}-\frac{1}{5}\right)\right.$$
$$\left.+\cdots+\left(\frac{1}{n-2}-\frac{1}{n}\right)+\left(\frac{1}{n-1}-\frac{1}{n+1}\right)\right\}$$

$$=2\lim_{n\to\infty}\left(1+\frac{1}{2}-\frac{1}{n}-\frac{1}{n+1}\right)$$
$$=2\times\frac{3}{2}=3$$
$$\therefore q=3$$
$$\therefore p+q=0+3=3 \qquad\qquad \text{답 } 3$$

08

ㄱ. (참) $\sum\limits_{n=1}^{\infty}\dfrac{1}{a_n}$이 수렴하면 $\lim\limits_{n\to\infty}\dfrac{1}{a_n}=0$이므로 $\lim\limits_{n\to\infty}a_n\neq 0$이다.

　 즉, $\sum\limits_{n=1}^{\infty}a_n$은 발산한다.

ㄴ. (거짓) [반례] $\{a_n\}:0,\ 1,\ 0,\ 1,\ \cdots,$
　　　　　　　 $\{b_n\}:1,\ 0,\ 1,\ 0,\ \cdots$

　 $\sum\limits_{n=1}^{\infty}a_n b_n=0$이고 $\lim\limits_{n\to\infty}a_n\neq 0$이지만 $\lim\limits_{n\to\infty}b_n\neq 0$이다.

ㄷ. (거짓) $\sum\limits_{n=1}^{\infty}a_n=\alpha$, $\sum\limits_{n=1}^{\infty}b_n=\beta$이면 두 급수 $\sum\limits_{n=1}^{\infty}a_n$, $\sum\limits_{n=1}^{\infty}b_n$이 모두 수렴하므로 $\lim\limits_{n\to\infty}a_n=\lim\limits_{n\to\infty}b_n=0$이다.

따라서 옳은 것은 ㄱ뿐이다. 　　　　　 답 ①

09

자연수 n을 2로 나누었을 때의 나머지가 a_n이므로

$a_1=1$, $a_2=0$, $a_3=1$, $a_4=0$, $\cdots$

$$\therefore \sum_{n=1}^{\infty}\frac{a_n}{4^n}=\frac{1}{4}+\frac{1}{4^3}+\frac{1}{4^5}+\cdots$$
$$=\frac{\frac{1}{4}}{1-\frac{1}{16}}$$
$$=\frac{4}{15} \qquad\qquad \text{답 } ②$$

10

두 등비수열 $\{a_n\}$, $\{b_n\}$의 공비를 각각 r_1, r_2라 하면

$\sum\limits_{n=1}^{\infty}a_n=\dfrac{1}{1-r_1}=2$에서 $r_1=\dfrac{1}{2}$

$\sum\limits_{n=1}^{\infty}b_n=\dfrac{1}{1-r_2}=3$에서 $r_2=\dfrac{2}{3}$

$$\therefore 15\sum_{n=1}^{\infty}(a_n+b_n)^2$$
$$=15\left(\sum_{n=1}^{\infty}a_n^2+\sum_{n=1}^{\infty}2a_n b_n+\sum_{n=1}^{\infty}b_n^2\right)$$
$$=15\left\{\frac{1^2}{1-\left(\frac{1}{2}\right)^2}+2\times\frac{1\times 1}{1-\frac{1}{2}\times\frac{2}{3}}+\frac{1^2}{1-\left(\frac{2}{3}\right)^2}\right\}$$
$$=15\left(\frac{4}{3}+3+\frac{9}{5}\right)$$
$$=92 \qquad\qquad \text{답 } 92$$

11

주어진 급수는 첫째항이 x, 공비가 $\dfrac{x-2}{2}$인 등비급수이다.

이 급수가 수렴하려면 $x=0$ 또는 $-1<\dfrac{x-2}{2}<1$이어야 한다.

$-1<\dfrac{x-2}{2}<1$에서 $0<x<4$

$\therefore 0\le x<4$

따라서 주어진 조건을 만족하는 정수 x는 0, 1, 2, 3의 4개이다.

답 ④

12

등비급수 $\displaystyle\sum_{n=1}^{\infty}\left(\dfrac{1}{1+x^2}\right)^n$이 수렴하려면 $-1<\dfrac{1}{1+x^2}<1$이어야 한다.

따라서 x의 값은 $x\ne0$인 모든 실수이다. ...... ㉠

등비수열 $\left\{(x+4)\left(\dfrac{x+1}{3}\right)^{n-1}\right\}$이 수렴하려면 $x+4=0$ 또는 $-1<\dfrac{x+1}{3}\le1$이어야 한다.

(i) $x+4=0$에서 $x=-4$

(ii) $-1<\dfrac{x+1}{3}\le1$에서 $-4<x\le2$

(i), (ii)에서 $-4\le x\le2$ ...... ㉡

㉠, ㉡에 의하여 등비급수와 등비수열이 모두 수렴하기 위한 x의 값의 범위는 $-4\le x\le2$, $x\ne0$이다.

따라서 구하는 정수 x는 -4, -3, -2, -1, 1, 2의 6개이다.

답 ③

13

수열 $\{a_n\}$의 첫째항을 a, 공비를 r라 하면 $a_n=ar^{n-1}$

ㄱ. (거짓) [반례] $r=1$일 때, 수열 $\{a_n\}$은 수렴하지만 $\displaystyle\sum_{n=1}^{\infty}a_n$은 발산한다.

ㄴ. (참) $\displaystyle\sum_{n=1}^{\infty}a_n$이 발산하면 $|r|\ge1$이다.

이때, $a_{2n}=ar^{2n-1}$의 공비는 r^2이므로 $r^2\ge1$이다.

즉, $\displaystyle\sum_{n=1}^{\infty}a_{2n}$은 발산한다.

ㄷ. (참) $\displaystyle\sum_{n=1}^{\infty}a_n$이 수렴하면 $|r|<1$이다.

이때, $a_na_{n+1}=ar^{n-1}\times ar^n=a^2r^{2n-1}$의 공비는 r^2이므로 $0<r^2<1$이다.

즉, $\displaystyle\sum_{n=1}^{\infty}a_na_{n+1}$은 수렴한다.

따라서 옳은 것은 ㄴ, ㄷ이다.

답 ④

14

$x\ne0$일 때, $0<\dfrac{1}{x^4+1}<1$이므로

$$f(x)=\sum_{k=1}^{\infty}\dfrac{x^m}{(x^4+1)^{k-1}}=\dfrac{x^m}{1-\dfrac{1}{x^4+1}}=x^{m-4}(x^4+1)$$

함수 $f(x)$가 모든 실수 x에서 연속이 되려면 $x=0$에서도 연속이어야 한다. 즉, $\displaystyle\lim_{x\to0}f(x)=f(0)=0$

$\displaystyle\lim_{x\to0}x^{m-4}(x^4+1)=0$

따라서 $m>4$이어야 하므로 구하는 자연수 m의 최솟값은 5이다.

답 5

15

$\overline{OA_0}=1$이므로

$\overline{A_0A_1}=\overline{OA_0}\sin30°=\dfrac{1}{2}$

$\overline{A_1A_2}=\overline{OA_1}\sin30°=(\overline{OA_0}\cos30°)\sin30°=\dfrac{\sqrt3}{2}\times\dfrac{1}{2}=\dfrac{\sqrt3}{4}$

$\overline{A_2A_3}=\overline{OA_2}\sin30°=(\overline{OA_1}\cos30°)\sin30°=\left(\dfrac{\sqrt3}{2}\right)^2\times\dfrac{1}{2}=\dfrac{3}{8}$

$\vdots$

$\overline{A_{n-1}A_n}=\dfrac{1}{2}\times\left(\dfrac{\sqrt3}{2}\right)^{n-1}$

$\therefore \overline{A_0A_1}+\overline{A_1A_2}+\overline{A_2A_3}+\cdots$

$=\dfrac{\dfrac{1}{2}}{1-\dfrac{\sqrt3}{2}}$

$=\dfrac{1}{2-\sqrt3}$

$=2+\sqrt3$

답 ②

16

오른쪽 그림과 같이 A_1에서 대각선의 교점을 O, 삼각형의 무게중심을 G_1, G_2라 하면 5개의 점 P, G_1, O, G_2, Q는 일직선 위에 있고, $\overline{PQ}=6$이다.

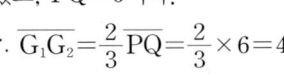

$\therefore \overline{G_1G_2}=\dfrac{2}{3}\overline{PQ}=\dfrac{2}{3}\times6=4$

정사각형 A_1의 한 변의 길이는 6,

정사각형 A_2의 한 변의 길이는 $2\sqrt2$이므로

정사각형 A_1과 A_2의 닮음비는 $6:2\sqrt2$, 즉 $1:\dfrac{\sqrt2}{3}$이다.

수열 $\{l_n\}$은 첫째항이 $4\times6=24$이고 공비가 $\dfrac{\sqrt2}{3}$인 등비수열이므로

$\displaystyle\sum_{n=1}^{\infty}7l_n=7\times\dfrac{24}{1-\dfrac{\sqrt2}{3}}=7\times\dfrac{72}{3-\sqrt2}$

$=72(3+\sqrt2)=216+72\sqrt2$

따라서 $a=216$, $b=72$이므로

$a+b=288$

답 288

17

오른쪽 그림에서 삼각형 T_1의 넓이는

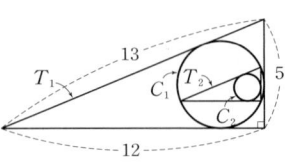

$\dfrac{1}{2}\times12\times5=30$

원 C_1이 삼각형 T_1에 내접하므로

원 C_1의 반지름의 길이를 r_1이라 하면

$\frac{1}{2} \times r_1 \times (5+12+13) = 30$

$15r_1 = 30 \qquad \therefore r_1 = 2$

$\therefore S_1 = \pi \times 2^2 = 4\pi$

이때, 삼각형 T_2의 빗변의 길이는 $2r_1 = 2 \times 2 = 4$이고, 삼각형 T_1

과 T_2의 닮음비는 $13 : 4$, 즉 $1 : \frac{4}{13}$이므로 넓이의 비는

$1^2 : \left(\frac{4}{13}\right)^2 = 1 : \frac{16}{169}$이다.

따라서 수열 $\{S_n\}$은 첫째항이 4π이고 공비가 $\frac{16}{169}$인 등비수열이

므로

$\sum_{n=1}^{\infty} S_n = \frac{4\pi}{1 - \frac{16}{169}} = \frac{676}{153}\pi$

따라서 $p = 153$, $q = 676$이므로

$p + q = 829$

🔑 829

18

$a_n = (n+1)(n+2)$이므로

$\begin{aligned}
\sum_{n=1}^{\infty} \frac{1}{a_n} &= \sum_{n=1}^{\infty} \frac{1}{(n+1)(n+2)} \\
&= \lim_{n \to \infty} \sum_{k=1}^{n} \frac{1}{(k+1)(k+2)} \\
&= \lim_{n \to \infty} \sum_{k=1}^{n} \left(\frac{1}{k+1} - \frac{1}{k+2}\right) \\
&= \lim_{n \to \infty} \left\{ \left(\frac{1}{2} - \frac{1}{3}\right) + \left(\frac{1}{3} - \frac{1}{4}\right) + \cdots + \left(\frac{1}{n+1} - \frac{1}{n+2}\right) \right\} \\
&= \lim_{n \to \infty} \left(\frac{1}{2} - \frac{1}{n+2}\right) \\
&= \frac{1}{2}
\end{aligned}$

🔑 ①

19

급수 $\sum_{n=1}^{\infty} \left(na_n - \frac{n^2+1}{2n+1}\right)$이 수렴하므로

$\lim_{n \to \infty} \left(na_n - \frac{n^2+1}{2n+1}\right) = 0$

$b_n = na_n - \frac{n^2+1}{2n+1}$이라 하면 $a_n = \frac{b_n}{n} + \frac{n^2+1}{2n^2+n}$이고

$\lim_{n \to \infty} b_n = 0$이다.

$\begin{aligned}
\lim_{n \to \infty} a_n &= \lim_{n \to \infty} \left(\frac{b_n}{n} + \frac{n^2+1}{2n^2+n}\right) \\
&= \lim_{n \to \infty} \frac{n^2+1}{2n^2+n} \\
&= \lim_{n \to \infty} \frac{1 + \frac{1}{n^2}}{2 + \frac{1}{n}} \\
&= \frac{1}{2}
\end{aligned}$

$\therefore \lim_{n \to \infty} (a_n^2 + 2a_n + 2) = \left(\frac{1}{2}\right)^2 + 2 \times \frac{1}{2} + 2 = \frac{13}{4}$

🔑 ①

20

그림 R_1에서 $\overline{C_1D_1} = \overline{B_2C_1} = \frac{\sqrt{3}}{2}$,

$\angle A_2C_1B_2 = 30°$이므로

직각삼각형 $A_2B_2C_1$에서

$\overline{A_2B_2} = \frac{\sqrt{3}}{4}$

조건에서 $\overline{B_2C_2} = \overline{C_1C_2}$이므로

$\overline{A_2B_2} = \overline{B_2C_2} = \overline{C_1C_2} = \frac{\sqrt{3}}{4}$

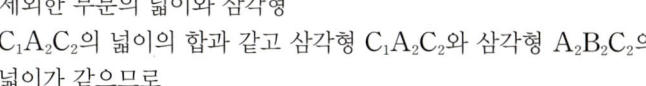

그림 R_1의 색칠된 부분의 넓이는 삼

각형 $B_1C_1D_1$에서 부채꼴 $B_2C_1D_1$을

제외한 부분의 넓이와 삼각형

$C_1A_2C_2$의 넓이의 합과 같고 삼각형 $C_1A_2C_2$와 삼각형 $A_2B_2C_2$의

넓이가 같으므로

$\begin{aligned}
S_1 &= \frac{1}{2} \times \frac{\sqrt{3}}{4} \times 1^2 - \pi\left(\frac{\sqrt{3}}{2}\right)^2 \times \frac{1}{12} + \frac{\sqrt{3}}{4} \times \left(\frac{\sqrt{3}}{4}\right)^2 \\
&= \frac{\sqrt{3}}{8} - \frac{\pi}{16} + \frac{3\sqrt{3}}{64} \\
&= \frac{11\sqrt{3} - 4\pi}{64}
\end{aligned}$

한편, 그림 R_1에서 색칠된 도형과 그림 R_2에서 새로 색칠된 도형

의 닮음비는 $\overline{A_1B_1} : \overline{A_2B_2}$, 즉 $1 : \frac{\sqrt{3}}{4}$이므로

넓이의 비는 $1 : \frac{3}{16}$이다.

$\begin{aligned}
\therefore \lim_{n \to \infty} S_n &= \frac{\frac{11\sqrt{3} - 4\pi}{64}}{1 - \frac{3}{16}} \\
&= \frac{11\sqrt{3} - 4\pi}{64 - 12} \\
&= \frac{11\sqrt{3} - 4\pi}{52}
\end{aligned}$

🔑 ②

01 | 지수함수와 로그함수의 미분

유형 01

$$\lim_{x \to 0} \frac{\ln (1+2x)(1+3x)(1+5x)}{e^{2x}-1}$$

$$=\lim_{x \to 0} \frac{\dfrac{\ln (1+2x)+\ln (1+3x)+\ln (1+5x)}{x}}{\dfrac{e^{2x}-1}{x}}$$

$$=\lim_{x \to 0} \frac{\dfrac{\ln (1+2x)}{2x}\times 2+\dfrac{\ln (1+3x)}{3x}\times 3+\dfrac{\ln (1+5x)}{5x}\times 5}{\dfrac{e^{2x}-1}{2x}\times 2}$$

$$=\frac{1\times 2+1\times 3+1\times 5}{1\times 2}$$

$$=5 \qquad\qquad\qquad\qquad \boxed{답}\ ③$$

01-1

$1-2x=t$로 놓으면 $2x=1-t$이고 $x \to \dfrac{1}{2}$일 때 $t \to 0$이므로

$$\lim_{x \to \frac{1}{2}} (2x)^{\frac{1}{1-2x}}=\lim_{t \to 0}(1-t)^{\frac{1}{t}}$$

$$=\lim_{t \to 0}\{(1-t)^{-\frac{1}{t}}\}^{-1}$$

$$=e^{-1}=\frac{1}{e} \qquad\qquad \boxed{답}\ ①$$

01-2

$g(x)=f(x)\ln (1+2x)$로 놓으면

$\lim\limits_{x \to 0} g(x)=6$이고 $f(x)=\dfrac{g(x)}{\ln (1+2x)}$이므로

$$\lim_{x \to 0} f(x)(e^{3x}-1)=\lim_{x \to 0}\left\{ g(x)\times \frac{e^{3x}-1}{\ln (1+2x)}\right\}$$

$$=\lim_{x \to 0}\left\{ g(x)\times \frac{\dfrac{e^{3x}-1}{3x}\times 3}{\dfrac{\ln (1+2x)}{2x}\times 2}\right\}$$

$$=6\times \frac{1\times 3}{1\times 2}=9 \qquad \boxed{답}\ ③$$

유형 02

$x \to 0$일 때 극한값이 존재하고 (분모)$\to 0$이므로 (분자)$\to 0$이어야 한다.

즉, $\lim\limits_{x \to 0}(e^{ax}+b)=0$에서

$e^{0}+b=0 \qquad \therefore b=-1$

$b=-1$을 주어진 식에 대입하면

$$\lim_{x \to 0}\frac{e^{ax}-1}{\ln (1+x)}=\lim_{x \to 0}\left\{\frac{e^{ax}-1}{ax}\times \frac{x}{\ln (1+x)}\times a\right\}$$

$$=1\times 1\times a=4$$

$\therefore a=4$

$\therefore a+b=4+(-1)=3 \qquad\qquad \boxed{답}\ 3$

02-1

$$\lim_{x \to 0}\frac{a^{x}-(2a+3)^{x}}{x}=\lim_{x \to 0}\frac{(a^{x}-1)-\{(2a+3)^{x}-1\}}{x}$$

$$=\lim_{x \to 0}\frac{a^{x}-1}{x}-\lim_{x \to 0}\frac{(2a+3)^{x}-1}{x}$$

$$=\ln a-\ln (2a+3)$$

$$=\ln \frac{a}{2a+3}$$

$$=\ln \frac{1}{3}$$

따라서 $\dfrac{a}{2a+3}=\dfrac{1}{3}$이므로

$3a=2a+3 \qquad \therefore a=3 \qquad\qquad \boxed{답}\ ④$

유형 03

함수 $f(x)$가 구간 $(-1, \infty)$에서 연속이려면 $x=0$에서 연속이면 되므로

$$\lim_{x \to 0} f(x)=f(0)$$

$$\therefore \lim_{x \to 0}\frac{\ln (1+x)}{e^{x}-1}=k$$

이때, $\lim\limits_{x \to 0}\dfrac{\ln (1+x)}{e^{x}-1}=\lim\limits_{x \to 0}\left\{\dfrac{\ln (1+x)}{x}\times \dfrac{x}{e^{x}-1}\right\}=1$이므로

$k=1 \qquad\qquad\qquad\qquad \boxed{답}\ ②$

03-1

함수 $f(x)$가 구간 $(-\infty, \infty)$에서 연속이려면 $x=0$에서 연속이면 되므로

$$\lim_{x \to 0} f(x)=f(0)$$

$$\therefore \lim_{x \to 0}\frac{a\times 4^{x}+b}{x}=5\ln 2 \qquad\qquad \cdots\cdots ㉠$$

이때, ㉠에서 $x \to 0$일 때 극한값이 존재하고 (분모)$\to 0$이므로 (분자)$\to 0$이어야 한다.

즉, $\lim\limits_{x \to 0}(a\times 4^{x}+b)=0$에서 $a+b=0$

$\therefore b=-a \qquad\qquad\qquad\qquad \cdots\cdots ㉡$

㉡을 ㉠에 대입하면

$$\lim_{x \to 0}\frac{a\times 4^{x}-a}{x}=\lim_{x \to 0}\frac{a(4^{x}-1)}{x}$$

$$=a\times \lim_{x \to 0}\frac{4^{x}-1}{x}=a\ln 4$$

$$=2a\ln 2$$

즉, $2a\ln 2=5\ln 2$, $2a=5$

$\therefore a=\dfrac{5}{2}$

$a=\dfrac{5}{2}$를 ㉡에 대입하면 $b=-\dfrac{5}{2}$

$\therefore a^{2}+b^{2}=\left(\dfrac{5}{2}\right)^{2}+\left(-\dfrac{5}{2}\right)^{2}=\dfrac{50}{4}=\dfrac{25}{2} \qquad \boxed{답}\ ④$

03-2

$x \neq 1$일 때, $e^{1-x}-1 \neq 0$이므로

$f(x) = \dfrac{x^2+2x-3}{2(e^{1-x}-1)} \ (x \neq 1)$

$\therefore \lim\limits_{x \to 1} f(x) = \lim\limits_{x \to 1} \dfrac{x^2+2x-3}{2(e^{1-x}-1)} = \lim\limits_{x \to 1} \dfrac{(x-1)(x+3)}{2(e^{1-x}-1)}$

$1-x=t$로 놓으면 $x \to 1$일 때 $t \to 0$이므로

$\lim\limits_{x \to 1} \dfrac{(x-1)(x+3)}{2(e^{1-x}-1)} = \lim\limits_{t \to 0} \dfrac{t(t-4)}{2(e^t-1)}$

$\qquad = \lim\limits_{t \to 0} \dfrac{t-4}{2} \times \lim\limits_{t \to 0} \dfrac{t}{e^t-1}$

$\qquad = -2 \times 1 = -2$

이때, 함수 $f(x)$가 모든 실수 x에서 연속이므로 $x=1$에서도 연속이다.

$\therefore f(1) = \lim\limits_{x \to 1} f(x) = -2$ 🖩 ③

유형 04

점 P의 좌표를 (t, a^t-1)이라 하면 점 Q의 좌표는 $(t, 0)$이므로

$S(t) = \dfrac{1}{2}t(a^t-1)$

$\therefore \lim\limits_{t \to 0+} \dfrac{S(t)}{t^2} = \lim\limits_{t \to 0+} \dfrac{t(a^t-1)}{2t^2}$

$\qquad = \lim\limits_{t \to 0+} \dfrac{a^t-1}{2t}$

$\qquad = \dfrac{1}{2} \lim\limits_{t \to 0+} \dfrac{a^t-1}{t} = \dfrac{1}{2} \ln a$

따라서 $\dfrac{1}{2} \ln a = \ln 3$에서 $\ln a = 2 \ln 3 = \ln 9$

$\therefore a = 9$ 🖩 9

04-1

점 P$(t, \ln(1+2t))$와 원점 O를 이은 직선 OP의 기울기 $f(t)$는

$f(t) = \dfrac{\ln(1+2t)-0}{t-0} = \dfrac{\ln(1+2t)}{t}$

$\therefore \lim\limits_{t \to 0} f(t) = \lim\limits_{t \to 0} \dfrac{\ln(1+2t)}{t}$

$\qquad = \lim\limits_{t \to 0} \left\{ \dfrac{\ln(1+2t)}{2t} \times 2 \right\}$

$\qquad = 1 \times 2 = 2$ 🖩 2

유형 05

$\lim\limits_{h \to 0} \dfrac{f(1+2h)-f(1-3h)}{h}$

$= \lim\limits_{h \to 0} \dfrac{\{f(1+2h)-f(1)\}-\{f(1-3h)-f(1)\}}{h}$

$= \lim\limits_{h \to 0} \left\{ \dfrac{f(1+2h)-f(1)}{2h} \times 2 \right\} + \lim\limits_{h \to 0} \left\{ \dfrac{f(1-3h)-f(1)}{-3h} \times 3 \right\}$

$= 2f'(1) + 3f'(1) = 5f'(1)$

이때, $f(x) = e^x + x$에서 $f'(x) = e^x + 1$이므로

$f'(1) = e+1$

$\therefore 5f'(1) = 5(e+1)$ 🖩 ⑤

05-1

$f'(x) = (x^2+2)' \log_3 x + (x^2+2)(\log_3 x)'$

$\qquad = 2x \log_3 x + (x^2+2) \dfrac{1}{x \ln 3}$

$\therefore f'(3) = 6 \log_3 3 + \dfrac{11}{3 \ln 3}$

$\qquad = 6 + \dfrac{11}{3 \ln 3}$ 🖩 $6 + \dfrac{11}{3 \ln 3}$

05-2

$\lim\limits_{x \to 0} \dfrac{f(x)-f(0)}{x} = \lim\limits_{x \to 0} \dfrac{f(x)-f(0)}{x-0}$

$\qquad = f'(0) = 5$

이때, $f(x) = (2x+a)e^x$에서

$f'(x) = (2x+a)'e^x + (2x+a)(e^x)'$

$\qquad = 2e^x + (2x+a)e^x$

$\qquad = (2x+a+2)e^x$

따라서 $f'(0) = a+2$이므로 $a+2=5$

$\therefore a = 3$ 🖩 ⑤

유형 06

함수 $f(x)$가 $x=-1$에서 미분가능하려면 $x=-1$에서 연속이어야 하므로

$\lim\limits_{x \to -1+} (2x^2+a) = \lim\limits_{x \to -1-} (be^{x+1}+3) = f(-1)$

$2+a = b+3$

$\therefore a = 1+b$ ...... ㉠

또한 $f'(-1)$이 존재해야 하므로

$\lim\limits_{x \to -1+} \dfrac{f(x)-f(-1)}{x-(-1)} = \lim\limits_{x \to -1+} \dfrac{(2x^2+a)-(2+a)}{x+1}$

$\qquad = \lim\limits_{x \to -1+} \dfrac{2(x^2-1)}{x+1} = \lim\limits_{x \to -1+} 2(x-1)$

$\qquad = -4$

$\lim\limits_{x \to -1-} \dfrac{f(x)-f(-1)}{x-(-1)}$

$= \lim\limits_{x \to -1-} \dfrac{(be^{x+1}+3)-(2+a)}{x+1}$

$= \lim\limits_{x \to -1-} \dfrac{(be^{x+1}+3)-(2+1+b)}{x+1} \ (\because ㉠)$

$= \lim\limits_{x \to -1-} \dfrac{b(e^{x+1}-1)}{x+1} = b$

$\therefore b = -4$

$b=-4$를 ㉠에 대입하면 $a=-3$

$\therefore a+b = -3+(-4) = -7$ 🖩 ②

06-1

함수 $f(x)$가 $x=1$에서 미분가능하려면 $x=1$에서 연속이어야 하므로

$\lim\limits_{x \to 1+} (\ln x + 3x) = \lim\limits_{x \to 1-} (ax+b) = f(1)$

$3 = a+b$

$\therefore b = 3-a$ ...... ㉠

또한 $f'(1)$이 존재해야 하므로

$$\lim_{x\to 1+}\frac{f(x)-f(1)}{x-1}=\lim_{x\to 1+}\frac{(\ln x+3x)-3}{x-1}$$
$$=\lim_{x\to 1+}\left(\frac{\ln x}{x-1}+3\right) \qquad\cdots\cdots\ \text{ⓛ}$$

$x-1=t$로 놓으면 $x\to 1+$일 때 $t\to 0+$이므로 ⓛ에서

$$\lim_{t\to 0+}\frac{\ln(t+1)}{t}+3$$
$$=1+3=4$$
$$\lim_{x\to 1-}\frac{f(x)-f(1)}{x-1}=\lim_{x\to 1-}\frac{(ax+b)-3}{x-1}$$
$$=\lim_{x\to 1-}\frac{ax+(3-a)-3}{x-1}\ (\because \text{ⓗ})$$
$$=\lim_{x\to 1-}\frac{a(x-1)}{x-1}=a$$

$\therefore a=4$

$a=4$를 ⓗ에 대입하면 $b=-1$

$\therefore ab=-4$ 답 ①

01

$$\lim_{x\to\infty}x\{\ln(3x+4)-\ln 3x\}=\lim_{x\to\infty}\left(x\ln\frac{3x+4}{3x}\right)$$
$$=\lim_{x\to\infty}x\left\{\ln\left(1+\frac{4}{3x}\right)\right\}$$

$\dfrac{1}{x}=t$로 놓으면 $x\to\infty$일 때 $t\to 0$이므로

$$\lim_{x\to\infty}\left\{x\ln\left(1+\frac{4}{3x}\right)\right\}=\lim_{t\to 0}\frac{\ln\left(1+\frac{4}{3}t\right)}{t}$$
$$=\lim_{t\to 0}\left\{\frac{\ln\left(1+\frac{4}{3}t\right)}{\frac{4}{3}t}\times\frac{4}{3}\right\}$$
$$=1\times\frac{4}{3}=\frac{4}{3}$$ 답 ③

02

$$\lim_{h\to 0}\frac{e^{(h-1)^2}-e^{h^2+1}}{h}=\lim_{h\to 0}\frac{e^{h^2-2h+1}-e^{h^2+1}}{h}$$
$$=\lim_{h\to 0}\frac{e^{h^2+1}(e^{-2h}-1)}{h}$$
$$=\lim_{h\to 0}\frac{-2e^{h^2+1}(e^{-2h}-1)}{-2h}$$
$$=\lim_{h\to 0}(-2e^{h^2+1})\times\lim_{h\to 0}\frac{e^{-2h}-1}{-2h}$$
$$=-2e\times 1=-2e$$ 답 ①

03

$$\lim_{x\to 0}\frac{f(x)}{\ln(1-2x)}$$
$$=\lim_{x\to 0}\left\{\frac{f(x)}{\ln(1+x)}\times\frac{\ln(1+x)}{\ln(1-2x)}\right\}$$
$$=\lim_{x\to 0}\frac{f(x)}{\ln(1+x)}\times\lim_{x\to 0}\frac{\ln(1+x)}{x}\times\lim_{x\to 0}\frac{-2x}{\ln(1-2x)}\times\left(-\frac{1}{2}\right)$$
$$=3\times 1\times 1\times\left(-\frac{1}{2}\right)=-\frac{3}{2}$$ 답 ②

04

$\displaystyle\lim_{x\to -1}\frac{\ln(x+a)}{\sqrt{x+2}-1}=b$에서 $x\to -1$일 때 (분모)$\to 0$이고 극한값이

존재하므로 (분자)$\to 0$이어야 한다.

즉, $\displaystyle\lim_{x\to -1}\ln(x+a)=0$이므로 $\ln(-1+a)=0$

$-1+a=1$ $\therefore a=2$

$a=2$를 주어진 식에 대입하면

$$b=\lim_{x\to -1}\frac{\ln(x+2)}{\sqrt{x+2}-1}$$
$$=\lim_{x\to -1}\frac{\ln(x+2)(\sqrt{x+2}+1)}{(\sqrt{x+2}-1)(\sqrt{x+2}+1)}$$
$$=\lim_{x\to -1}\frac{(\sqrt{x+2}+1)\ln(x+2)}{x+1}$$
$$=\lim_{x\to -1}(\sqrt{x+2}+1)\times\lim_{x\to -1}\frac{\ln(x+2)}{x+1}$$
$$=2\lim_{x\to -1}\frac{\ln(x+2)}{x+1} \qquad\cdots\cdots\ \text{ⓗ}$$

$x+1=t$로 놓으면 $x\to -1$일 때 $t\to 0$이므로 ⓗ에서

$$2\lim_{t\to 0}\frac{\ln(t+1)}{t}=2\times 1=2 \qquad \therefore b=2$$

$\therefore a+b=2+2=4$ 답 ④

05

$$\lim_{x\to\infty}\left(\frac{x+a}{x-a}\right)^x=\lim_{x\to\infty}\frac{\left(1+\frac{a}{x}\right)^x}{\left(1-\frac{a}{x}\right)^x}$$
$$=\lim_{x\to\infty}\frac{\left(1+\frac{a}{x}\right)^{\frac{x}{a}\times a}}{\left(1-\frac{a}{x}\right)^{-\frac{x}{a}\times(-a)}}$$
$$=\frac{e^a}{e^{-a}}=e^{2a}$$

따라서 $e^{2a}=e$이므로 $2a=1$ $\therefore a=\dfrac{1}{2}$

$$\therefore \lim_{x\to\infty}\left(\frac{x+a^2}{x-a^2}\right)^x=\lim_{x\to\infty}\frac{\left(1+\frac{a^2}{x}\right)^{\frac{x}{a^2}\times a^2}}{\left(1-\frac{a^2}{x}\right)^{-\frac{x}{a^2}\times(-a^2)}}$$
$$=\frac{e^{a^2}}{e^{-a^2}}=e^{2a^2}=e^{\frac{1}{2}}=\sqrt{e}$$ 답 ②

06

$x \neq 0$일 때, $\ln(1+x^2) \neq 0$이므로

$$f(x) = \frac{12x^2}{\ln(1+x^2)} \ (x \neq 0)$$

이때, 함수 $f(x)$가 모든 실수 x에서 연속이므로 $x=0$에서도 연속이다.

$$\therefore f(0) = \lim_{x \to 0} f(x) = \lim_{x \to 0} \frac{12x^2}{\ln(1+x^2)}$$

$x^2 = t$로 놓으면 $x \to 0$일 때 $t \to 0$이므로

$$\lim_{x \to 0} \frac{12x^2}{\ln(1+x^2)} = \lim_{t \to 0} \frac{12t}{\ln(1+t)}$$

$$= \lim_{t \to 0} \left\{ \frac{12t}{t} \times \frac{t}{\ln(1+t)} \right\}$$

$$= 12 \times 1 = 12$$

$$\therefore f(0) = \lim_{x \to 0} f(x) = 12 \qquad \text{달 ②}$$

07

함수 $f(x)$가 $x=0$에서 연속이 되려면

$\lim_{x \to 0} f(x) = f(0)$이어야 한다.

$$\therefore \lim_{x \to 0} \frac{e^x + e^{-x} - a}{x^2} = b \qquad \cdots\cdots ㉠$$

$x \to 0$일 때, (분모) $\to 0$이고 극한값이 존재하므로 (분자) $\to 0$이어야 한다.

즉, $\lim_{x \to 0}(e^x + e^{-x} - a) = 0$이므로

$2 - a = 0 \qquad \therefore a = 2$

$a=2$를 ㉠에 대입하면

$$\lim_{x \to 0} \frac{e^x + e^{-x} - 2}{x^2} = \lim_{x \to 0} \frac{e^{2x} + 1 - 2e^x}{x^2 e^x}$$

$$= \lim_{x \to 0} \frac{1}{e^x} \left(\frac{e^x - 1}{x} \right)^2$$

$$= \lim_{x \to 0} \frac{1}{e^x} \times \lim_{x \to 0} \left(\frac{e^x - 1}{x} \right)^2$$

$$= 1 \times 1^2 = 1$$

$\therefore b = 1$

$\therefore 10a + b = 10 \times 2 + 1 = 21 \qquad \text{달 } 21$

08

$\log_5(4 + |x|) = t$로 놓으면

$$f(x) = \lim_{n \to \infty} \frac{6 + t^n}{2 + t^n}$$

(ⅰ) $|x| < 1$일 때, $\log_5 4 \le t < 1$이므로 $\lim_{n \to \infty} t^n = 0$

$$f(x) = \frac{6 + 0}{2 + 0} = 3$$

(ⅱ) $|x| = 1$일 때, $t = 1$이므로

$$f(x) = \frac{6 + 1}{2 + 1} = \frac{7}{3}$$

(ⅲ) $|x| > 1$일 때, $t > 1$이므로 $\lim_{n \to \infty} t^n = \infty$

$$f(x) = \lim_{n \to \infty} \frac{\frac{6}{t^n} + 1}{\frac{2}{t^n} + 1} = 1$$

(ⅰ)~(ⅲ)에서 함수 $f(x)$는 $|x| = 1$일 때 불연속이므로

$a = -1$ 또는 $a = 1$

따라서 모든 실수 a의 값의 곱은 $-1 \times 1 = -1$ $\qquad \text{달 ③}$

09

점 P의 좌표를 (t, e^{2t})이라 하면

$$\overline{AP} = \sqrt{t^2 + (e^{2t} - 1)^2}, \quad \overline{PR} = e^{2t} - 1$$

이때, 점 P가 점 A에 한없이 가까워지면 t의 값이 0에 한없이 가까워지므로

$$\lim_{P \to A} \frac{\overline{AP}}{\overline{PR}} = \lim_{t \to 0+} \frac{\sqrt{t^2 + (e^{2t} - 1)^2}}{e^{2t} - 1}$$

$$= \lim_{t \to 0+} \frac{\sqrt{1 + \left(\frac{e^{2t} - 1}{t} \right)^2}}{\frac{e^{2t} - 1}{t}}$$

$$= \lim_{t \to 0+} \frac{\sqrt{1 + \left(\frac{e^{2t} - 1}{2t} \times 2 \right)^2}}{\frac{e^{2t} - 1}{2t} \times 2}$$

$$= \frac{\sqrt{1 + 2^2}}{1 \times 2} = \frac{\sqrt{5}}{2} \qquad \text{달 ④}$$

10

$$f'(x) = (x+a)' \ln x + (x+a)(\ln x)'$$

$$= \ln x + (x+a) \times \frac{1}{x}$$

$$\therefore f'(1) = \ln 1 + (1+a) \times 1 = 1 + a$$

따라서 $1 + a = 4$이므로

$a = 3 \qquad \text{달 } 3$

11

$$\lim_{x \to 1} \frac{f(x) - f(1)}{x^2 - 1} = \lim_{x \to 1} \left\{ \frac{f(x) - f(1)}{x - 1} \times \frac{1}{x + 1} \right\}$$

$$= \frac{1}{2} f'(1)$$

$$f'(x) = (2^x)'(3x+1) + 2^x(3x+1)'$$

$$= (2^x \ln 2)(3x+1) + 3 \times 2^x$$

$$\therefore f'(1) = (2 \ln 2) \times 4 + 6 = 8 \ln 2 + 6$$

$$\therefore \frac{1}{2} f'(1) = \frac{1}{2}(8 \ln 2 + 6) = 4 \ln 2 + 3 \qquad \text{달 ③}$$

12

$f(x)$가 $x=1$에서 미분가능하려면 $x=1$에서 연속이어야 하므로

$$\lim_{x \to 1+} (3^x + 1) = \lim_{x \to 1-} (ax + b) = f(1)$$

$4 = a + b \qquad \therefore b = 4 - a \qquad \cdots\cdots ㉠$

또한 $f'(1)$이 존재해야 하므로

$$\lim_{x \to 1+} \frac{f(x) - f(1)}{x - 1} = \lim_{x \to 1+} \frac{(3^x + 1) - 4}{x - 1} = \lim_{x \to 1+} \frac{3^x - 3}{x - 1}$$

$x - 1 = t$로 놓으면 $x = t + 1$이고, $x \to 1+$일 때 $t \to 0+$이므로

$$\lim_{x \to 1+} \frac{3^x - 3}{x - 1} = \lim_{t \to 0+} \frac{3^{t+1} - 3}{t} = 3 \lim_{t \to 0+} \frac{3^t - 1}{t} = 3 \ln 3$$

$$\lim_{x \to 1-} \frac{f(x)-f(1)}{x-1} = \lim_{x \to 1-} \frac{(ax+b)-4}{x-1}$$
$$= \lim_{x \to 1-} \frac{ax+(4-a)-4}{x-1} \ (\because \ ㉠)$$
$$= \lim_{x \to 1-} \frac{a(x-1)}{x-1}$$
$$= a$$

$\therefore a = 3 \ln 3$

$a = 3 \ln 3$을 ㉠에 대입하면 $b = -3 \ln 3 + 4$

$\therefore a - b = 3 \ln 3 - (-3 \ln 3 + 4) = 6 \ln 3 - 4$ 冒 ④

13

$f(x+y) = f(x) + f(y) - e^x - e^y + e^{x+y}$에 $x=0$, $y=0$을 대입하면 $f(0) = f(0) + f(0) - 1 - 1 + 1$

$\therefore f(0) = 1$

이때, $f'(0) = 7$이므로

$$\lim_{h \to 0} \frac{f(0+h)-f(0)}{h} = \lim_{h \to 0} \frac{f(h)-1}{h} = 7$$

$$f'(x) = \lim_{h \to 0} \frac{f(x+h)-f(x)}{h}$$
$$= \lim_{h \to 0} \frac{f(x)+f(h)-e^x-e^h+e^{x+h}-f(x)}{h}$$
$$= \lim_{h \to 0} \frac{f(h)-e^x-e^h+e^{x+h}}{h}$$
$$= \lim_{h \to 0} \frac{f(h)-1-e^x-e^h+e^{x+h}+1}{h}$$
$$= \lim_{h \to 0} \frac{f(h)-1}{h} + \lim_{h \to 0} \frac{e^x(e^h-1)-(e^h-1)}{h}$$
$$= \lim_{h \to 0} \frac{f(h)-1}{h} + \lim_{h \to 0} \left\{ (e^x-1) \times \frac{e^h-1}{h} \right\}$$
$$= 7 + e^x - 1 \left(\because \lim_{h \to 0} \frac{e^h-1}{h} = 1 \right)$$
$$= 6 + e^x$$

$\therefore f'(\ln 2) = 6 + e^{\ln 2} = 6 + 2 = 8$ 冒 8

14

(i) $x > 0$일 때

$$\frac{\ln(1+x)}{x} \le \frac{f(x)}{x} \le \frac{e^{2x}-1}{2x}$$

$\displaystyle \lim_{x \to 0+} \frac{\ln(1+x)}{x} = 1$이고 $\displaystyle \lim_{x \to 0+} \frac{e^{2x}-1}{2x} = 1$이므로

$$\lim_{x \to 0+} \frac{f(x)}{x} = 1$$

(ii) $-1 < x < 0$일 때

$$\frac{e^{2x}-1}{2x} \le \frac{f(x)}{x} \le \frac{\ln(1+x)}{x}$$

$\displaystyle \lim_{x \to 0-} \frac{\ln(1+x)}{x} = 1$이고 $\displaystyle \lim_{x \to 0-} \frac{e^{2x}-1}{2x} = 1$이므로

$$\lim_{x \to 0-} \frac{f(x)}{x} = 1$$

(i), (ii)에서 $\displaystyle \lim_{x \to 0} \frac{f(x)}{x} = 1$

따라서 $3x = t$로 놓으면 $x \to 0$일 때 $t \to 0$이므로

$$\lim_{x \to 0} \frac{f(3x)}{x} = \lim_{t \to 0} \frac{f(t)}{\frac{1}{3}t} = 3 \lim_{t \to 0} \frac{f(t)}{t} = 3 \times 1 = 3$$ 冒 ③

15

$f(x) = 3^x$, $g(x) = a^{x-1} = \dfrac{a^x}{a}$이라 하면

$f'(x) = 3^x \ln 3$, $g'(x) = \dfrac{a^x \ln a}{a}$

$f'(k)$는 직선 PA의 기울기, $g'(k)$는 직선 PB의 기울기이므로

$$3^k \ln 3 = \frac{\overline{PH}}{\overline{AH}} = \frac{3^k}{\overline{AH}}, \quad \frac{a^k \ln a}{a} = \frac{\overline{PH}}{\overline{BH}} = \frac{a^{k-1}}{\overline{BH}}$$

$\therefore \overline{AH} = \dfrac{1}{\ln 3}$, $\overline{BH} = \dfrac{1}{\ln a}$

$\overline{AH} = 2\overline{BH}$이므로 $\dfrac{1}{\ln 3} = \dfrac{2}{\ln a}$

$\ln a = 2 \ln 3 = \ln 9$

$\therefore a = 9$ 冒 ④

02 | 삼각함수의 미분

내신&수능 빈출 유형 본문 31~33쪽

유형 01

$\cos(\alpha+\beta)\cos(\alpha-\beta)$
$=(\cos\alpha\cos\beta-\sin\alpha\sin\beta)(\cos\alpha\cos\beta+\sin\alpha\sin\beta)$
$=\cos^2\alpha\cos^2\beta-\sin^2\alpha\sin^2\beta$
$=(1-\sin^2\alpha)(1-\sin^2\beta)-\sin^2\alpha\sin^2\beta$
$=\left(1-\dfrac{3}{4}\right)\left(1-\dfrac{3}{16}\right)-\dfrac{3}{4}\times\dfrac{3}{16}=\dfrac{1}{16}$ 답 ⑤

01-1

$g\left(\dfrac{5}{13}\right)=\alpha$, $g\left(\dfrac{4}{5}\right)=\beta$이므로 $f(\alpha)=\dfrac{5}{13}$, $f(\beta)=\dfrac{4}{5}$

즉, $\sin\alpha=\dfrac{5}{13}$, $\sin\beta=\dfrac{4}{5}$이고,

$0\le\alpha\le\dfrac{\pi}{2}$, $0\le\beta\le\dfrac{\pi}{2}$에서 $\cos\alpha\ge0$, $\cos\beta\ge0$이므로

$\cos\alpha=\sqrt{1-\sin^2\alpha}=\dfrac{12}{13}$, $\cos\beta=\sqrt{1-\sin^2\beta}=\dfrac{3}{5}$

$\therefore f(\alpha+\beta)=\sin(\alpha+\beta)$
$\qquad\qquad=\sin\alpha\cos\beta+\cos\alpha\sin\beta$
$\qquad\qquad=\dfrac{5}{13}\times\dfrac{3}{5}+\dfrac{12}{13}\times\dfrac{4}{5}=\dfrac{63}{65}$ 답 ④

유형 02

오른쪽 그림과 같이 두 직선
$y=3x-1$, $y=kx+1$이 x축의 양의
방향과 이루는 각의 크기를 각각 α, β
라 하면
$\tan\alpha=3$, $\tan\beta=k$

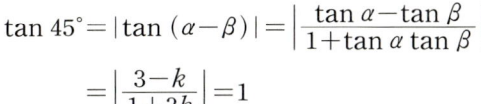

두 직선이 이루는 예각의 크기가 45°이
므로

$\tan45°=|\tan(\alpha-\beta)|=\left|\dfrac{\tan\alpha-\tan\beta}{1+\tan\alpha\tan\beta}\right|$
$\qquad\quad=\left|\dfrac{3-k}{1+3k}\right|=1$

$|3-k|=|1+3k|$이므로 양변을 제곱하면
$k^2-6k+9=9k^2+6k+1$, $8k^2+12k-8=0$
$2k^2+3k-2=0$, $(2k-1)(k+2)=0$
$\therefore k=\dfrac{1}{2}$ $(\because k>0)$ 답 ③

02-1

두 직선 $y=kx+2$, $y=(k-5)x+1$이 x축의 양의 방향과 이루는 각의 크기를 각각 α, β라 하면
$\tan\alpha=k$, $\tan\beta=k-5$

두 직선이 이루는 예각의 크기가 $\dfrac{\pi}{4}$이므로

$\tan\dfrac{\pi}{4}=|\tan(\alpha-\beta)|=\left|\dfrac{\tan\alpha-\tan\beta}{1+\tan\alpha\tan\beta}\right|$
$\qquad\quad=\left|\dfrac{k-(k-5)}{1+k(k-5)}\right|$
$\qquad\quad=\left|\dfrac{5}{k^2-5k+1}\right|$
$\qquad\quad=1$

(ⅰ) $\dfrac{5}{k^2-5k+1}=1$일 때

$k^2-5k+1=5$, $k^2-5k-4=0$

$\therefore k=\dfrac{5\pm\sqrt{41}}{2}$

이때, 정수 k는 존재하지 않는다.

(ⅱ) $\dfrac{5}{k^2-5k+1}=-1$일 때

$k^2-5k+1=-5$, $k^2-5k+6=0$
$(k-2)(k-3)=0$

$\therefore k=2$ 또는 $k=3$

(ⅰ), (ⅱ)에서 모든 정수 k의 값의 합은
$2+3=5$ 답 ③

02-2

$\angle\text{ABC}=\alpha$, $\angle\text{MBC}=\beta$라 하면

$\tan\alpha=\dfrac{4}{6}=\dfrac{2}{3}$, $\tan\beta=\dfrac{\overline{\text{CM}}}{6}=\dfrac{2}{6}=\dfrac{1}{3}$

$\theta=\alpha-\beta$이므로
$\tan\theta=\tan(\alpha-\beta)$

$\qquad=\dfrac{\tan\alpha-\tan\beta}{1+\tan\alpha\tan\beta}$

$\qquad=\dfrac{\dfrac{2}{3}-\dfrac{1}{3}}{1+\dfrac{2}{3}\times\dfrac{1}{3}}$

$\qquad=\dfrac{3}{11}$

따라서 $p=11$, $q=3$이므로
$p+q=11+3=14$ 답 ①

유형 03

$\displaystyle\lim_{x\to0}\dfrac{a+b\cos\pi x}{x\sin\pi x}=\pi$에서 $x\to0$일 때 (분모)$\to0$이고 극한값이

존재하므로 (분자)$\to0$이어야 한다. 즉,
$\displaystyle\lim_{x\to0}(a+b\cos\pi x)=a+b=0$ $\quad\therefore b=-a$

$b=-a$를 주어진 식에 대입하면

$\displaystyle\lim_{x\to0}\dfrac{a-a\cos\pi x}{x\sin\pi x}$

$=\displaystyle\lim_{x\to0}\dfrac{a(1-\cos\pi x)}{x\sin\pi x}$

$=\displaystyle\lim_{x\to0}\dfrac{a(1-\cos\pi x)(1+\cos\pi x)}{x\sin\pi x(1+\cos\pi x)}$

$=\displaystyle\lim_{x\to0}\dfrac{a(1-\cos^2\pi x)}{x\sin\pi x(1+\cos\pi x)}$

$$=\lim_{x\to 0}\frac{a\sin^2\pi x}{x\sin\pi x(1+\cos\pi x)}\quad(\because 1-\cos^2\pi x=\sin^2\pi x)$$

$$=\lim_{x\to 0}\frac{a\sin\pi x}{x(1+\cos\pi x)}$$

$$=\lim_{x\to 0}\left(a\times\frac{\sin\pi x}{\pi x}\times\frac{\pi}{1+\cos\pi x}\right)$$

$$=\frac{1}{2}a\pi=\pi$$

$$\therefore a=2$$

따라서 $b=-2$이므로

$$a-b=2-(-2)=4 \qquad\qquad \text{달} ⑤$$

03-1

$\displaystyle\lim_{x\to 0}\frac{\sin 2x}{\tan(ax+b)}=2$에서 $x\to 0$일 때 (분자)$\to 0$이고 0이 아닌 극한값이 존재하므로 (분모)$\to 0$이어야 한다. 즉,

$$\lim_{x\to 0}\tan(ax+b)=\tan b=0$$

$$\therefore b=0\left(\because 0\le b<\frac{\pi}{2}\right)$$

$b=0$을 주어진 식에 대입하면

$$\lim_{x\to 0}\frac{\sin 2x}{\tan ax}=\lim_{x\to 0}\left(2\times\frac{\sin 2x}{2x}\times\frac{ax}{\tan ax}\times\frac{1}{a}\right)$$

$$=\frac{2}{a}=2$$

$$\therefore a=1$$

$$\therefore a+b=1+0=1 \qquad\qquad \text{달} 1$$

03-2

$f(x)=ax+b\ (a,\ b\text{는 상수},\ a\neq 0)$으로 놓으면

$$\lim_{x\to\frac{\pi}{2}}\frac{\cos x}{f(x)}=\frac{1}{3}\text{에서 }\lim_{x\to\frac{\pi}{2}}\frac{\cos x}{ax+b}=\frac{1}{3} \qquad\cdots\cdots ㉠$$

㉠에서 $x\to\dfrac{\pi}{2}$일 때 (분자)$\to 0$이고 0이 아닌 극한값이 존재하므로 (분모)$\to 0$이어야 한다. 즉,

$$\lim_{x\to\frac{\pi}{2}}(ax+b)=\frac{\pi}{2}a+b=0$$

$$\therefore b=-\frac{\pi}{2}a$$

$b=-\dfrac{\pi}{2}a$를 ㉠에 대입하고, $x-\dfrac{\pi}{2}=t$로 놓으면 $x\to\dfrac{\pi}{2}$일 때 $t\to 0$이므로

$$\lim_{x\to\frac{\pi}{2}}\frac{\cos x}{ax-\frac{\pi}{2}a}=\lim_{x\to\frac{\pi}{2}}\frac{\cos x}{a\left(x-\frac{\pi}{2}\right)}$$

$$=\lim_{t\to 0}\frac{\cos\left(\frac{\pi}{2}+t\right)}{at}$$

$$=\lim_{t\to 0}\frac{-\sin t}{at}$$

$$=\lim_{t\to 0}\left(-\frac{1}{a}\times\frac{\sin t}{t}\right)$$

$$=-\frac{1}{a}=\frac{1}{3}$$

$$\therefore a=-3$$

따라서 $b=\dfrac{3}{2}\pi$이므로

$$f(x)=-3x+\frac{3}{2}\pi$$

$$\therefore f(\pi)=-3\pi+\frac{3}{2}\pi=-\frac{3}{2}\pi \qquad\qquad \text{달} ①$$

유형 04

점 P는 반원 위의 점이므로 $\angle APB=\dfrac{\pi}{2}$이다.

$\angle PAB=\theta$이므로 원주각과 중심각의 성질에 의하여

$\angle POB=2\theta$

오른쪽 그림과 같이 삼각형 POB의 점 P에서 선분 OB에 내린 수선의 발을 H라 하면

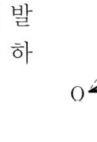

$$\overline{PH}=\overline{OP}\sin 2\theta=2\sin 2\theta$$

따라서 삼각형 POB의 넓이 $S(\theta)$는

$$S(\theta)=\frac{1}{2}\times\overline{OB}\times\overline{PH}$$

$$=\frac{1}{2}\times 2\times 2\sin 2\theta$$

$$=2\sin 2\theta$$

$$\therefore \lim_{\theta\to 0+}\frac{S(\theta)}{\theta}=\lim_{\theta\to 0+}\frac{2\sin 2\theta}{\theta}$$

$$=\lim_{\theta\to 0+}4\times\frac{\sin 2\theta}{2\theta}$$

$$=4\times 1=4 \qquad\qquad \text{달} 4$$

04-1

오른쪽 그림과 같이 원의 중심을 C, 점 C에서 선분 OA에 내린 수선의 발을 H, 원의 반지름의 길이를 r라 하면

$\overline{CH}=r$, $\overline{OC}=1-r$이므로

$$\overline{OC}\sin\frac{\theta}{2}=\overline{CH},\ (1-r)\sin\frac{\theta}{2}=r$$

$$\therefore r=\frac{\sin\frac{\theta}{2}}{\sin\frac{\theta}{2}+1}$$

따라서 $l(\theta)=\dfrac{2\pi\sin\dfrac{\theta}{2}}{\sin\dfrac{\theta}{2}+1}$이므로

$$\lim_{\theta\to 0+}\frac{l(\theta)}{\pi\theta}=\lim_{\theta\to 0+}\frac{2\pi\sin\frac{\theta}{2}}{\pi\theta\left(\sin\frac{\theta}{2}+1\right)}$$

$$=\lim_{\theta\to 0+}\frac{2\sin\frac{\theta}{2}}{\theta\left(\sin\frac{\theta}{2}+1\right)}$$

$$=\lim_{\theta\to 0+}\left(2\times\frac{1}{2}\times\frac{\sin\frac{\theta}{2}}{\frac{\theta}{2}}\times\frac{1}{\sin\frac{\theta}{2}+1}\right)$$

$$= 2 \times \frac{1}{2} \times 1 \times \frac{1}{0+1} = 1 \qquad \text{답 } 1$$

유형 05

$$\lim_{h \to 0} \frac{f(\pi+h) - f(\pi-h)}{h}$$
$$= \lim_{h \to 0} \frac{f(\pi+h) - f(\pi) + f(\pi) - f(\pi-h)}{h}$$
$$= \lim_{h \to 0} \frac{f(\pi+h) - f(\pi)}{h} + \lim_{h \to 0} \frac{f(\pi-h) - f(\pi)}{-h}$$
$$= f'(\pi) + f'(\pi)$$
$$= 2f'(\pi)$$

이때, $f(x) = x^2 \cos x$에서
$f'(x) = 2x \cos x - x^2 \sin x$이므로
$$2f'(\pi) = 2(2\pi \cos \pi - \pi^2 \sin \pi)$$
$$= 2(-2\pi - 0)$$
$$= -4\pi \qquad \text{답 } ①$$

05-1

$f(x) = e^x(\cos x + \sin x)$에서
$$f'(x) = e^x(\cos x + \sin x) + e^x(-\sin x + \cos x)$$
$$= 2e^x \cos x$$
$$\therefore f'(0) = 2e^0 \cos 0 = 2 \qquad \text{답 } ②$$

05-2

$$f(x) = \lim_{h \to 0} \frac{\cos x \cos(x+h) - \cos^2 x}{h}$$
$$= \lim_{h \to 0} \frac{\cos x \{\cos(x+h) - \cos x\}}{h}$$
$$= \cos x \lim_{h \to 0} \frac{\cos(x+h) - \cos x}{h}$$
$$= \cos x (\cos x)'$$
$$= -\cos x \sin x$$
$$\therefore f'(x) = -\{(-\sin x)\sin x + \cos x \cos x\}$$
$$= \sin^2 x - \cos^2 x$$
$$\therefore f'\left(\frac{\pi}{2}\right) = \sin^2 \frac{\pi}{2} - \cos^2 \frac{\pi}{2} = 1^2 - 0 = 1 \qquad \text{답 } 1$$

유형 06

함수 $f(x)$가 $x = \frac{\pi}{2}$에서 미분가능하므로 $f(x)$는 $x = \frac{\pi}{2}$에서 연속이다.

즉, $\displaystyle\lim_{x \to \frac{\pi}{2}+} f(x) = \lim_{x \to \frac{\pi}{2}-} f(x) = f\left(\frac{\pi}{2}\right)$이므로

$$\lim_{x \to \frac{\pi}{2}+} (ax+b) = \lim_{x \to \frac{\pi}{2}-} \cos x = \cos \frac{\pi}{2}$$

$$\frac{\pi}{2} a + b = 0$$

$$\therefore b = -\frac{\pi}{2} a \qquad \cdots\cdots ㉠$$

또한 $f'\left(\frac{\pi}{2}\right)$가 존재하므로

$$\lim_{x \to \frac{\pi}{2}+} \frac{f(x) - f\left(\frac{\pi}{2}\right)}{x - \frac{\pi}{2}} = \lim_{x \to \frac{\pi}{2}+} \frac{ax - \frac{\pi}{2}a}{x - \frac{\pi}{2}} \quad (\because ㉠)$$
$$= \lim_{x \to \frac{\pi}{2}+} \frac{a\left(x - \frac{\pi}{2}\right)}{x - \frac{\pi}{2}} = a$$

$$\lim_{x \to \frac{\pi}{2}-} \frac{f(x) - f\left(\frac{\pi}{2}\right)}{x - \frac{\pi}{2}} = \lim_{x \to \frac{\pi}{2}-} \frac{\cos x}{x - \frac{\pi}{2}}$$

$x - \frac{\pi}{2} = t$로 놓으면 $x \to \frac{\pi}{2}$일 때 $t \to 0$이므로

$$\lim_{x \to \frac{\pi}{2}-} \frac{\cos x}{x - \frac{\pi}{2}} = \lim_{t \to 0-} \frac{\cos\left(\frac{\pi}{2} + t\right)}{t}$$
$$= \lim_{t \to 0-} \frac{-\sin t}{t} = -1$$

$$\therefore a = -1 \qquad \cdots\cdots ㉡$$

㉡을 ㉠에 대입하면 $b = \frac{\pi}{2}$이므로

$$f(x) = \begin{cases} \cos x & \left(x \leq \frac{\pi}{2}\right) \\ -x + \frac{\pi}{2} & \left(x > \frac{\pi}{2}\right) \end{cases}$$

$$\therefore f(\pi) = -\pi + \frac{\pi}{2} = -\frac{\pi}{2} \qquad \text{답 } ②$$

06-1

$f(x)$가 $x = 0$에서 미분가능하려면 $x = 0$에서 연속이어야 하므로
$$\lim_{x \to 0+} f(x) = \lim_{x \to 0-} f(x) = f(0)$$
$$\lim_{x \to 0+} (ax+b) = \lim_{x \to 0-} (\sin x + \cos x) = 1$$
$$\therefore b = 1$$

또한 $f'(0)$이 존재해야 하므로

$$\lim_{x \to 0+} \frac{f(x) - f(0)}{x - 0} = \lim_{x \to 0+} \frac{(ax+1) - 1}{x}$$
$$= \lim_{x \to 0+} \frac{ax}{x} = a$$

$$\lim_{x \to 0-} \frac{f(x) - f(0)}{x - 0} = \lim_{x \to 0-} \frac{(\sin x + \cos x) - 1}{x}$$
$$= \lim_{x \to 0-} \left(\frac{\sin x}{x} + \frac{\cos x - 1}{x}\right) = 1$$

$$\therefore a = 1$$
$$\therefore a + b = 1 + 1 = 2$$

• 보충 설명 •

$$\lim_{x \to 0} \frac{\cos x - 1}{x} = \lim_{x \to 0} \frac{(\cos x - 1)(\cos x + 1)}{x(\cos x + 1)}$$
$$= \lim_{x \to 0} \frac{\cos^2 x - 1}{x(\cos x + 1)} = \lim_{x \to 0} \frac{-\sin^2 x}{x(\cos x + 1)}$$
$$= \lim_{x \to 0} \left\{(-\sin x) \times \frac{\sin x}{x} \times \frac{1}{\cos x + 1}\right\}$$
$$= 0 \times 1 \times \frac{1}{2} = 0 \qquad \text{답 } 2$$

01 ①	**02** ⑤	**03** 14	**04** 7	**05** 7	**06** 4
07 ③	**08** 4	**09** ②	**10** 54	**11** ③	**12** ①
13 ②	**14** 6	**15** ④	**16** ①		

01

$0<\alpha<\dfrac{\pi}{2}$, $\dfrac{3}{2}\pi<\beta<2\pi$에서 $\cos\alpha>0$, $\sin\beta<0$이므로

$\cos\alpha=\sqrt{1-\sin^2\alpha}=\sqrt{1-\dfrac{4}{9}}=\dfrac{\sqrt{5}}{3}$

$\sin\beta=-\sqrt{1-\cos^2\beta}=-\sqrt{1-\dfrac{1}{9}}=-\dfrac{2\sqrt{2}}{3}$

$\therefore \sin(\alpha-\beta)=\sin\alpha\cos\beta-\cos\alpha\sin\beta$

$\qquad\qquad=\dfrac{2}{3}\times\dfrac{1}{3}-\dfrac{\sqrt{5}}{3}\times\left(-\dfrac{2\sqrt{2}}{3}\right)$

$\qquad\qquad=\dfrac{2+2\sqrt{10}}{9}$

답 ①

02

$\overline{PA}=\sqrt{3}a$ $(a>0)$로 놓으면 $\overline{PB}=2a$이고 $\angle APB=90°$이므로 직각삼각형 PAB에서

$(\sqrt{3}a)^2+(2a)^2=(\sqrt{7})^2$ $\quad\therefore a=1$ $(\because a>0)$

즉, $\sin A=\dfrac{\overline{PB}}{\overline{AB}}=\dfrac{2}{\sqrt{7}}$,

$\cos A=\dfrac{\overline{PA}}{\overline{AB}}=\dfrac{\sqrt{3}}{\sqrt{7}}$이고

$\sin B=\dfrac{\overline{PA}}{\overline{AB}}=\dfrac{\sqrt{3}}{\sqrt{7}}$,

$\cos B=\dfrac{\overline{PB}}{\overline{AB}}=\dfrac{2}{\sqrt{7}}$이므로

$\sin(A-B)=\sin A\cos B-\cos A\sin B$

$\qquad\qquad=\dfrac{2}{\sqrt{7}}\times\dfrac{2}{\sqrt{7}}-\dfrac{\sqrt{3}}{\sqrt{7}}\times\dfrac{\sqrt{3}}{\sqrt{7}}$

$\qquad\qquad=\dfrac{1}{7}$

답 ⑤

03

삼각형 ABC에서 $A=\pi-(B+C)$이므로

$\tan A=\tan\{\pi-(B+C)\}$

$\qquad=-\tan(B+C)$

$\qquad=-\dfrac{\tan B+\tan C}{1-\tan B\tan C}$

$\qquad=-\dfrac{\sqrt{5}+2\sqrt{5}}{1-\sqrt{5}\times2\sqrt{5}}=\dfrac{\sqrt{5}}{3}$

$\therefore \tan^2 A=\left(\dfrac{\sqrt{5}}{3}\right)^2=\dfrac{5}{9}$

따라서 $p=9$, $q=5$이므로

$p+q=9+5=14$

답 14

04

두 점 $(-2, 1)$, $(2, 3)$을 지나는 직선과 직선 $y=2x$가 x축의 양의 방향과 이루는 각의 크기를 각각 α, β라 하면

$\tan\alpha=\dfrac{3-1}{2-(-2)}=\dfrac{1}{2}$, $\tan\beta=2$이므로

$\tan\theta=|\tan(\alpha-\beta)|=\left|\dfrac{\tan\alpha-\tan\beta}{1+\tan\alpha\tan\beta}\right|$

$\qquad=\left|\dfrac{\dfrac{1}{2}-2}{1+\dfrac{1}{2}\times2}\right|=\dfrac{3}{4}$

$\therefore \tan\left(\theta+\dfrac{\pi}{4}\right)=\dfrac{\tan\theta+\tan\dfrac{\pi}{4}}{1-\tan\theta\tan\dfrac{\pi}{4}}$

$\qquad=\dfrac{\dfrac{3}{4}+1}{1-\dfrac{3}{4}\times1}=7$

답 7

05

오른쪽 그림과 같이
$\angle ACG=\alpha$, $\angle EDH=\beta$라 하면

$\tan(\pi-\alpha)=3$이므로 $\tan\alpha=-3$이고

$\tan\beta=\dfrac{1}{2}$

$\theta=\alpha-\beta$이므로

$\tan\theta=\tan(\alpha-\beta)$

$\qquad=\dfrac{\tan\alpha-\tan\beta}{1+\tan\alpha\tan\beta}$

$\qquad=\dfrac{-3-\dfrac{1}{2}}{1+(-3)\times\dfrac{1}{2}}=7$

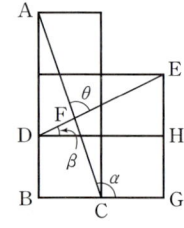

답 7

06

$\lim\limits_{x\to2}\dfrac{\sin(x-2)}{\sqrt{ax}-2}=b$에서 $x\to2$일 때 (분자)$\to0$이고 0이 아닌 극한값이 존재하므로 (분모)$\to0$이어야 한다.

즉, $\lim\limits_{x\to2}(\sqrt{ax}-2)=\sqrt{2a}-2=0$

$\therefore a=2$

$a=2$를 주어진 식에 대입하면

$\lim\limits_{x\to2}\dfrac{\sin(x-2)}{\sqrt{2x}-2}=\lim\limits_{x\to2}\dfrac{\sin(x-2)}{(\sqrt{2x}-2)(\sqrt{2x}+2)}\times(\sqrt{2x}+2)$

$\qquad=\lim\limits_{x\to2}\dfrac{\sin(x-2)}{2(x-2)}\times\lim\limits_{x\to2}(\sqrt{2x}+2)$

$\qquad=2\lim\limits_{x\to2}\dfrac{\sin(x-2)}{x-2}$

이때, $x-2=t$로 놓으면 $x\to2$일 때 $t\to0$이므로

$2\lim\limits_{x\to2}\dfrac{\sin(x-2)}{x-2}=2\lim\limits_{t\to0}\dfrac{\sin t}{t}=2$

따라서 $b=2$이므로 $a+b=4$

답 4

07

$f(x)=ax+b$ (a, b는 상수, $a\neq0$)으로 놓으면

$\lim\limits_{x\to\pi}\dfrac{x\sin x}{f(x)}=\dfrac{\pi}{2}$에서 $\lim\limits_{x\to\pi}\dfrac{x\sin x}{ax+b}=\dfrac{\pi}{2}$ ...... ㉠

㉠에서 $x\to\pi$일 때 (분자)$\to0$이고 0이 아닌 극한값이 존재하므로 (분모)$\to0$이어야 한다.

즉, $\lim\limits_{x\to\pi}(ax+b)=a\pi+b=0$

$\therefore b=-a\pi$

$b=-a\pi$를 ㉠에 대입하고, $x-\pi=t$로 놓으면 $x\to\pi$일 때 $t\to0$이므로

$$\lim_{x\to\pi}\frac{x\sin x}{ax-a\pi}=\lim_{x\to\pi}\frac{x\sin x}{a(x-\pi)}$$
$$=\lim_{t\to0}\frac{(t+\pi)\sin(t+\pi)}{at}$$
$$=\lim_{t\to0}\frac{-(t+\pi)\sin t}{at}$$
$$=-\frac{\pi}{a}=\frac{\pi}{2}$$

$\therefore a=-2$

따라서 $b=2\pi$이므로

$f(x)=-2x+2\pi$

$\therefore f(\pi)=-2\pi+2\pi=0$　　　　🔲 ③

08

$$\lim_{x\to0}f(x)(1-\cos 2x)$$
$$=\lim_{x\to0}\frac{f(x)(1-\cos 2x)(1+\cos 2x)}{1+\cos 2x}$$
$$=\lim_{x\to0}\frac{f(x)(1-\cos^2 2x)}{1+\cos 2x}$$
$$=\lim_{x\to0}\frac{f(x)\sin^2 2x}{1+\cos 2x}$$
$$=\lim_{x\to0}\left\{\frac{\sin^2 2x}{(2x)^2}\times\frac{4}{1+\cos 2x}\times x^2 f(x)\right\}$$
$$=\lim_{x\to0}\left(\frac{\sin 2x}{2x}\right)^2\times\lim_{x\to0}\frac{4}{1+\cos 2x}\times\lim_{x\to0}x^2 f(x)$$
$$=1^2\times\frac{4}{1+1}\times\lim_{x\to0}x^2 f(x)$$
$$=2\lim_{x\to0}x^2 f(x)=8$$

$\therefore \lim\limits_{x\to0}x^2 f(x)=4$　　　　🔲 4

09

$\lim\limits_{x\to a}\dfrac{3^x-1}{2\sin(x-a)}=b\ln 3$에서 $x\to a$일 때 (분모)$\to0$이고 극한값이 존재하므로 (분자)$\to0$이어야 한다. 즉,

$\lim\limits_{x\to a}(3^x-1)=3^a-1=0$

$\therefore a=0$

$a=0$을 주어진 식에 대입하면

$$\lim_{x\to0}\frac{3^x-1}{2\sin x}=\lim_{x\to0}\frac{\dfrac{3^x-1}{x}}{2\times\dfrac{\sin x}{x}}=\frac{\ln 3}{2\times 1}$$

$=\dfrac{1}{2}\ln 3$

따라서 $a=0$, $b=\dfrac{1}{2}$이므로

$a+b=0+\dfrac{1}{2}=\dfrac{1}{2}$　　　　🔲 ②

10

$\overline{OC}\parallel\overline{BD}$이므로 $\angle OBD=\angle AOC=\theta$ (동위각)이고

$\overline{OD}=\overline{OB}$이므로 $\angle ODB=\angle OBD=\theta$

즉, $\angle COD=\theta$이고

$\angle BOD=\pi-2\theta$

오른쪽 그림에서 색칠한 도형의 넓이 $S(\theta)$는

$S(\theta)=$(부채꼴 COD의 넓이)
　　　　$+$(삼각형 DOB의 넓이)

$$=\frac{1}{2}\times 6^2\times\theta+\frac{1}{2}\times 6^2\times\sin(\pi-2\theta)$$
$$=18(\theta+\sin 2\theta)$$
$$\therefore \lim_{\theta\to0+}\frac{S(\theta)}{\theta}=\lim_{\theta\to0+}\frac{18(\theta+\sin 2\theta)}{\theta}$$
$$=18\lim_{\theta\to0+}\left(1+\frac{\sin 2\theta}{2\theta}\times 2\right)$$
$$=18(1+2)=54$$　　🔲 54

11

함수 $f(x)$가 모든 실수 x에서 연속이므로 $x=0$에서도 연속이다.

즉, $\lim\limits_{x\to0}f(x)=f(0)$

$\therefore \lim\limits_{x\to0}\dfrac{3^x-a\sin x+b}{x}=0$ ...... ㉠

㉠에서 $x\to0$일 때 (분모)$\to0$이고 극한값이 존재하므로 (분자)$\to0$이어야 한다. 즉,

$\lim\limits_{x\to0}(3^x-a\sin x+b)=1+b=0$

$\therefore b=-1$

$b=-1$을 ㉠에 대입하면

$$\lim_{x\to0}\frac{3^x-a\sin x-1}{x}=\lim_{x\to0}\frac{(3^x-1)-a\sin x}{x}$$
$$=\lim_{x\to0}\frac{3^x-1}{x}-\lim_{x\to0}\frac{a\sin x}{x}$$
$$=\ln 3-a\times 1=0$$

$\therefore a=\ln 3$

$\therefore a+b=\ln 3-1$　　　　🔲 ③

12

$f(x)=\sin^2 x+2\sin x$에서

$f'(x)=\cos x\sin x+\sin x\cos x+2\cos x$
　　　$=2\cos x(\sin x+1)$

$f'(x)=0$에서 $\cos x=0$ 또는 $\sin x=-1$

이때, $0\le x\le 2\pi$이므로

$x=\dfrac{\pi}{2}$ 또는 $x=\dfrac{3}{2}\pi$

따라서 모든 x의 값의 합은

$\dfrac{\pi}{2}+\dfrac{3}{2}\pi=2\pi$ **답 ①**

13

$\lim\limits_{x\to 0}\dfrac{f(\pi+\sin 3x)-f(\pi)}{x}$

$=\lim\limits_{x\to 0}\left\{\dfrac{f(\pi+\sin 3x)-f(\pi)}{(\pi+\sin 3x)-\pi}\times\dfrac{\sin 3x}{3x}\times 3\right\}$

$=3\lim\limits_{x\to 0}\dfrac{f(\pi+\sin 3x)-f(\pi)}{(\pi+\sin 3x)-\pi}$ ······ ㉠

$\pi+\sin 3x=t$로 놓으면 $x\to 0$일 때 $t\to\pi$이므로 ㉠은

$3\lim\limits_{t\to\pi}\dfrac{f(t)-f(\pi)}{t-\pi}=3f'(\pi)$

$f(x)=\sin x-2\cos x$에서

$f'(x)=\cos x+2\sin x$

$\therefore\ 3f'(\pi)=3(\cos\pi+2\sin\pi)$

$\qquad\qquad=3(-1+0)=-3$ **답 ②**

14

함수 $f(x)$가 $x=0$에서 미분가능하려면 $x=0$에서 연속이어야 하므로

$\lim\limits_{x\to 0+}f(x)=\lim\limits_{x\to 0-}f(x)=f(0)$

$\lim\limits_{x\to 0+}(a\sin x+a)=\lim\limits_{x\to 0-}(2x^2+3x+b)=a$

$\therefore\ a=b$ ······ ㉠

또한 $f'(0)$이 존재해야 하므로

$\lim\limits_{x\to 0+}\dfrac{f(x)-f(0)}{x-0}=\lim\limits_{x\to 0+}\dfrac{(a\sin x+a)-a}{x}$

$\qquad\qquad\qquad\quad=\lim\limits_{x\to 0+}\dfrac{a\sin x}{x}=a$

$\lim\limits_{x\to 0-}\dfrac{f(x)-f(0)}{x-0}=\lim\limits_{x\to 0-}\dfrac{(2x^2+3x+a)-a}{x}$

$\qquad\qquad\qquad\quad=\lim\limits_{x\to 0-}\dfrac{x(2x+3)}{x}$

$\qquad\qquad\qquad\quad=\lim\limits_{x\to 0-}(2x+3)=3$

$\therefore\ a=3$

$a=3$을 ㉠에 대입하면 $b=3$

$\therefore\ a+b=3+3=6$ **답 6**

15

점 P의 좌표를 $(a,\ b)$라 하면

$b=1-a^2$ ······ ㉠

$\tan\theta_1=\dfrac{1-b}{a}=\dfrac{1}{2}$

$a=2(1-b)$ ······ ㉡

㉠, ㉡을 연립하여 풀면

$a=\dfrac{1}{2},\ b=\dfrac{3}{4}\ (\because\ 0<a<1)$

$\tan\theta_2=\dfrac{b}{a}=\dfrac{\frac{3}{4}}{\frac{1}{2}}=\dfrac{3}{2}$

$\therefore\tan(\theta_1+\theta_2)=\dfrac{\tan\theta_1+\tan\theta_2}{1-\tan\theta_1\tan\theta_2}$

$\qquad\qquad\quad=\dfrac{\frac{1}{2}+\frac{3}{2}}{1-\frac{1}{2}\times\frac{3}{2}}$

$\qquad\qquad\quad=\dfrac{2}{1-\frac{3}{4}}=8$ **답 ④**

16

삼각형 POH에서 $\overline{PO}=1$이므로 $\overline{OH}=\cos\theta$

$\therefore\ \overline{HA}=1-\cos\theta$

삼각형 OAB는 직각이등변삼각형이므로 $\angle BAO=\dfrac{\pi}{4}$

따라서 삼각형 AQH도 직각이등변삼각형이므로

$S(\theta)=\dfrac{1}{2}\times\overline{HA}\times\overline{QH}=\dfrac{1}{2}\times(1-\cos\theta)^2$

$\therefore\ \lim\limits_{\theta\to 0+}\dfrac{S(\theta)}{\theta^4}=\lim\limits_{\theta\to 0+}\dfrac{(1-\cos\theta)^2}{2\theta^4}$

$\qquad\qquad\quad=\lim\limits_{\theta\to 0+}\dfrac{(1-\cos\theta)^2(1+\cos\theta)^2}{2\theta^4(1+\cos\theta)^2}$

$\qquad\qquad\quad=\lim\limits_{\theta\to 0+}\dfrac{(1-\cos^2\theta)^2}{2\theta^4(1+\cos\theta)^2}$

$\qquad\qquad\quad=\lim\limits_{\theta\to 0+}\dfrac{(\sin^2\theta)^2}{2\theta^4(1+\cos\theta)^2}$

$\qquad\qquad\quad=\lim\limits_{\theta\to 0+}\left\{\dfrac{\sin^4\theta}{\theta^4}\times\dfrac{1}{2(1+\cos\theta)^2}\right\}$

$\qquad\qquad\quad=\dfrac{1}{8}$ **답 ①**

03 여러 가지 미분법

내신&수능 빈출 유형 본문 37~40쪽

유형 01

$$f'(x) = \frac{(x+k)'(x-1)-(x+k)(x-1)'}{(x-1)^2}$$

$$= \frac{1 \times (x-1)-(x+k) \times 1}{(x-1)^2}$$

$$= \frac{-1-k}{(x-1)^2}$$

이때, $f'(0) = \dfrac{-1-k}{(0-1)^2} = -4$이므로

$-1-k=-4$

$\therefore k=3$ 답 ⑤

01-1

$$\lim_{h \to 0} \frac{f(2\pi+h)-f(2\pi)}{h} = f'(2\pi)$$

이때,

$$f'(x) = \frac{(\tan x)'(1+\sec x)-\tan x(1+\sec x)'}{(1+\sec x)^2}$$

$$= \frac{\sec^2 x(1+\sec x)-\tan x \times \sec x \tan x}{(1+\sec x)^2}$$

$$= \frac{\sec^2 x(1+\sec x)-\sec x(\sec^2 x-1)}{(1+\sec x)^2}$$

$$(\because \tan^2 x = \sec^2 x-1)$$

$$= \frac{\sec x(1+\sec x)}{(1+\sec x)^2} = \frac{\sec x}{1+\sec x}$$

이므로

$$f'(2\pi) = \frac{\sec 2\pi}{1+\sec 2\pi} = \frac{1}{1+1} = \frac{1}{2}$$ 답 ④

01-2

$$\lim_{x \to 2} \frac{f(x)-f(2)}{x^2-4}$$

$$= \lim_{x \to 2} \frac{f(x)-f(2)}{(x-2)(x+2)}$$

$$= \lim_{x \to 2} \frac{f(x)-f(2)}{x-2} \times \lim_{x \to 2} \frac{1}{x+2}$$

$$= \frac{1}{4} f'(2)$$

이때,

$$f'(x) = -\frac{(2x-3)'}{(2x-3)^2} = \frac{-2}{(2x-3)^2}$$

이므로 $f'(2) = \dfrac{-2}{(2 \times 2-3)^2} = -2$

$$\therefore \frac{1}{4} f'(2) = \frac{1}{4} \times (-2) = -\frac{1}{2}$$ 답 ②

유형 02

$\displaystyle\lim_{x \to -1} \dfrac{f(x)-1}{x+1} = 2$에서 $x \to -1$일 때 (분모)$\to 0$이고, 극한값이

존재하므로 (분자)$\to 0$이다. 즉,

$$\lim_{x \to -1} \{f(x)-1\} = 0 \qquad \therefore \lim_{x \to -1} f(x) = 1$$

그런데 함수 $f(x)$가 연속함수이므로

$$f(-1) = \lim_{x \to -1} f(x) = 1$$

$$\therefore \lim_{x \to -1} \frac{f(x)-1}{x+1} = \lim_{x \to -1} \frac{f(x)-f(-1)}{x-(-1)} = f'(-1) = 2$$

또한 $\displaystyle\lim_{x \to 1} \dfrac{g(x)-1}{x-1} = 7$에서 $x \to 1$일 때 (분모)$\to 0$이고, 극한값

이 존재하므로 (분자)$\to 0$이어야 한다. 즉,

$$\lim_{x \to 1} \{g(x)-1\} = 0 \qquad \therefore \lim_{x \to 1} g(x) = 1$$

그런데 함수 $g(x)$가 연속함수이므로 $g(1) = \displaystyle\lim_{x \to 1} g(x) = 1$

$$\therefore \lim_{x \to 1} \frac{g(x)-1}{x-1} = \lim_{x \to 1} \frac{g(x)-g(1)}{x-1} = g'(1) = 7$$

이때, $h'(x) = g'(f(x))f'(x)$이므로

$$h'(-1) = g'(f(-1))f'(-1)$$

$$= g'(1) \times 2 = 7 \times 2 = 14$$ 답 ⑤

02-1

$$f'(x) = \frac{(x^2+1)-(x-2) \times 2x}{(x^2+1)^2}$$이므로

$$f'(2) = \frac{1}{5}$$

이때, $h'(x) = g'(f(x))f'(x)$이므로

$$h'(2) = g'(f(2))f'(2) = g'(0) \times \frac{1}{5} = 6$$

$$\therefore g'(0) = 30$$ 답 ①

유형 03

$$f'(x) = \frac{1}{\ln 3} \times \frac{\cos x}{\sin x}$$이므로

$$\lim_{x \to \frac{\pi}{6}} \frac{f(x)-f\left(\frac{\pi}{6}\right)}{x-\frac{\pi}{6}} = f'\left(\frac{\pi}{6}\right) = \frac{1}{\ln 3} \times \frac{\frac{\sqrt{3}}{2}}{\frac{1}{2}} = \frac{\sqrt{3}}{\ln 3}$$ 답 ①

03-1

$\displaystyle\lim_{x \to 3} \dfrac{\ln f(x)}{x-3} = 2$에서 $x \to 3$일 때 (분모)$\to 0$이고, 극한값이 존재

하므로 (분자)$\to 0$이어야 한다. 즉,

$$\lim_{x \to 3} \ln f(x) = 0$$

그런데 함수 $\ln f(x)$가 연속함수이므로

$\ln f(3) = \displaystyle\lim_{x \to 3} \ln f(x) = 0 \qquad \therefore f(3) = 1$

$$\therefore \lim_{x \to 3} \frac{\ln f(x)}{x-3} = \lim_{x \to 3} \frac{\ln f(x)-\ln f(3)}{x-3} = \frac{f'(3)}{f(3)} = 2$$

$$\therefore f'(3) = 2f(3) = 2 \times 1 = 2$$

$$\therefore f(3)+f'(3) = 1+2 = 3$$ 답 ③

03-2

$f(x)=\ln\sqrt[3]{\dfrac{1-\cos x}{1+\cos x}}=\ln\left(\dfrac{1-\cos x}{1+\cos x}\right)^{\frac{1}{3}}$에서

$f(x)=\dfrac{1}{3}\{\ln(1-\cos x)-\ln(1+\cos x)\}$이므로

$f'(x)=\dfrac{1}{3}\left\{\dfrac{(1-\cos x)'}{1-\cos x}-\dfrac{(1+\cos x)'}{1+\cos x}\right\}$

$\qquad=\dfrac{1}{3}\left(\dfrac{\sin x}{1-\cos x}+\dfrac{\sin x}{1+\cos x}\right)$

$\qquad=\dfrac{\sin x(1+\cos x)+\sin x(1-\cos x)}{3(1-\cos x)(1+\cos x)}$

$\qquad=\dfrac{2\sin x}{3\sin^2 x}$

$\qquad=\dfrac{2}{3\sin x}$

$\therefore f'\left(\dfrac{\pi}{2}\right)=\dfrac{2}{3\sin\dfrac{\pi}{2}}=\dfrac{2}{3}$ 　　　　답 ①

유형 04

$f(x)=\dfrac{(x+1)^3}{x(x-2)^2}$의 양변의 절댓값에 자연로그를 취하면

$\ln|f(x)|=\ln\left|\dfrac{(x+1)^3}{x(x-2)^2}\right|$

$\qquad\qquad=3\ln|x+1|-\ln|x|-2\ln|x-2|$

위의 식의 양변을 x에 대하여 미분하면

$\dfrac{f'(x)}{f(x)}=\dfrac{3}{x+1}-\dfrac{1}{x}-\dfrac{2}{x-2}$

이므로 양변에 $x=1$을 대입하면

$\dfrac{f'(1)}{f(1)}=\dfrac{3}{2}-1+2=\dfrac{5}{2}$

이때, $f(1)=\dfrac{(1+1)^3}{1\times(1-2)^2}=8$

$\therefore f'(1)=\dfrac{5}{2}f(1)=\dfrac{5}{2}\times 8=20$ 　　　　답 ③

04-1

$f(x)=x^{\sin x}\ (x>0)$의 양변에 자연로그를 취하면

$\ln f(x)=\ln x^{\sin x}=\sin x\ln x$

위의 식의 양변을 x에 대하여 미분하면

$\dfrac{f'(x)}{f(x)}=\cos x\ln x+\sin x\times\dfrac{1}{x}$

이므로 양변에 $x=\dfrac{\pi}{2}$를 대입하면

$\dfrac{f'\left(\dfrac{\pi}{2}\right)}{f\left(\dfrac{\pi}{2}\right)}=\cos\dfrac{\pi}{2}\ln\dfrac{\pi}{2}+\sin\dfrac{\pi}{2}\times\dfrac{2}{\pi}=\dfrac{2}{\pi}$

이때, $f\left(\dfrac{\pi}{2}\right)=\left(\dfrac{\pi}{2}\right)^{\sin\frac{\pi}{2}}=\dfrac{\pi}{2}$이므로

$f'\left(\dfrac{\pi}{2}\right)=\dfrac{2}{\pi}f\left(\dfrac{\pi}{2}\right)=\dfrac{2}{\pi}\times\dfrac{\pi}{2}=1$ 　　　　답 ①

유형 05

$\dfrac{dx}{dt}=\dfrac{2(1+t)-2t}{(1+t)^2}=\dfrac{2}{(1+t)^2}$,

$\dfrac{dy}{dt}=\dfrac{2t(1+t)-t^2}{(1+t)^2}=\dfrac{t^2+2t}{(1+t)^2}$

이므로 $\dfrac{dy}{dx}=\dfrac{\dfrac{dy}{dt}}{\dfrac{dx}{dt}}=\dfrac{\dfrac{t^2+2t}{(1+t)^2}}{\dfrac{2}{(1+t)^2}}=\dfrac{t^2+2t}{2}$

$\therefore \lim_{t\to 1}\dfrac{dy}{dx}=\lim_{t\to 1}\dfrac{t^2+2t}{2}=\dfrac{3}{2}$ 　　　　답 ②

05-1

$\dfrac{dx}{dt}=2\cos t\times(-\sin t)=-2\sin t\cos t$,

$\dfrac{dy}{dt}=2a\sin t\cos t$

이므로

$\dfrac{dy}{dx}=\dfrac{\dfrac{dy}{dt}}{\dfrac{dx}{dt}}=\dfrac{2a\sin t\cos t}{-2\sin t\cos t}=-a$ (단, $\sin t\cos t\neq 0$)

$\dfrac{dy}{dx}=-1$이므로 $-a=-1$　　$\therefore a=1$ 　　　　답 ③

05-2

$\dfrac{dx}{dt}=2t$, $\dfrac{dy}{dt}=3t^2+4t$이므로

$\dfrac{dy}{dx}=\dfrac{\dfrac{dy}{dt}}{\dfrac{dx}{dt}}=\dfrac{3t^2+4t}{2t}=\dfrac{3t+4}{2}$ (단, $t\neq 0$)

점 $(a,\,b)$에서의 접선의 기울기가 $\dfrac{1}{2}$이므로

$\dfrac{dy}{dx}=\dfrac{3t+4}{2}=\dfrac{1}{2}$

$3t+4=1$　　$\therefore t=-1$

$t=-1$을 $a=t^2$, $b=t^3+2t^2+3$에 대입하면

$a=(-1)^2=1$, $b=(-1)^3+2\times(-1)^2+3=4$

$\therefore a^2+b^2=1^2+4^2=17$ 　　　　답 17

유형 06

$x^2+y^2+ay+b=0$의 양변을 x에 대하여 미분하면

$2x+2y\dfrac{dy}{dx}+a\dfrac{dy}{dx}=0$, $(2y+a)\dfrac{dy}{dx}=-2x$

$\therefore \dfrac{dy}{dx}=-\dfrac{2x}{2y+a}$ (단, $2y+a\neq 0$)

$x=1$, $y=3$에서의 $\dfrac{dy}{dx}$의 값이 -1이므로

$-\dfrac{2}{6+a}=-1$　　$\therefore a=-4$

또한 곡선 $x^2+y^2+ay+b=0$이 점 $(1,\ 3)$을 지나므로

$1^2+3^2+(-4)\times 3+b=0$

$10-12+b=0$　　$\therefore\ b=2$

$\therefore\ a+b=-4+2=-2$　　　　　　　　　　　$\boxed{답}$ ②

06-1

$y=\sqrt{4-x^2}$의 양변을 제곱하면

$y^2=4-x^2$　　$\therefore\ x^2+y^2=4$　　　　　　$\cdots\cdots$ ㉠

㉠의 양변을 x에 대하여 미분하면

$2x+2y\dfrac{dy}{dx}=0$　　$\therefore\ \dfrac{dy}{dx}=-\dfrac{x}{y}$ (단, $y\neq 0$)

위의 식에 $x=1,\ y=\sqrt{3}$을 대입하면

$\dfrac{dy}{dx}=-\dfrac{1}{\sqrt{3}}=-\dfrac{\sqrt{3}}{3}$　　　　　　　　　$\boxed{답}$ ③

유형 07

$f'(x)=3x^2-2$이므로 $f'(3)=25$

$g(4)=a$라 하면 $f(a)=4$이므로

$f(a)=a^3-2a=4,\ (a-2)(a^2+2a+2)=0$

$\therefore\ a=2$

$g'(4)=\dfrac{1}{f'(g(4))}=\dfrac{1}{f'(2)}=\dfrac{1}{3\times 2^2-2}=\dfrac{1}{10}$

$\therefore\ f'(3)g'(4)=25\times\dfrac{1}{10}=\dfrac{5}{2}$　　　$\boxed{답}$ ①

07-1

$\displaystyle\lim_{x\to 1}\dfrac{f(x)-2}{x^2-1}=3$에서 $x\to 1$일 때 (분모)$\to 0$이고, 극한값이 존

재하므로 (분자)$\to 0$이다. 즉,

$\displaystyle\lim_{x\to 1}\{f(x)-2\}=0$　　$\therefore\ \displaystyle\lim_{x\to 1}f(x)=2$

그런데 함수 $f(x)$는 연속함수이므로

$f(1)=\displaystyle\lim_{x\to 1}f(x)=2$

$\therefore\ \displaystyle\lim_{x\to 1}\dfrac{f(x)-2}{x^2-1}=\lim_{x\to 1}\dfrac{f(x)-f(1)}{(x+1)(x-1)}$

$\qquad\qquad\qquad\ =\displaystyle\lim_{x\to 1}\left\{\dfrac{1}{x+1}\times\dfrac{f(x)-f(1)}{x-1}\right\}$

$\qquad\qquad\qquad\ =\dfrac{f'(1)}{2}=3$

$\therefore\ f'(1)=6$

이때, $f(1)=2$에서 $g(2)=1$이므로

$g'(2)=\dfrac{1}{f'(g(2))}=\dfrac{1}{f'(1)}=\dfrac{1}{6}$　　　$\boxed{답}$ ①

07-2

곡선 $y=f(x)$ 위의 점 $(-1,\ 3)$에서의 접선의 기울기가 7이므로

$f(-1)=3,\ f'(-1)=7$에서

$f(x)$의 역함수 $g(x)$에 대하여 $g(3)=-1$

$\therefore\ g'(3)=\dfrac{1}{f'(g(3))}=\dfrac{1}{f'(-1)}=\dfrac{1}{7}$　　$\boxed{답}$ ①

유형 08

$f'(x)=2xe^{x^2-1}$이므로 $f'(1)=2$

$\therefore\ \displaystyle\lim_{h\to 0}\dfrac{f'(1+h)-2}{h}=\lim_{h\to 0}\dfrac{f'(1+h)-f'(1)}{h}$

$\qquad\qquad\qquad\qquad\quad =f''(1)$

이때, $f''(x)=2e^{x^2-1}+2x\times 2xe^{x^2-1}=e^{x^2-1}(4x^2+2)$

이므로 $f''(1)=1\times(4\times 1+2)=6$　　　　$\boxed{답}$ ③

08-1

$f'(x)=\ln(ax+b)+x\times\dfrac{a}{ax+b}$

$f''(x)=\dfrac{a}{ax+b}+\dfrac{a(ax+b)-ax\times a}{(ax+b)^2}$

$f'(0)=1$에서 $\ln b=1$　　$\therefore\ b=e$

$f''(0)=4$에서 $\dfrac{2a}{b}=4,\ a=2b$　　$\therefore\ a=2e$

$\therefore\ a+b=2e+e=3e$　　　　　　　　　　$\boxed{답}$ ③

<table>
<tr><td colspan="7">**빈출 유형 마무리**　　　　　　　　　　　본문 41~42쪽</td></tr>
<tr><td>**01** ②</td><td>**02** 4</td><td>**03** 4</td><td>**04** ①</td><td>**05** ⑤</td><td>**06** ②</td></tr>
<tr><td>**07** ②</td><td>**08** ④</td><td>**09** ③</td><td>**10** ④</td><td>**11** ②</td><td>**12** 20</td></tr>
<tr><td>**13** ①</td><td>**14** 3</td><td>**15** 10</td><td>**16** 16</td><td></td><td></td></tr>
</table>

01

$\displaystyle\lim_{h\to 0}\dfrac{f(h)-f(-h)}{h}$

$=\displaystyle\lim_{h\to 0}\dfrac{f(h)-f(0)-\{f(-h)-f(0)\}}{h}$

$=\displaystyle\lim_{h\to 0}\left\{\dfrac{f(h)-f(0)}{h}-\dfrac{f(-h)-f(0)}{h}\right\}$

$=\displaystyle\lim_{h\to 0}\left\{\dfrac{f(h)-f(0)}{h}+\dfrac{f(-h)-f(0)}{-h}\right\}$

$=f'(0)+f'(0)=2f'(0)$

이때, $f'(x)=-\dfrac{2}{(x+1)^2}$이므로

$f'(0)=-\dfrac{2}{(0+1)^2}=-2$

$\therefore\ 2f'(0)=2\times(-2)=-4$　　　　　　　$\boxed{답}$ ②

02

$f(x)=\dfrac{x+1}{x-1}$에서

$f'(x)=\dfrac{1\times(x-1)-(x+1)\times 1}{(x-1)^2}=\dfrac{-2}{(x-1)^2}$

이때, $h'(x)=g'(f(x))f'(x)$이므로

위의 식에 $x=2$를 대입하면

$h'(2)=g'(f(2))f'(2)=g'(3)f'(2)(\because f(2)=3)$
이때, $h'(2)=-8$, $f'(2)=-2$이므로
$-8=g'(3)\times(-2)$
$\therefore g'(3)=4$ **冒** 4

03

곡선 $y=f(x)$가 원점을 지나므로 $f(0)=0$
원점에서의 접선의 기울기가 2이므로 $f'(0)=2$
$F(x)=f(f(x))$에서 $F'(x)=f'(f(x))f'(x)$
$\therefore F'(0)=f'(f(0))f'(0)=2\times2=4$ **冒** 4

04

$f(x^3+3)=x^6-3x^5+2x^3$의 양변을 x에 대하여 미분하면
$3x^2\times f'(x^3+3)=6x^5-15x^4+6x^2$
$x=-1$을 대입하면
$3f'(2)=-6-15+6=-15$
$\therefore f'(2)=-5$ **冒** ①

05

$f(x)=\ln\dfrac{e^x+e^{2x}+e^{3x}+e^{4x}}{4}$이라 하면
$f(0)=\ln\dfrac{4}{4}=0$
$\therefore \lim\limits_{x\to0}\dfrac{1}{x}\ln\dfrac{e^x+e^{2x}+e^{3x}+e^{4x}}{4}=\lim\limits_{x\to0}\dfrac{1}{x}f(x)$
$\qquad\qquad\qquad\qquad\qquad\quad=\lim\limits_{x\to0}\dfrac{f(x)-f(0)}{x}$
$\qquad\qquad\qquad\qquad\qquad\quad=f'(0)$
이때,
$f'(x)=\dfrac{\dfrac{e^x+2e^{2x}+3e^{3x}+4e^{4x}}{4}}{\dfrac{e^x+e^{2x}+e^{3x}+e^{4x}}{4}}=\dfrac{e^x+2e^{2x}+3e^{3x}+4e^{4x}}{e^x+e^{2x}+e^{3x}+e^{4x}}$
이므로
$f'(0)=\dfrac{1+2+3+4}{4}=\dfrac{5}{2}$ **冒** ⑤

06

$f(x)=x^{\ln x}$에서 $f(e)=e^{\ln e}=e$이므로
$\lim\limits_{h\to0}\dfrac{f(e+h)-e}{h}=\lim\limits_{h\to0}\dfrac{f(e+h)-f(e)}{h}=f'(e)$
$f(x)=x^{\ln x}$의 양변에 자연로그를 취하면
$\ln f(x)=\ln x\ln x=(\ln x)^2$
양변을 x에 대하여 미분하면
$\dfrac{f'(x)}{f(x)}=\dfrac{2\ln x}{x}$
$f'(x)=f(x)\times\dfrac{2\ln x}{x}=\dfrac{2x^{\ln x}\ln x}{x}$
$\therefore f'(e)=\dfrac{2e^{\ln e}\ln e}{e}=\dfrac{2e}{e}=2$ **冒** ②

07

$\dfrac{dx}{d\theta}=4\cos\theta\times(-\sin\theta)=-4\cos\theta\sin\theta$,
$\dfrac{dy}{d\theta}=3\sin^2\theta\times\cos\theta=3\sin^2\theta\cos\theta$이므로
$\dfrac{dy}{dx}=\dfrac{\dfrac{dy}{d\theta}}{\dfrac{dx}{d\theta}}=\dfrac{3\sin^2\theta\cos\theta}{-4\cos\theta\sin\theta}=-\dfrac{3}{4}\sin\theta$ (단, $\sin\theta\cos\theta\neq0$)

따라서 $\theta=\dfrac{\pi}{4}$일 때,
$\dfrac{dy}{dx}=-\dfrac{3}{4}\sin\dfrac{\pi}{4}=-\dfrac{3\sqrt{2}}{8}$ **冒** ②

08

점 $(a, 1)$이 곡선 $xy^2-y^3=0$ 위에 있으므로
$a-1=0$ $\therefore a=1$
$xy^2-y^3=0$의 양변을 x에 대하여 미분하면
$y^2+2xy\dfrac{dy}{dx}-3y^2\dfrac{dy}{dx}=0$
$\therefore \dfrac{dy}{dx}=-\dfrac{y^2}{2xy-3y^2}=-\dfrac{y}{2x-3y}$ (단, $y\neq0$, $2x-3y\neq0$)
따라서 점 $(1, 1)$에서의 접선의 기울기는
$\dfrac{dy}{dx}=-\dfrac{1}{2-3}=-\dfrac{1}{-1}=1$ **冒** ④

09

$f(x)=x^3-4x^2+6x+1$에서 $f(0)=1$, $f(1)=4$
$f(x)$의 역함수 $g(x)$에 대하여 $g(1)=0$
이때, $f(1)g(1)=4\times0=0$이므로
$\lim\limits_{x\to1}\dfrac{f(x)g(x)}{x-1}=\lim\limits_{x\to1}\dfrac{f(x)g(x)-f(1)g(1)}{x-1}$
$\qquad\qquad\quad=\{f(1)g(1)\}'$
$\qquad\qquad\quad=f'(1)g(1)+f(1)g'(1)$ ...... ㉠
이때, $f'(x)=3x^2-8x+6$이므로 $f'(0)=6$, $f'(1)=1$
따라서 $g'(1)=\dfrac{1}{f'(g(1))}=\dfrac{1}{f'(0)}=\dfrac{1}{6}$이므로 ㉠에서
$f'(1)g(1)+f(1)g'(1)=1\times0+4\times\dfrac{1}{6}$
$\qquad\qquad\qquad\qquad\quad=\dfrac{4}{6}=\dfrac{2}{3}$ **冒** ③

10

오른쪽 그림에서 $f(b)=a$이므로
$g(a)=b$
$\therefore g'(a)=\dfrac{1}{f'(g(a))}=\dfrac{1}{f'(b)}$ **冒** ④

11

$f(x)=\dfrac{1}{2}(e^x-e^{-x})$에서 $f'(x)=\dfrac{1}{2}(e^x+e^{-x})$

$g(2)=a$라 하면 $f(a)=2$

즉, $f(a)=\dfrac{1}{2}(e^a-e^{-a})=2$이므로

$e^{2a}-4e^a-1=0$

$\therefore e^a=2+\sqrt{5}\ (\because e^a>0)$

$\therefore a=\ln(2+\sqrt{5})$

$\therefore g'(2)=\dfrac{1}{f'(g(2))}=\dfrac{1}{f'(a)}=\dfrac{1}{f'(\ln(2+\sqrt{5}))}$

$\qquad=\dfrac{1}{\dfrac{1}{2}\{e^{\ln(2+\sqrt{5})}+e^{-\ln(2+\sqrt{5})}\}}$

$\qquad=\dfrac{2}{(2+\sqrt{5})+\dfrac{1}{2+\sqrt{5}}}$

$\qquad=\dfrac{2}{(2+\sqrt{5})-(2-\sqrt{5})}$

$\qquad=\dfrac{2}{2\sqrt{5}}=\dfrac{\sqrt{5}}{5}$ 답 ②

12

조건 ㈏에서 $x\to2$일 때 (분모)$\to0$이고, 극한값이 존재하므로 (분자)$\to0$이어야 한다. 즉,

$\displaystyle\lim_{x\to2}\{f'(f(x))-2\}=0\quad\therefore \lim_{x\to2}f'(f(x))=2$

그런데 함수 $f'(f(x))$는 연속함수이므로

$f'(f(2))=\displaystyle\lim_{x\to2}f'(f(x))=2$

$\therefore \displaystyle\lim_{x\to2}\dfrac{f'(f(x))-2}{x^2-4}$

$=\displaystyle\lim_{x\to2}\left\{\dfrac{f'(f(x))-f'(f(2))}{f(x)-f(2)}\times\dfrac{f(x)-f(2)}{x-2}\times\dfrac{1}{x+2}\right\}$

$=f''(f(2))\times f'(2)\times\dfrac{1}{4}$

$=f''(3)\times1\times\dfrac{1}{4}\ (\because \text{조건 ㉮})$

$=\dfrac{1}{4}f''(3)=5$

$\therefore f''(3)=20$ 답 20

13

$f'(x)=e^x(\sin x+\cos x)$

$f''(x)=e^x(\sin x+\cos x)+e^x(\cos x-\sin x)$

$\qquad=2e^x\cos x$

이때, $f(x)-f'(x)+af''(x)=0$에서

$e^x\sin x-e^x(\sin x+\cos x)+2ae^x\cos x=0$

$e^x(2a-1)\cos x=0$ ……㉠

임의의 실수 x에 대하여 ㉠이 항상 성립하므로

$2a-1=0\quad\therefore a=\dfrac{1}{2}$ 답 ①

14

$f'(x)=(2x-2)e^x+(x^2-2x+a)e^x$

$\qquad=(x^2+a-2)e^x$

$f''(x)=2xe^x+(x^2+a-2)e^x$

$\qquad=(x^2+2x+a-2)e^x$

이때, $e^x>0$이므로 모든 실수 x에 대하여 $f''(x)\geq0$이려면 $x^2+2x+a-2\geq0$이어야 한다.

이차방정식 $x^2+2x+a-2=0$의 판별식을 D라 하면

$\dfrac{D}{4}=1-(a-2)\leq0\quad\therefore a\geq3$

따라서 실수 a의 최솟값은 3이다. 답 3

15

$f(x)=(x+1)^{\frac{3}{2}}$에서 $f'(x)=\dfrac{3}{2}(x+1)^{\frac{1}{2}}$

이때, $h'(x)=g'(f(x))f'(x)$이므로

$h'(0)=g'(f(0))f'(0)$

이때, $h'(0)=15$, $f(0)=1$, $f'(0)=\dfrac{3}{2}$이므로

$15=g'(1)\times\dfrac{3}{2}$

$\therefore g'(1)=10$ 답 10

16

$f(x)=\ln(\tan x)$에서 $f'(x)=\dfrac{\sec^2 x}{\tan x}$

이때, $f\left(\dfrac{\pi}{4}\right)=\ln\left(\tan\dfrac{\pi}{4}\right)=0$이므로

$g(0)=\dfrac{\pi}{4}\ (\because g(x)=f^{-1}(x))$

$\therefore \displaystyle\lim_{h\to0}\dfrac{4g(8h)-\pi}{h}=\lim_{h\to0}\dfrac{4\left\{g(8h)-\dfrac{\pi}{4}\right\}}{h}$

$\qquad=32\displaystyle\lim_{h\to0}\dfrac{g(8h)-g(0)}{8h}$

$\qquad=32g'(0)$

따라서 $g'(0)=\dfrac{1}{f'(g(0))}=\dfrac{1}{f'\left(\dfrac{\pi}{4}\right)}=\dfrac{1}{2}$이므로

$32g'(0)=32\times\dfrac{1}{2}=16$ 답 16

04 | 도함수의 활용 (1)

내신&수능 빈출 유형 본문 44~46쪽

유형 01

$\lim\limits_{x \to e} \dfrac{f(x)-1}{x^2-e^2}=\dfrac{1}{e^2}$에서 $x \to e$일 때 (분모)$\to 0$이고, 극한값이 존재하므로 (분자)$\to 0$이어야 한다. 즉,

$\lim\limits_{x \to e}\{f(x)-1\}=0$ $\therefore \lim\limits_{x \to e}f(x)=1$

그런데 $f(x)$는 연속함수이므로

$f(e)=\lim\limits_{x \to e}f(x)=1$

$\therefore \lim\limits_{x \to e}\dfrac{f(x)-1}{x^2-e^2}=\lim\limits_{x \to e}\dfrac{f(x)-f(e)}{x^2-e^2}$

$\qquad\qquad\qquad\quad =\lim\limits_{x \to e}\left\{\dfrac{f(x)-f(e)}{x-e}\times\dfrac{1}{x+e}\right\}$

$\qquad\qquad\qquad\quad =\dfrac{f'(e)}{2e}$

이때, $\lim\limits_{x \to e}\dfrac{f(x)-1}{x^2-e^2}=\dfrac{1}{e^2}$이므로

$\dfrac{f'(e)}{2e}=\dfrac{1}{e^2}$ $\therefore f'(e)=\dfrac{2}{e}$

$g(x)=f(x)\ln x$라 하면

$g'(x)=f'(x)\ln x+\dfrac{f(x)}{x}$

$\therefore g(e)=1,\ g'(e)=\dfrac{3}{e}$

즉, 구하는 접선의 방정식은

$y-1=\dfrac{3}{e}(x-e)$

$\therefore y=\dfrac{3}{e}x-2$

따라서 $a=\dfrac{3}{e},\ b=-2$이므로

$ab=\dfrac{3}{e}\times(-2)=-\dfrac{6}{e}$ 답 ⑤

01-1

$f(x)=x\ln x$로 놓으면

$f'(x)=\ln x+x\times\dfrac{1}{x}=\ln x+1$이므로

$f'(e)=\ln e+1=2$

따라서 곡선 $y=f(x)$ 위의 점 $(e,\ e)$에서의 접선에 수직인 직선의 기울기는 $-\dfrac{1}{2}$이므로 구하는 직선의 방정식은

$y-e=-\dfrac{1}{2}(x-e)$

$\therefore y=-\dfrac{1}{2}x+\dfrac{3}{2}e$ 답 ④

01-2

$\dfrac{dx}{d\theta}=1-\cos\theta,\ \dfrac{dy}{d\theta}=\sin\theta$이므로

$\dfrac{dy}{dx}=\dfrac{\dfrac{dy}{d\theta}}{\dfrac{dx}{d\theta}}=\dfrac{\sin\theta}{1-\cos\theta}$ (단, $\cos\theta\neq1$)

$\theta=\dfrac{3}{2}\pi$일 때, $x=\dfrac{3}{2}\pi+1,\ y=1,\ \dfrac{dy}{dx}=\dfrac{-1}{1-0}=-1$이므로 접선의 방정식은

$y-1=-\left\{x-\left(\dfrac{3}{2}\pi+1\right)\right\}$ $\therefore y=-x+\dfrac{3}{2}\pi+2$

따라서 $a=-1,\ b=\dfrac{3}{2}\pi+2$이므로

$a+b=-1+\dfrac{3}{2}\pi+2=1+\dfrac{3}{2}\pi$ 답 ④

유형 02

$f(x)=\ln(2x-1)$로 놓으면

$f'(x)=\dfrac{2}{2x-1}$

구하는 직선이 직선 $2x-y+3=0$에 평행하므로 구하는 직선의 기울기는 2이다.

이때, 접점의 좌표를 $(t,\ \ln(2t-1))$이라 하면

$f'(t)=\dfrac{2}{2t-1}=2$

$2t-1=1$ $\therefore t=1$

즉, 접점의 좌표는 $(1,\ 0)$이므로 접선의 방정식은

$y-0=2(x-1)$

$\therefore y=2x-2$

따라서 구하는 직선의 y절편은 -2이다.   답 ①

02-1

$f(x)=\cos 2x \left(-\dfrac{\pi}{4}\leq x\leq\dfrac{\pi}{4}\right)$로 놓으면

$f'(x)=-2\sin 2x$

구하는 직선의 기울기는 $\tan\dfrac{2}{3}\pi=-\sqrt{3}$이므로 접점의 좌표를 $(t,\ \cos 2t)$라 하면

$f'(t)=-2\sin 2t=-\sqrt{3}$

$\sin 2t=\dfrac{\sqrt{3}}{2},\ 2t=\dfrac{\pi}{3}\left(\because -\dfrac{\pi}{2}\leq 2t\leq\dfrac{\pi}{2}\right)$ $\therefore t=\dfrac{\pi}{6}$

즉, 접점의 좌표는 $\left(\dfrac{\pi}{6},\ \dfrac{1}{2}\right)$이므로 접선의 방정식은

$y-\dfrac{1}{2}=-\sqrt{3}\left(x-\dfrac{\pi}{6}\right)$

$\therefore y=-\sqrt{3}x+\dfrac{1}{2}+\dfrac{\sqrt{3}}{6}\pi$

따라서 구하는 직선의 y절편은 $\dfrac{1}{2}+\dfrac{\sqrt{3}}{6}\pi$이다.   답 ⑤

유형 03

$f(x)=x\ln x-x$로 놓으면

$f'(x)=\ln x+x\times\dfrac{1}{x}-1=\ln x$

접점의 좌표를 $(t,\ t\ln t-t)$라 하면 접선의 기울기는

$f'(t)=\ln t$이므로 접선의 방정식은

$y-(t\ln t-t)=\ln t(x-t)$

$\therefore\ y=(\ln t)x-t$

이 직선이 점 $(0,\ -e^2)$을 지나므로

$-e^2=-t$ $\therefore\ t=e^2$

따라서 구하는 접선의 방정식은

$y=2x-e^2$ $\therefore\ a=2$ 답 2

03-1

$f(x)=e^{x+3}$으로 놓으면

$f'(x)=e^{x+3}$

직선 $y=m(x+5)$는 m의 값에 관계없이 항상 점 $(-5,\ 0)$을 지나므로 점 $(-5,\ 0)$에서 곡선 $y=e^{x+3}$에 그은 접선과 같다.

이 곡선의 접점의 좌표를 $(t,\ e^{t+3})$이라 하면 접선의 기울기는

$f'(t)=e^{t+3}$이므로 접선의 방정식은

$y-e^{t+3}=e^{t+3}(x-t)$

이 직선이 점 $(-5,\ 0)$을 지나므로

$-e^{t+3}=e^{t+3}(-5-t)$

$-1=-5-t\ (\because\ e^{t+3}\neq0)$ $\therefore\ t=-4$

$\therefore\ m=e^{-4+3}=\dfrac{1}{e}$ 답 ③

03-2

$f(x)=\dfrac{2x}{x-1}$로 놓으면

$f'(x)=\dfrac{2(x-1)-2x}{(x-1)^2}=-\dfrac{2}{(x-1)^2}$

접점의 좌표를 $\left(t,\ \dfrac{2t}{t-1}\right)$라 하면 접선의 기울기는

$f'(t)=-\dfrac{2}{(t-1)^2}$이므로 접선의 방정식은

$y-\dfrac{2t}{t-1}=-\dfrac{2}{(t-1)^2}(x-t)$

이 직선이 점 $(4,\ 0)$을 지나므로

$-\dfrac{2t}{t-1}=-\dfrac{2}{(t-1)^2}(4-t)$

$t(t-1)=4-t,\ t^2=4$

$\therefore\ t=-2$ 또는 $t=2$

$t=-2$인 점에서의 접선의 기울기는

$f'(-2)=-\dfrac{2}{(-2-1)^2}=-\dfrac{2}{9}$

$t=2$인 점에서의 접선의 기울기는

$f'(2)=-\dfrac{2}{(2-1)^2}=-2$

따라서 두 접선의 기울기의 곱은

$(-2)\times\left(-\dfrac{2}{9}\right)=\dfrac{4}{9}$ 답 ③

유형 04

$f(x)=x^2\ln x$는 $x>0$이고

$f'(x)=2x\ln x+x^2\times\dfrac{1}{x}=x(2\ln x+1)$

$f'(x)=0$에서 $x(2\ln x+1)=0$

$2\ln x+1=0\ (\because\ x>0),\ \ln x=-\dfrac{1}{2}$

$\therefore\ x=e^{-\frac{1}{2}}=\dfrac{1}{\sqrt{e}}$

x	(0)	$\cdots$	$\dfrac{1}{\sqrt{e}}$	$\cdots$
$f'(x)$		$-$	0	$+$
$f(x)$		$\searrow$		$\nearrow$

이때, 함수 $f(x)$는 구간 $\left(0,\ \dfrac{1}{\sqrt{e}}\right]$에서 감소하고, 구간 $\left[\dfrac{1}{\sqrt{e}},\ \infty\right)$에서 증가한다.

따라서 $0<\dfrac{1}{\sqrt{e}}<1$이므로 $f(x)$가 감소하는 구간 $\left(0,\ \dfrac{1}{\sqrt{e}}\right]$에 속하는 정수 x는 0개이다. 답 ①

04-1

$f(x)=ax+\ln(x^2+4)$에서

$f'(x)=a+\dfrac{2x}{x^2+4}=\dfrac{ax^2+2x+4a}{x^2+4}$

함수 $f(x)$가 구간 $(-\infty,\ \infty)$에서 증가하려면 모든 실수 x에 대하여 $f'(x)\geq0$이어야 하므로

$ax^2+2x+4a\geq0\ (\because\ x^2+4>0)$

즉, $a>0$이어야 하고, 이차방정식 $ax^2+2x+4a=0$의 판별식을 D라 하면

$\dfrac{D}{4}=1-4a^2\leq0,\ 4a^2-1\geq0$

$(2a+1)(2a-1)\geq0$ $\therefore\ a\leq-\dfrac{1}{2}$ 또는 $a\geq\dfrac{1}{2}$

$\therefore\ a\geq\dfrac{1}{2}\ (\because\ a>0)$

따라서 상수 a의 최솟값은 $\dfrac{1}{2}$이다. 답 ②

유형 05

$f(x)=x^2+ax+b$에서 $f'(x)=2x+a$

$g(x)=e^{-x}f(x)$에서 $g'(x)=e^{-x}\{-f(x)+f'(x)\}$

미분가능한 함수 $g(x)$가 $x=0$에서 극솟값 1을 가지므로

$g(0)=f(0)=b=1$

$g'(0)=-f(0)+f'(0)=-b+a=0$

$\therefore\ a=1,\ b=1$

즉, $f(x)=x^2+x+1$이고

$g(x)=e^{-x}(-x^2+x)=-x(x-1)e^{-x}$이므로

$g'(x)=0$에서 $-x(x-1)e^{-x}=0$

$x(x-1)=0\ (\because\ e^{-x}>0)$

$\therefore\ x=0$ 또는 $x=1$

x	$\cdots$	0	$\cdots$	1	$\cdots$
$g'(x)$	$-$	0	$+$	0	$-$
$g(x)$	$\searrow$	극소	$\nearrow$	극대	$\searrow$

따라서 $g(x)$는 $x=1$에서 극댓값 $g(1)=e^{-1}f(1)=\dfrac{3}{e}$을 갖는다.

답 ①

05-1

$f(x)=\dfrac{kx}{x^2+k}$에서

$f'(x)=\dfrac{k(x^2+k)-kx\times 2x}{(x^2+k)^2}=\dfrac{k(-x^2+k)}{(x^2+k)^2}$

$x^2+k\neq 0$인 모든 실수 x에서 미분가능한 함수 $f(x)$가 $x=2$에서 극값을 가지므로

$f'(2)=0$

$k(-4+k)=0$ $\therefore k=4\ (\because k\neq 0)$

$\therefore f(x)=\dfrac{4x}{x^2+4}$, $f'(x)=\dfrac{4(-x^2+4)}{(x^2+4)^2}$

$f'(x)=0$에서 $x=-2$ 또는 $x=2$

x	$\cdots$	-2	$\cdots$	2	$\cdots$
$f'(x)$	$-$	0	$+$	0	$-$
$f(x)$	$\searrow$	극소	$\nearrow$	극대	$\searrow$

따라서 $f(x)$는 $x=-2$에서 극솟값 $f(-2)=\dfrac{-8}{4+4}=-1$을 갖는다.

답 ②

05-2

$f(x)=2x\sin 2x+\cos 2x$에서

$f'(x)=2\sin 2x+4x\cos 2x-2\sin 2x=4x\cos 2x$

$f'(x)=0$에서 $4x\cos 2x=0$

$\cos 2x=0\ (\because 0<x<\pi)$

$\therefore x=\dfrac{\pi}{4}$ 또는 $x=\dfrac{3}{4}\pi$

x	(0)	$\cdots$	$\dfrac{\pi}{4}$	$\cdots$	$\dfrac{3}{4}\pi$	$\cdots$	(π)
$f'(x)$		$+$	0	$-$	0	$+$	
$f(x)$		$\nearrow$	극대	$\searrow$	극소	$\nearrow$	

따라서 $f(x)$는 $x=\dfrac{\pi}{4}$에서 극댓값을 갖고, $x=\dfrac{3}{4}\pi$에서 극솟값을 가지므로 $\alpha=\dfrac{\pi}{4}$, $\beta=\dfrac{3}{4}\pi$

$\therefore \alpha-\beta=\dfrac{\pi}{4}-\dfrac{3}{4}\pi=-\dfrac{\pi}{2}$

답 ②

유형 06

$f(x)=\ln(3x^2+a)+\dfrac{1}{2}x$에서

$f'(x)=\dfrac{6x}{3x^2+a}+\dfrac{1}{2}=\dfrac{3x^2+12x+a}{2(3x^2+a)}$

$f(x)$가 극값을 갖지 않으려면 이차방정식 $3x^2+12x+a=0$이 중근 또는 허근을 가져야 하므로 이 이차방정식의 판별식을 D라 하면

$\dfrac{D}{4}=36-3a\leq 0$ $\therefore a\geq 12$

따라서 a의 최솟값은 12이다.

답 12

06-1

$f(x)=2x-\dfrac{k}{x}-2k\ln x$는 $x>0$에서 정의되고

$f'(x)=2+\dfrac{k}{x^2}-\dfrac{2k}{x}=\dfrac{2x^2-2kx+k}{x^2}\ (x>0)$

$f(x)$가 극댓값과 극솟값을 모두 갖기 위해서는 이차방정식 $2x^2-2kx+k=0$이 $x>0$에서 서로 다른 두 실근을 가져야 한다.
즉, 서로 다른 두 양의 실근을 가지면 되므로 이차방정식 $2x^2-2kx+k=0$의 판별식을 D라 하면

$\dfrac{D}{4}=k^2-2k>0$, $k(k-2)>0$

$\therefore k<0$ 또는 $k>2$ $\cdots\cdots$ ㉠

이차방정식의 근과 계수의 관계에 의하여

(두 근의 합)$=k>0$, (두 근의 곱)$=\dfrac{k}{2}>0$

$\therefore k>0$ $\cdots\cdots$ ㉡

㉠, ㉡에서 구하는 k의 값의 범위는 $k>2$

답 ③

| 빈출 유형 **마무리** | | | | 본문 47~48쪽 |

01 ②	**02** ④	**03** 10	**04** ③	**05** ④	**06** 2
07 ⑤	**08** ③	**09** 212	**10** ①	**11** ④	**12** ②
13 ①	**14** ②	**15** 50	**16** ④		

01

$f(x)=\dfrac{1}{x^2+2}$로 놓으면

$f'(x)=\dfrac{-2x}{(x^2+2)^2}$이므로 $f'(1)=-\dfrac{2}{9}$

이때, 곡선 $y=f(x)$ 위의 점 $\left(1, \dfrac{1}{3}\right)$에서의 접선의 방정식은

$y=-\dfrac{2}{9}(x-1)+\dfrac{1}{3}$

$\therefore y=-\dfrac{2}{9}x+\dfrac{5}{9}$

따라서 접선의 x절편과 y절편은 각각 $\dfrac{5}{2}$, $\dfrac{5}{9}$이므로 구하는 삼각형의 넓이는

$\dfrac{1}{2}\times\dfrac{5}{2}\times\dfrac{5}{9}=\dfrac{25}{36}$

답 ②

02

$g(x)=xe^{-x}$으로 놓으면

$g'(x)=e^{-x}-xe^{-x}=e^{-x}(1-x)$

곡선 $y=g(x)$ 위의 점 $\mathrm{P}(t,\ te^{-t})$에서의 접선의 기울기는

$g'(t)=e^{-t}(1-t)$이므로 접선의 방정식은

$y-te^{-t}=e^{-t}(1-t)(x-t)$

이 직선이 점 $(f(t),\ 0)$을 지나므로

$-te^{-t}=e^{-t}(1-t)\{f(t)-t\}$

$-t=(1-t)\{f(t)-t\}\ (\because\ e^{-t}>0)$

$\therefore\ f(t)=\dfrac{t^2}{t-1}$

$\therefore\ \displaystyle\lim_{t\to 0+}\dfrac{f(t)}{t^2}=\lim_{t\to 0+}\dfrac{1}{t-1}=-1$ **답** ④

03

$t=1$일 때, $x=4$, $y=1$이므로 접점의 좌표는 $(4,\ 1)$이다.

$\dfrac{dx}{dt}=-\dfrac{2}{t^2}+\dfrac{1}{\sqrt{t}}$, $\dfrac{dy}{dt}=2+\dfrac{1}{t^2}$이므로

$\dfrac{dy}{dx}=\dfrac{\dfrac{dy}{dt}}{\dfrac{dx}{dt}}=\dfrac{2+\dfrac{1}{t^2}}{-\dfrac{2}{t^2}+\dfrac{1}{\sqrt{t}}}$

위의 식에 $t=1$을 대입하면

$\dfrac{dy}{dx}=-3$

이때, 접선의 방정식은

$y-1=-3(x-4)$, 즉 $y=-3x+13$

따라서 $a=-3$, $b=13$이므로 $a+b=10$ **답** 10

04

두 점 $\mathrm{A}(0,\ -8)$, $\mathrm{B}(3,\ 0)$을 지나는 직선의 기울기는 $\dfrac{8}{3}$이므로 삼각형 PAB 의 넓이가 최소가 되도록 하는 곡선 위의 점 P는 기울기가 $\dfrac{8}{3}$인 접선의 접점이다.

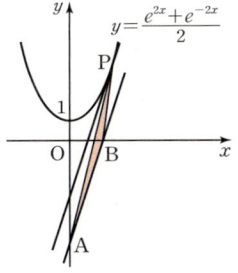

$f(x)=\dfrac{e^{2x}+e^{-2x}}{2}$으로 놓으면

$f'(x)=e^{2x}-e^{-2x}$

이때, 점 P의 좌표를 $(t,\ f(t))$라 하면

$f'(t)=e^{2t}-e^{-2t}=\dfrac{8}{3}$

$e^{2t}=u\ (u>0)$으로 치환하면

$u-\dfrac{1}{u}=\dfrac{8}{3}$, $3u^2-8u-3=0$, $(3u+1)(u-3)=0$

$\therefore\ u=3\ (\because\ u>0)$

즉, $u=e^{2t}=3$이므로 $2t=\ln 3$

$\therefore\ t=\dfrac{1}{2}\ln 3$ **답** ③

05

$f(x)=x\ln x$로 놓으면

$f'(x)=\ln x+x\times\dfrac{1}{x}=\ln x+1$

이때, 점 P의 좌표를 $(t,\ t\ln t)$라 하면 점 P에서의 접선의 기울기는

$f'(t)=\ln t+1$

이므로 접선의 방정식은

$y-t\ln t=(\ln t+1)(x-t)$

이 접선이 점 $(0,\ -e)$를 지나므로

$-e-t\ln t=(\ln t+1)(0-t)$

$-e-t\ln t=-t\ln t-t$

$\therefore\ t=e$

즉, 점 P의 좌표는 $(e,\ e)$이고 접선의 기울기는 2이다.

이때, 점 P를 지나고 접선에 수직인 직선의 기울기가 $-\dfrac{1}{2}$이므로 구하는 직선의 방정식은

$y-e=-\dfrac{1}{2}(x-e)$

$\therefore\ y=-\dfrac{1}{2}x+\dfrac{3}{2}e$ **답** ④

06

$f(x)=(x+2k)e^{-2x}$으로 놓으면

$f'(x)=e^{-2x}+(x+2k)\times(-2e^{-2x})$

$\qquad\ =e^{-2x}(1-2x-4k)$

접점의 좌표를 $(t,\ (t+2k)e^{-2t})$이라 하면 이 점에서의 접선의 기울기는

$f'(t)=e^{-2t}(1-2t-4k)$

이므로 접선의 방정식은

$y-(t+2k)e^{-2t}=e^{-2t}(1-2t-4k)(x-t)$

이 직선이 원점을 지나므로

$-(t+2k)e^{-2t}=e^{-2t}(1-2t-4k)\times(-t)$

$e^{-2t}(2t^2+4kt+2k)=0$

$\therefore\ t^2+2kt+k=0\ (\because\ e^{-2t}>0)$ $\cdots\cdots\ \ominus$

원점에서 곡선 $y=(x+2k)e^{-2x}$에 서로 다른 두 개의 접선을 그을 수 있으려면 방정식 $\ominus$이 서로 다른 두 실근을 가져야 하므로 $\ominus$의 판별식을 D라 하면

$\dfrac{D}{4}=k^2-k>0$, $k(k-1)>0$

$\therefore\ k<0$ 또는 $k>1$

따라서 구하는 자연수 k의 최솟값은 2이다.   **답** 2

07

$f(x)=2\sin^2 x$로 놓으면 $f'(x)=4\sin x\cos x$

$g(x)=k-2\sqrt{3}\cos x$로 놓으면 $g'(x)=2\sqrt{3}\sin x$

두 곡선 $y=f(x)$, $y=g(x)$의 교점의 x좌표를 t라 하면

$f(t)=g(t)$

$2\sin^2 t=k-2\sqrt{3}\cos t$ $\cdots\cdots\ \ominus$

또한 이 교점에서의 두 곡선의 접선이 일치하므로
$f'(t)=g'(t)$
$4\sin t\cos t=2\sqrt{3}\sin t$ ...... ㉡
$0<t<\pi$에서 $\sin t>0$이므로 ㉡에서
$\cos t=\dfrac{\sqrt{3}}{2}$ $\therefore t=\dfrac{\pi}{6}$

$t=\dfrac{\pi}{6}$를 ㉠에 대입하면
$2\times\left(\dfrac{1}{2}\right)^2=k-2\sqrt{3}\times\dfrac{\sqrt{3}}{2}$
$\therefore k=\dfrac{7}{2}$ 目 ⑤

08

$f(x)=\ln(2x+3)$으로 놓으면 $f'(x)=\dfrac{2}{2x+3}$

$g(x)=a-\ln x$로 놓으면 $g'(x)=-\dfrac{1}{x}$

두 곡선 $y=f(x)$, $y=g(x)$의 교점의 x좌표를 t라 하면
$f(t)=g(t)$
즉, $\ln(2t+3)=a-\ln t$ ...... ㉠
또한 이 교점에서의 두 곡선의 접선이 서로 수직이므로
$f'(t)g'(t)=\dfrac{2}{2t+3}\times\left(-\dfrac{1}{t}\right)=-1$
$2t^2+3t-2=0$, $(t+2)(2t-1)=0$
$\therefore t=\dfrac{1}{2}$ ($\because t>0$) ...... ㉡
㉡을 ㉠에 대입하면
$\ln 4=a-\ln\dfrac{1}{2}$
$\therefore a=\ln 2$ 目 ③

09

$f(x)=\ln kx$로 놓으면 $f'(x)=\dfrac{1}{x}$

원점에서 곡선 $y=f(x)$에 그은 접선의 접점의 좌표를 $(t,\ \ln kt)$
라 하면 접선의 방정식은
$y-\ln kt=\dfrac{1}{t}(x-t)$ ...... ㉠
이 직선이 원점을 지나므로
$-\ln kt=-1$, $kt=e$ $\therefore t=\dfrac{e}{k}$

$t=\dfrac{e}{k}$를 ㉠에 대입하면 접선의 방정식은
$y=\dfrac{k}{e}x$ ...... ㉡
한편, $g(x)=a_k e^x$으로 놓으면 $g'(x)=a_k e^x$
원점에서 곡선 $y=g(x)$에 그은 접선의 접점의 좌표를 $(s,\ a_k e^s)$
이라 하면 접선의 방정식은
$y-a_k e^s=a_k e^s(x-s)$ ...... ㉢
이 직선이 원점을 지나므로
$-a_k e^s=-sa_k e^s$ $\therefore s=1$

$s=1$을 ㉢에 대입하면 접선의 방정식은
$y=a_k ex$ ...... ㉣
㉡, ㉣이 서로 일치하므로
$\dfrac{k}{e}=a_k e$ $\therefore a_k=\dfrac{k}{e^2}$
$\therefore \displaystyle\sum_{k=1}^{20}a_k=\sum_{k=1}^{20}\dfrac{k}{e^2}$
$\qquad\qquad =\dfrac{1}{e^2}\times\dfrac{20\times 21}{2}=\dfrac{210}{e^2}$
따라서 $p=210$, $q=2$이므로
$p+q=210+2=212$ 目 212

10

함수 $f(x)=\dfrac{e^{x^2}}{x}$은 $x\neq 0$인 모든 실수 x에서 정의되고
$f'(x)=\dfrac{2xe^{x^2}\times x-e^{x^2}\times 1}{x^2}=\dfrac{e^{x^2}(2x^2-1)}{x^2}$
$f'(x)=0$에서 $e^{x^2}(2x^2-1)=0$
$2x^2-1=0$ ($\because e^{x^2}>0$)
$x^2=\dfrac{1}{2}$ $\therefore x=-\dfrac{\sqrt{2}}{2}$ 또는 $x=\dfrac{\sqrt{2}}{2}$

x	$\cdots$	$-\dfrac{\sqrt{2}}{2}$	$\cdots$	(0)	$\cdots$	$\dfrac{\sqrt{2}}{2}$	$\cdots$
$f'(x)$	$+$	0	$-$		$-$	0	$+$
$f(x)$	↗		↘		↘		↗

따라서 함수 $f(x)$는 구간 $\left(-\infty,\ -\dfrac{\sqrt{2}}{2}\right]$, $\left[\dfrac{\sqrt{2}}{2},\ \infty\right)$에서 증가하고, 구간 $\left[-\dfrac{\sqrt{2}}{2},\ 0\right)$, $\left(0,\ \dfrac{\sqrt{2}}{2}\right]$에서 감소하므로 함수 $f(x)$가 증가하는 구간에 속하는 수는 ① $-\dfrac{\sqrt{3}}{2}$이다. 目 ①

11

$f(x)=e^{-x}\cos x$에서
$f'(x)=e^{-x}(-\cos x-\sin x)$
$f'(x)=0$에서 $-\cos x-\sin x=0$ ($\because e^{-x}>0$)
$-\cos x=\sin x$, $-1=\dfrac{\sin x}{\cos x}$ ($\because \cos x\neq 0$)
$\tan x=-1$ $\therefore x=\dfrac{3}{4}\pi$ 또는 $x=\dfrac{7}{4}\pi$

x	0	$\cdots$	$\dfrac{3}{4}\pi$	$\cdots$	$\dfrac{7}{4}\pi$	$\cdots$	2π
$f'(x)$	$(-)$	$-$	0	$+$	0	$-$	$(-)$
$f(x)$		↘	극소	↗	극대	↘	

따라서 $f(x)$는 $x=\dfrac{3}{4}\pi$에서 극솟값을 가지므로 $a=\dfrac{3}{4}\pi$
$\therefore \sin a=\sin\dfrac{3}{4}\pi=\dfrac{\sqrt{2}}{2}$ 目 ④

12

$f(x)=e^x(-1+4x-x^2)$에서

$f'(x)=e^x(-x^2+2x+3)=-e^x(x+1)(x-3)$

$f'(x)=0$에서 $x=-1$ 또는 $x=3$

x	$\cdots$	-1	$\cdots$	3	$\cdots$
$f'(x)$	$-$	0	$+$	0	$-$
$f(x)$	$\searrow$	$-\dfrac{6}{e}$	$\nearrow$	$2e^3$	$\searrow$

따라서 $f(x)$는 $x=3$에서 극댓값 $f(3)=2e^3$을 갖고, $x=-1$에서 극솟값 $f(-1)=-\dfrac{6}{e}$을 갖는다.

$\therefore \alpha=2e^3,\ \beta=-\dfrac{6}{e}$

$\therefore \dfrac{\alpha}{\beta}=\dfrac{2e^3}{-\dfrac{6}{e}}=-\dfrac{e^4}{3}$ 답 ②

13

$f(x)=(1+\sin x)\cos x+kx$에서

$f'(x)=\cos^2 x-(1+\sin x)\sin x+k$

$\qquad=-2\sin^2 x-\sin x+1+k$

$\qquad=-2\left(\sin x+\dfrac{1}{4}\right)^2+\dfrac{9}{8}+k$

$f(x)$가 극값을 갖지 않으려면 $f'(x_0)=0$이면서 $x=x_0$의 좌우에서 $f'(x)$의 부호가 바뀌는 x_0의 값이 존재하지 않아야 한다.

즉, $\sin x=t$, $g(t)=-2\left(t+\dfrac{1}{4}\right)^2+\dfrac{9}{8}+k$ $(-1\leq t\leq 1)$로 놓을 때, $g(t)$의 부호가 $-1\leq t\leq 1$에서 바뀌지 않으면 되므로 다음 두 가지 경우를 생각할 수 있다.

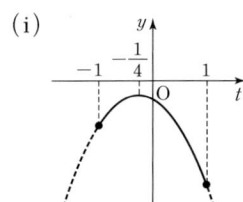 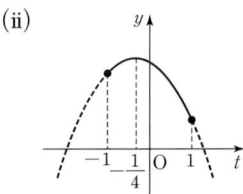

(i) $g\left(-\dfrac{1}{4}\right)=\dfrac{9}{8}+k\leq 0$인 경우

$\quad k\leq -\dfrac{9}{8}$

(ii) $g(1)=-2+k\geq 0$인 경우

$\quad k\geq 2$

(i), (ii)에서 $f(x)$가 극값을 갖지 않도록 하는 실수 k의 값의 범위는

$k\leq -\dfrac{9}{8}$ 또는 $k\geq 2$

따라서 $\alpha=-\dfrac{9}{8}$, $\beta=2$이므로

$\alpha\beta=\left(-\dfrac{9}{8}\right)\times 2=-\dfrac{9}{4}$ 답 ①

14

$f(x)=\ln x+\dfrac{k}{x}-x$는 $x>0$에서 정의되고

$f'(x)=\dfrac{1}{x}-\dfrac{k}{x^2}-1=\dfrac{-x^2+x-k}{x^2}$ $(x>0)$

$f(x)$가 극댓값과 극솟값을 모두 갖기 위해서는 이차방정식 $-x^2+x-k=0$이 $x>0$에서 서로 다른 두 실근을 가져야 한다.

즉, 서로 다른 두 양의 실근을 가지면 되므로

이차방정식 $-x^2+x-k=0$의 판별식을 D라 하면

$D=1-4k>0,\ 4k<1$

$\therefore k<\dfrac{1}{4}$ $\cdots\cdots$ ㉠

이차방정식의 근과 계수의 관계에 의하여

(두 근의 합)$=-\dfrac{1}{-1}=1>0$

(두 근의 곱)$=k>0$ $\cdots\cdots$ ㉡

㉠, ㉡에서 $0<k<\dfrac{1}{4}$

따라서 $\alpha=0$, $\beta=\dfrac{1}{4}$이므로

$\beta-\alpha=\dfrac{1}{4}-0=\dfrac{1}{4}$ 답 ②

15

곡선 $y=f(x)$가 점 $(e,\ -e)$를 지나므로

$f(e)=-e$ $\cdots\cdots$ ㉠

곡선 $y=f(x)$ 위의 점 $(e,\ -e)$에서의 접선과 곡선 $y=g(x)$ 위의 점 $(e,\ -4e)$에서의 접선이 서로 수직이므로

$f'(e)g'(e)=-1$ $\cdots\cdots$ ㉡

$x>0$에서

$g(x)=f(x)\ln x^4=4f(x)\ln x$

$g'(x)=4f'(x)\ln x+\dfrac{4f(x)}{x}$ $(x>0)$

$\therefore g'(e)=4f'(e)\ln e+\dfrac{4f(e)}{e}$

$\qquad=4f'(e)-4$ $(\because$ ㉠$)$

$g'(e)=4f'(e)-4$를 ㉡에 대입하면

$f'(e)\{4f'(e)-4\}=-1$

$4\{f'(e)\}^2-4f'(e)+1=0$

$\{2f'(e)-1\}^2=0$

$\therefore f'(e)=\dfrac{1}{2}$

$\therefore 100f'(e)=100\times\dfrac{1}{2}=50$ 답 50

16

$f(x)=\dfrac{1}{2}x^2-a\ln x$ $(a>0)$는 $x>0$에서 정의되고

$f'(x)=x-\dfrac{a}{x}$ $(x>0)$

$f'(x)=0$에서 $x-\dfrac{a}{x}=0$, $x^2=a$

$\therefore x=\sqrt{a}$ $(\because x>0)$

x	(0)	$\cdots$	$\sqrt{a}$	$\cdots$
$f'(x)$		$-$	0	$+$
$f(x)$		$\searrow$	극소	$\nearrow$

따라서 함수 $f(x)$는 $x=\sqrt{a}$에서 극솟값 $f(\sqrt{a})$를 갖는다.

그런데 극솟값이 0이므로 $f(\sqrt{a})=\dfrac{1}{2}a-a\ln\sqrt{a}=0$

$\dfrac{1}{2}a(1-\ln a)=0$, $\ln a=1$ $(\because a>0)$

$\therefore a=e$ 달 ④

05 | 도함수의 활용 (2)

내신&수능 빈출 유형   본문 50~54쪽

유형 01

$f(x)=(2x^2+a)e^x$으로 놓으면

$f'(x)=4xe^x+(2x^2+a)e^x=(2x^2+4x+a)e^x$

$f''(x)=(4x+4)e^x+(2x^2+4x+a)e^x$
$\qquad\quad =(2x^2+8x+a+4)e^x$

곡선 $y=f(x)$가 실수 전체의 집합에서 아래로 볼록하여야 하므로 모든 실수 x에 대하여 $f''(x)\geq 0$이어야 한다. 즉,

$2x^2+8x+a+4\geq 0$ $(\because e^x>0)$

방정식 $2x^2+8x+a+4=0$의 판별식을 D라 하면

$\dfrac{D}{4}=4^2-2(a+4)\leq 0$

$-2a+8\leq 0$ $\therefore a\geq 4$

따라서 실수 a의 최솟값은 4이다.   달 4

01-1

구간 $(-\infty,\ \infty)$에서 $f''(x)$의 부호를 조사하면 다음과 같다.

x	$\cdots$	a	$\cdots$	b	$\cdots$	0	$\cdots$	c	$\cdots$	d	$\cdots$
$f''(x)$	$+$	$+$	$+$	0	$-$	$-$	$-$	0	$+$	$+$	$+$

어떤 구간에서 $f''(x)<0$이면 함수 $y=f(x)$의 그래프는 그 구간에서 위로 볼록하므로 함수 $y=f(x)$의 그래프가 위로 볼록한 구간은 ③ $(b,\ c)$이다.   달 ③

01-2

정의역에 속하는 임의의 서로 다른 두 실수 a, b에 대하여

$f\left(\dfrac{a+b}{2}\right)>\dfrac{f(a)+f(b)}{2}$ 를 만족시키려면 곡선 $y=f(x)$는 위로 볼록하여야 하므로 $f''(x)<0$이어야 한다.

① $f(x)=\cos x\ \left(\dfrac{\pi}{2}<x<\pi\right)$에서

    $f'(x)=-\sin x$, $f''(x)=-\cos x$

    그러므로 $\dfrac{\pi}{2}<x<\pi$에서 $f''(x)>0$이다.

② $f(x)=x^2$에서 $f'(x)=2x$, $f''(x)=2$

    그러므로 구간 $(-\infty,\ \infty)$에서 $f''(x)>0$이다.

③ $f(x)=xe^x\ (x>-2)$에서

    $f'(x)=e^x+xe^x=(1+x)e^x$

    $f''(x)=e^x+(1+x)e^x=(2+x)e^x$

    이때, $e^x>0$이므로 $x>-2$에서

    $f''(x)>0$이다.

④ $f(x)=\dfrac{1}{x^2+1}\ (x>1)$에서 $f'(x)=\dfrac{-2x}{(x^2+1)^2}$

    $f''(x)=\dfrac{-2(x^2+1)^2+2x\times 2(x^2+1)\times 2x}{(x^2+1)^4}$

$$= \frac{6x^2-2}{(x^2+1)^3} = \frac{2(\sqrt{3}x-1)(\sqrt{3}x+1)}{(x^2+1)^3}$$

그러므로 $x>1$에서 $f''(x)>0$이다.

⑤ $f(x) = -x \ln x$ $(x>0)$에서

$$f'(x) = -\ln x + (-x) \times \frac{1}{x} = -\ln x - 1$$

$$f''(x) = -\frac{1}{x}$$

그러므로 $x>0$에서 $f''(x)<0$이다.

따라서 주어진 조건을 만족시키는 함수는 ⑤이다.   **답** ⑤

유형 02

$f(x) = 2x + \cos x$에서

$f'(x) = 2 - \sin x$, $f''(x) = -\cos x$

$f''(x) = 0$에서 $\cos x = 0$

$\therefore x = \frac{\pi}{2}$ 또는 $x = \frac{3}{2}\pi$ $(\because 0 < x < 2\pi)$

$0 < x < \frac{\pi}{2}$ 또는 $\frac{3}{2}\pi < x < 2\pi$일 때, $f''(x) < 0$

$\frac{\pi}{2} < x < \frac{3}{2}\pi$일 때, $f''(x) > 0$

즉, $x = \frac{\pi}{2}$, $x = \frac{3}{2}\pi$의 좌우에서 $f''(x)$의 부호가 바뀌므로

변곡점의 좌표는 $\left(\frac{\pi}{2}, \pi \right)$, $\left(\frac{3}{2}\pi, 3\pi \right)$이다.

따라서 두 변곡점 사이의 거리는

$$\sqrt{\left(\frac{3}{2}\pi - \frac{\pi}{2} \right)^2 + (3\pi - \pi)^2} = \sqrt{\pi^2 + 4\pi^2} = \sqrt{5}\pi$$ **답** ⑤

02-1

구간 $[a, h]$에서 $f''(x)$의 부호를 조사하면 다음과 같다.

x	a	$\cdots$	b		0	$\cdots$	c	$\cdots$	d	$\cdots$	e	$\cdots$	f		g	$\cdots$	h
$f''(x)$	$-$	$-$	$-$	$-$	$-$		0	$-$	0	$+$	$+$	$+$	0	$-$	0	$+$	$+$

$x = d$, $x = f$, $x = g$의 좌우에서 $f''(x)$의 부호가 바뀌므로 변곡점의 개수는 3이다.   **답** ③

유형 03

$f(x) = e^{-x^2}$에서 $f'(x) = -2xe^{-x^2}$

$f''(x) = -2e^{-x^2} - 2x \times (-2x)e^{-x^2} = (4x^2 - 2)e^{-x^2}$

$f'(x) = 0$에서 $x = 0$ $(\because e^{-x^2} > 0)$

$f''(x) = 0$에서 $4x^2 - 2 = 0$

$\therefore x = -\frac{\sqrt{2}}{2}$ 또는 $x = \frac{\sqrt{2}}{2}$

x	$\cdots$	$-\frac{\sqrt{2}}{2}$	$\cdots$	0	$\cdots$	$\frac{\sqrt{2}}{2}$	$\cdots$
$f'(x)$	$+$	$+$	$+$	0	$-$	$-$	$-$
$f''(x)$	$+$	0	$-$	$-$	$-$	0	$+$
$f(x)$	↗	$\frac{1}{\sqrt{e}}$	↷	1	↘	$\frac{1}{\sqrt{e}}$	↘

이때, $\lim\limits_{x \to \infty} f(x) = 0$, $\lim\limits_{x \to -\infty} f(x) = 0$

이므로 함수 $y = f(x)$의 그래프는 오른쪽 그림과 같다.

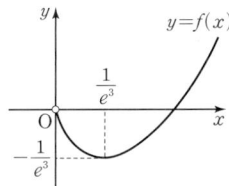

ㄱ. 모든 실수 x에 대하여

$f(-x) = e^{-(-x)^2} = e^{-x^2} = f(x)$

이므로 곡선 $y = f(x)$는 y축에 대하여 대칭이다. (참)

ㄴ. 함수 $f(x)$는 $x = 0$에서 극댓값 $f(0) = 1$을 갖는다. (거짓)

ㄷ. 곡선 $y = f(x)$의 변곡점은 점 $\left(-\frac{\sqrt{2}}{2}, \frac{1}{\sqrt{e}} \right)$, $\left(\frac{\sqrt{2}}{2}, \frac{1}{\sqrt{e}} \right)$의 2 개이다. (참)

따라서 옳은 것은 ㄱ, ㄷ이다.   **답** ③

03-1

$f(x) = 2x + x \ln x$에서 $x > 0$이고

$f'(x) = 2 + \ln x + x \times \frac{1}{x} = \ln x + 3$

$f''(x) = \frac{1}{x}$

$f'(x) = 0$에서 $\ln x = -3$ $\therefore x = \frac{1}{e^3}$

$x > 0$에서 $f''(x) > 0$이므로 변곡점은 없다.

x	(0)	$\cdots$	$\frac{1}{e^3}$	$\cdots$
$f'(x)$		$-$	0	$+$
$f''(x)$		$+$	$+$	$+$
$f(x)$		↘	$-\frac{1}{e^3}$	↗

이때, $\lim\limits_{x \to 0+} f(x) = 0$, $\lim\limits_{x \to \infty} f(x) = \infty$이 므로 함수 $y = f(x)$의 그래프는 오른쪽 그림과 같다.

ㄱ. 함수 $f(x)$의 치역은 $\left\{ y \,\middle|\, y \geq -\frac{1}{e^3} \right\}$ 이다. (참)

ㄴ. 함수 $f(x)$는 $x = \frac{1}{e^3}$에서 극솟값 $-\frac{1}{e^3}$을 갖는다. (참)

ㄷ. $x > 0$에서 $f''(x) > 0$이므로 곡선 $y = f(x)$는 아래로 볼록하다. (거짓)

따라서 옳은 것은 ㄱ, ㄴ이다.   **답** ③

유형 04

주어진 함수 $y = f'(x)$의 그래프를 이용하여 $f'(x)$, $f''(x)$의 부호를 조사하면 다음과 같다.

x	$\cdots$	0	$\cdots$
$f'(x)$	$+$	$+$	$+$
$f''(x)$	$+$	0	$-$
$f(x)$	↗	0	↗

또한 $f(0)=0$이므로 함수 $y=f(x)$의 그래프의 개형은 오른쪽 그림과 같다.

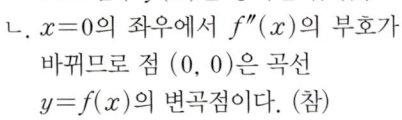

ㄱ. 구간 $(-\infty, \infty)$에서 $f'(x)>0$이 므로 함수 $f(x)$는 증가한다. (참)

ㄴ. $x=0$의 좌우에서 $f''(x)$의 부호가 바뀌므로 점 $(0, 0)$은 곡선 $y=f(x)$의 변곡점이다. (참)

ㄷ. 구간 $(-\infty, 0)$에서 $f''(x)>0$이므로 함수 $y=f(x)$의 그래 프는 아래로 볼록하다. (거짓)

따라서 옳은 것은 ㄱ, ㄴ이다. 　　　　　　답 ③

04-1

함수 $h(x)$가 어떤 구간에서 $h''(x)>0$이면 곡선 $y=h(x)$는 아래로 볼록하고, $h''(x)<0$이면 위로 볼록하므로 주어진 함수를 이용하여 구간 (a, g)에서 $f''(x)$와 $g''(x)$의 부호를 조사하면 다음과 같다.

$a<x<d$에서 $f''(x)<0$, $d<x<g$에서 $f''(x)>0$
$a<x<0$에서 $g''(x)>0$, $0<x<g$에서 $g''(x)<0$

① 구간 (a, b)에서 $f''(x)<0$, $g''(x)>0$이므로
　$f''(x)g''(x)<0$
② 구간 (c, d)에서 $f''(x)<0$, $g''(x)>0$이므로
　$f''(x)g''(x)<0$
③ 구간 $(d, 0)$에서 $f''(x)>0$, $g''(x)>0$이므로
　$f''(x)g''(x)>0$
④ 구간 (e, f)에서 $f''(x)>0$, $g''(x)<0$이므로
　$f''(x)g''(x)<0$
⑤ 구간 (f, g)에서 $f''(x)>0$, $g''(x)<0$이므로
　$f''(x)g''(x)<0$

따라서 주어진 조건을 만족시키는 구간은 ③ $(d, 0)$이다. 　답 ③

유형 05

$f(x)=x+\sqrt{1-x^2}$ $(0\le x\le 1)$에서

$f'(x)=1+\dfrac{-2x}{2\sqrt{1-x^2}}=\dfrac{\sqrt{1-x^2}-x}{\sqrt{1-x^2}}$ (단, $0<x<1$)

$f'(x)=0$에서 $\sqrt{1-x^2}-x=0$

$\sqrt{1-x^2}=x$, $1-x^2=x^2$ 　∴ $x=\dfrac{\sqrt{2}}{2}$ $(\because 0<x<1)$

x	0	$\cdots$	$\dfrac{\sqrt{2}}{2}$	$\cdots$	1
$f'(x)$	$(+)$	$+$	0	$-$	$(-)$
$f(x)$	1	$\nearrow$	$\sqrt{2}$	$\searrow$	1

따라서 구간 $[0, 1]$에서 함수 $f(x)$는 $x=0$ 또는 $x=1$일 때, 최솟값 1을 갖는다. 　　　　　　답 ③

05-1

$f(x)=kx-\ln x$에서 $x>0$이고

$f'(x)=k-\dfrac{1}{x}$ $(x>0)$

이때, $k<0$이면 $f'(x)<0$이므로 $f(x)$는 $x>0$에서 감소한다. 즉, $f(x)$의 최솟값이 존재하지 않으므로
$k>0$

$k>0$일 때, $f'(x)=0$에서 $x=\dfrac{1}{k}$

x	(0)	$\cdots$	$\dfrac{1}{k}$	$\cdots$
$f'(x)$		$-$	0	$+$
$f(x)$		$\searrow$	$1+\ln k$	$\nearrow$

따라서 함수 $f(x)$는 $x=\dfrac{1}{k}$일 때 극소이며 최소이고, 이때의 최솟값이 2이므로

$f\left(\dfrac{1}{k}\right)=1+\ln k=2$, $\ln k=1$

∴ $k=e$ 　　　　　　답 ④

05-2

$f(x)=2\sin^3 x+3\cos^2 x=2\sin^3 x+3(1-\sin^2 x)$

$\sin x=t$로 놓고 주어진 함수를 t에 대한 함수 $g(t)$로 나타내면

$g(t)=2t^3-3t^2+3$ $(-1\le t\le 1)$

$g'(t)=6t^2-6t=6t(t-1)$ (단, $-1<t<1$)

$g'(t)=0$에서 $t=0$ $(\because -1<t<1)$

t	-1	$\cdots$	0	$\cdots$	1
$g'(t)$	$(+)$	$+$	0	$-$	(0)
$g(t)$	-2	$\nearrow$	3	$\searrow$	2

따라서 함수 $g(t)$의 최댓값은 $g(0)=3$이고, 최솟값은 $g(-1)=-2$이므로

$M=3$, $m=-2$

∴ $M-m=3-(-2)=5$ 　　　　　　답 5

유형 06

$f(x)=\ln x$로 놓으면 $f'(x)=\dfrac{1}{x}$

곡선 $y=f(x)$ 위의 점 $\mathrm{A}(a, \ln a)$에서의 접선의 기울기는

$f'(a)=\dfrac{1}{a}$

이므로 접선의 방정식은

$y-\ln a=\dfrac{1}{a}(x-a)$

∴ $y=\dfrac{1}{a}x+\ln a-1$

접선이 x축, y축과 만나는 점을 각각 P, Q라 하면

$\mathrm{P}(a-a\ln a, 0)$, $\mathrm{Q}(0, \ln a-1)$

오른쪽 그림과 같이 접선과 x축 및 y축으로 둘러싸인 도형의 넓이를 $S(a)$라 하면

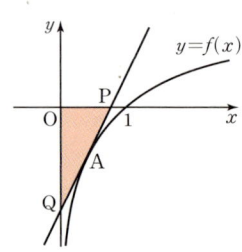

$$S(a)=\frac{1}{2}(a-a\ln a)(1-\ln a)$$
$$=\frac{1}{2}a(1-\ln a)^2$$
$$S'(a)=\frac{1}{2}(1-\ln a)^2+\frac{1}{2}a\times2(1-\ln a)\times\left(-\frac{1}{a}\right)$$
$$=-\frac{1}{2}(1-\ln a)(1+\ln a)$$

$S'(a)=0$에서 $1+\ln a=0$ ($\because\ 0<a<e$)

$$\therefore\ a=\frac{1}{e}$$

a	(0)	$\cdots$	$\dfrac{1}{e}$	$\cdots$	(e)
$S'(a)$		$+$	0	$-$	
$S(a)$		$\nearrow$	$\dfrac{2}{e}$	$\searrow$	

따라서 함수 $S(a)$는 $a=\dfrac{1}{e}$일 때 극대이며 최대이므로 구하는 넓이의 최댓값은 $S\left(\dfrac{1}{e}\right)=\dfrac{2}{e}$이다. 📋 $\dfrac{2}{e}$

06-1

$\overline{OB}=a$로 놓으면 $0<a<\dfrac{\pi}{2}$이고

$\overline{AB}=2a$, $\overline{BC}=4\cos a$

직사각형 ABCD의 둘레의 길이를 $f(a)$라 하면

$$f(a)=2(2a+4\cos a)$$
$$=4(a+2\cos a)$$
$$f'(a)=4(1-2\sin a)$$

$f'(a)=0$에서 $\sin a=\dfrac{1}{2}$ $\therefore\ a=\dfrac{\pi}{6}$ $\left(\because\ 0<a<\dfrac{\pi}{2}\right)$

a	(0)	$\cdots$	$\dfrac{\pi}{6}$	$\cdots$	$\left(\dfrac{\pi}{2}\right)$
$f'(a)$		$+$	0	$-$	
$f(a)$		$\nearrow$	$\dfrac{2}{3}\pi+4\sqrt{3}$	$\searrow$	

따라서 함수 $f(a)$는 $a=\dfrac{\pi}{6}$일 때 극대이며 최대이므로 직사각형 ABCD의 둘레의 길이의 최댓값은 $f\left(\dfrac{\pi}{6}\right)=\dfrac{2}{3}\pi+4\sqrt{3}$이다. 📋 ③

유형 07

주어진 방정식이 오직 한 개의 실근을 가지려면 곡선 $y=x\ln x-2x$와 직선 $y=k$가 한 점에서 만나야 한다.

$f(x)=x\ln x-2x$로 놓으면 $x>0$이고

$$f'(x)=\ln x+x\times\frac{1}{x}-2=\ln x-1$$

$f'(x)=0$에서 $\ln x-1=0$ $\therefore\ x=e$

x	(0)	$\cdots$	e	$\cdots$
$f'(x)$		$-$	0	$+$
$f(x)$		$\searrow$	$-e$	$\nearrow$

이때, $\displaystyle\lim_{x\to0+}f(x)=0$, $\displaystyle\lim_{x\to\infty}f(x)=\infty$이므로 함수 $y=f(x)$의 그래프는 오른쪽 그림과 같다.

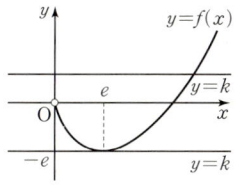

따라서 곡선 $y=x\ln x-2x$와 직선 $y=k$가 한 점에서 만나도록 하는 실수 k의 값의 범위는 $k=-e$ 또는 $k\geq0$이므로 주어진 값 중 실수 k의 값이 아닌 것은 ② -1이다. 📋 ②

07-1

방정식 $e^{-x}=2k-e^x$에서 $\dfrac{e^x+e^{-x}}{2}=k$

주어진 방정식이 서로 다른 두 실근을 가지려면 곡선 $y=\dfrac{e^x+e^{-x}}{2}$과 직선 $y=k$가 서로 다른 두 점에서 만나야 한다.

$f(x)=\dfrac{e^x+e^{-x}}{2}$으로 놓으면 $f'(x)=\dfrac{e^x-e^{-x}}{2}$

$f'(x)=0$에서 $e^x=e^{-x}$, $e^{2x}=1$ $\therefore\ x=0$

x	$\cdots$	0	$\cdots$
$f'(x)$	$-$	0	$+$
$f(x)$	$\searrow$	1	$\nearrow$

이때, $\displaystyle\lim_{x\to\infty}f(x)=\infty$, $\displaystyle\lim_{x\to-\infty}f(x)=\infty$이므로 함수 $y=f(x)$의 그래프는 오른쪽 그림과 같다.

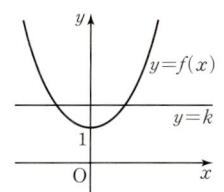

따라서 곡선 $y=\dfrac{e^x+e^{-x}}{2}$과 직선 $y=k$가 서로 다른 두 점에서 만나도록 하는 실수 k의 값의 범위는 $k>1$ 📋 $k>1$

07-2

방정식 $x^2-ke^x=0$에서 $\dfrac{x^2}{e^x}=k$

주어진 방정식이 서로 다른 세 실근을 가지려면 곡선 $y=\dfrac{x^2}{e^x}$과 직선 $y=k$가 서로 다른 세 점에서 만나야 한다.

$f(x)=\dfrac{x^2}{e^x}$으로 놓으면

$$f'(x)=\frac{2xe^x-x^2e^x}{e^{2x}}=\frac{x(2-x)}{e^x}$$

$f'(x)=0$에서 $x(2-x)=0$

$\therefore\ x=0$ 또는 $x=2$

x	$\cdots$	0	$\cdots$	2	$\cdots$
$f'(x)$	$-$	0	$+$	0	$-$
$f(x)$	$\searrow$	0	$\nearrow$	$\dfrac{4}{e^2}$	$\searrow$

이때, $\lim\limits_{x\to-\infty} f(x)=0$, $\lim\limits_{x\to\infty} f(x)=\infty$이

므로 함수 $y=f(x)$의 그래프는 오른쪽
그림과 같다.

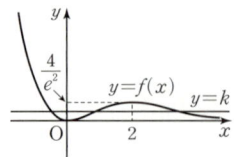

따라서 곡선 $y=\dfrac{x^2}{e^x}$과 직선 $y=k$가 서

로 다른 세 점에서 만나도록 하는 실수 k의 값의 범위는

$0<k<\dfrac{4}{e^2}$

$\therefore \alpha=0,\ \beta=\dfrac{4}{e^2}$

$\therefore \alpha+\beta=0+\dfrac{4}{e^2}=\dfrac{4}{e^2}$　　　　　　　　目 ②

유형 08

$f(x)=\tan x+2\sin x-3x$로 놓으면

$f'(x)=\sec^2 x+2\cos x-3$

$\qquad=\dfrac{1+2\cos^3 x-3\cos^2 x}{\cos^2 x}$

$\cos x=t$로 놓고 주어진 함수를 t에 대한 함수 $g'(t)$로 나타내면

$g'(t)=\dfrac{2t^3-3t^2+1}{t^2}$

$\qquad=\dfrac{(t-1)^2(2t+1)}{t^2}$

$0<x<\dfrac{\pi}{2}$에서 $0<t<1$이므로 $g'(t)>0$

즉, $0<x<\dfrac{\pi}{2}$에서 $f'(x)>0$

$0<x<\dfrac{\pi}{2}$일 때 $f(x)$는 증가하고, $f(0)=0$이므로 $f(x)>0$

$\therefore \tan x+2\sin x-3x>0 \left(0<x<\dfrac{\pi}{2}\right)$

따라서 $0<x<\dfrac{\pi}{2}$일 때, 부등식 $\tan x+2\sin x>3x$가 성립한다.

目 풀이 참조

08-1

$f(x)=k\ln x-\sqrt{x}$로 놓으면

$f'(x)=\dfrac{k}{x}-\dfrac{1}{2\sqrt{x}}=\dfrac{2k-\sqrt{x}}{2x}$

$f'(x)=0$에서 $2k-\sqrt{x}=0$　　$\therefore x=4k^2$

x	(0)	$\cdots$	$4k^2$	$\cdots$
$f'(x)$		$+$	0	$-$
$f(x)$		↗	$k\ln 4k^2-2k$	↘

즉, 함수 $f(x)$의 최댓값은 $f(4k^2)=k\ln 4k^2-2k$이므로

$f(x)\le 0$이 성립하려면

$k\ln 4k^2-2k\le 0$

$\ln 4k^2-2\le 0\ (\because k>0)$, $\ln 4k^2\le 2$

$4k^2\le e^2$　　$\therefore k\le \dfrac{e}{2}$

따라서 양수 k의 최댓값은 $\dfrac{e}{2}$이다.　　　目 $\dfrac{e}{2}$

08-2

$x>0$이므로 주어진 부등식 $ax\le \ln x\le bx$는

$a\le \dfrac{\ln x}{x}\le b$

$f(x)=\dfrac{\ln x}{x}$로 놓으면

$f'(x)=\dfrac{\dfrac{1}{x}\times x-\ln x}{x^2}=\dfrac{1-\ln x}{x^2}$

$f'(x)=0$에서 $1-\ln x=0$　　$\therefore x=e$

x	e	$\cdots$	e^2
$f'(x)$	0	$-$	
$f(x)$	$\dfrac{1}{e}$	↘	$\dfrac{2}{e^2}$

$e<x<e^2$에서 $f'(x)<0$, 즉 함수 $f(x)$는 감소하므로 함수 $f(x)$

의 최댓값은 $f(e)=\dfrac{1}{e}$, 최솟값은 $f(e^2)=\dfrac{2}{e^2}$

$\therefore \dfrac{2}{e^2}\le f(x)\le \dfrac{1}{e}$

따라서 $a\le \dfrac{\ln x}{x}\le b$가 성립하도록 하는 실수 $a,\ b$의 값의 범위는

$a\le \dfrac{2}{e^2},\ b\ge \dfrac{1}{e}$이므로

$M=\dfrac{2}{e^2},\ m=\dfrac{1}{e}$

$\therefore Mm=\dfrac{2}{e^2}\times \dfrac{1}{e}=\dfrac{2}{e^3}$　　　目 $\dfrac{2}{e^3}$

유형 09

$\dfrac{dx}{dt}=3t^2-5$, $\dfrac{dy}{dt}=\sqrt{15}$

이므로 점 P의 시각 t에서의 속도는

$(3t^2-5,\ \sqrt{15}\,)$

점 P의 속력이 8이므로

$\sqrt{(3t^2-5)^2+(\sqrt{15}\,)^2}=8$

$(3t^2-5)^2=49$에서 $3t^2-5=\pm 7$

$t^2=4$　　$\therefore t=2\ (\because t>0)$　　　目 ③

09-1

$t=0$일 때, $x=0$, $y=0$이므로 점 P의 출발 지점은 원점이다.

즉, 점 P가 출발 후 처음으로 다시 출발 지점인 원점으로 되돌아

왔을 때의 시각을 $t=a\ (a>0)$이라 하면

$a^2-3a=0$에서 $a(a-3)=0$　　　　　$\cdots\cdots$ ㉠

$a^3+3a^2-18a=0$에서 $a(a-3)(a+6)=0$　　$\cdots\cdots$ ㉡

㉠에서 $a=0$ 또는 $a=3$

㉡에서 $a=-6$ 또는 $a=0$ 또는 $a=3$

$\therefore a=3\ (\because a>0)$

한편, $\dfrac{dx}{dt}=2t-3$, $\dfrac{dy}{dt}=3t^2+6t-18$

이므로 점 P의 시각 t에서의 속도는

$(2t-3,\ 3t^2+6t-18)$

따라서 점 P의 $t=3$에서의 속도는 $(3, 27)$이므로 구하는 속력은
$\sqrt{3^2+27^2}=3\sqrt{82}$

답 $3\sqrt{82}$

유형 10

$\dfrac{dx}{dt}=2kt+k\sin t$, $\dfrac{dy}{dt}=k\cos t$에서

$\dfrac{d^2x}{dt^2}=2k+k\cos t$, $\dfrac{d^2y}{dt^2}=-k\sin t$

이므로 점 P의 시각 t에서의 가속도는
$(2k+k\cos t, -k\sin t)$

따라서 점 P의 $t=\dfrac{\pi}{2}$에서의 가속도는 $(2k, -k)$이므로 가속도의

크기는
$\sqrt{(2k)^2+(-k)^2}=\sqrt{5}k\ (\because k>0)$

이때, 가속도의 크기가 5이므로
$\sqrt{5}k=5$ $\therefore k=\sqrt{5}$

답 ④

10-1

$\dfrac{dx}{dt}=3t^2-1$, $\dfrac{dy}{dt}=6t^2+1$

이므로 점 P의 시각 t에서의 속도는
$(3t^2-1, 6t^2+1)$

점 P의 속력이 $\sqrt{53}$이므로
$\sqrt{(3t^2-1)^2+(6t^2+1)^2}=\sqrt{53}$

$\sqrt{45t^4+6t^2+2}=\sqrt{53}$, $15t^4+2t^2-17=0$

$(t^2-1)(15t^2+17)=0$ $\therefore t=1\ (\because t>0)$

한편, $\dfrac{d^2x}{dt^2}=6t$, $\dfrac{d^2y}{dt^2}=12t$이므로 점 P의 시각 t에서의 가속도는

$(6t, 12t)$

따라서 점 P의 $t=1$에서의 가속도는 $(6, 12)$이므로 구하는 가속도의 크기는
$\sqrt{6^2+12^2}=\sqrt{180}=6\sqrt{5}$

답 $6\sqrt{5}$

10-2

$\dfrac{dx}{dt}=t^2-3t+\dfrac{1}{4}$, $\dfrac{dy}{dt}=\sqrt{7}t-\dfrac{\sqrt{5}}{3}$에서

$\dfrac{d^2x}{dt^2}=2t-3$, $\dfrac{d^2y}{dt^2}=\sqrt{7}$

이므로 점 P의 시각 t에서의 가속도는
$(2t-3, \sqrt{7})$

따라서 점 P의 가속도의 크기는
$\sqrt{(2t-3)^2+(\sqrt{7})^2}=\sqrt{4t^2-12t+9+7}$
$\qquad\qquad\qquad\qquad=\sqrt{4(t^2-3t+4)}$
$\qquad\qquad\qquad\qquad=\sqrt{4\left(t-\dfrac{3}{2}\right)^2+7}$

이므로 점 P의 가속도의 크기의 최솟값은 $t=\dfrac{3}{2}$일 때 $\sqrt{7}$이다.

답 ⑤

01

$f(x)=\ln(x^2+4)$로 놓으면

$f'(x)=\dfrac{2x}{x^2+4}$

$f''(x)=\dfrac{2(x^2+4)-2x\times 2x}{(x^2+4)^2}=\dfrac{-2x^2+8}{(x^2+4)^2}$

곡선 $y=f(x)$가 아래로 볼록하려면 $f''(x)>0$이어야 하므로
$-2x^2+8>0\ (\because (x^2+4)^2>0)$
$2(x+2)(x-2)<0$ $\therefore -2<x<2$

따라서 주어진 구간 중 곡선 $y=f(x)$가 아래로 볼록한 구간은 ③
$(-2, 2)$이다.

답 ③

02

$f(x)=(a+\cos x)e^x$으로 놓으면

$f'(x)=-\sin x\times e^x+(a+\cos x)e^x=(\cos x-\sin x+a)e^x$

$f''(x)=(-\sin x-\cos x)e^x+(\cos x-\sin x+a)e^x$
$\qquad\ =(-2\sin x+a)e^x$

곡선 $y=f(x)$가 실수 전체의 집합에서 위로 볼록하려면
$f''(x)\leq 0$이어야 하므로
$-2\sin x+a\leq 0\ (\because e^x>0)$

$-2\leq -2\sin x\leq 2$이므로 $-2+a\leq -2\sin x+a\leq 2+a$

이때, $2+a\leq 0$이어야 하므로 $a\leq -2$

따라서 상수 a의 최댓값은 -2이다.

답 ①

03

정의역에 속하는 임의의 서로 다른 두 실수 a, b에 대하여
$f\left(\dfrac{a+b}{2}\right)<\dfrac{f(a)+f(b)}{2}$를 만족시키는 함수 $f(x)$는 아래로 볼록해야 하므로 $f''(x)>0$이어야 한다.

ㄱ. $f(x)=\ln x$에서 $x>0$이고

$\quad f'(x)=\dfrac{1}{x}$, $f''(x)=-\dfrac{1}{x^2}$

$\quad$ 그러므로 구간 $(0, \infty)$에서 $f''(x)<0$

ㄴ. $f(x)=2x^2+e^{-x}$에서

$\quad f'(x)=4x-e^{-x}$, $f''(x)=4+e^{-x}$

$\quad$ 그러므로 구간 $(-\infty, \infty)$에서 $f''(x)>0$

ㄷ. $f(x)=\dfrac{1}{x+1}$에서

$\quad f'(x)=-\dfrac{1}{(x+1)^2}$, $f''(x)=\dfrac{2}{(x+1)^3}$

$\quad$ 그러므로 구간 $(-1, \infty)$에서 $f''(x)>0$

따라서 주어진 조건을 만족시키는 함수는 ㄴ, ㄷ이다.

답 ④

04

$f(x)=\ln x+x^2$으로 놓으면 $x>0$이고

$f'(x)=\dfrac{1}{x}+2x$

$f''(x)=-\dfrac{1}{x^2}+2=\dfrac{-1+2x^2}{x^2}$

$\qquad =\dfrac{(\sqrt{2}x+1)(\sqrt{2}x-1)}{x^2}$

$f''(x)=0$에서 $(\sqrt{2}x+1)(\sqrt{2}x-1)=0$

$\therefore x=\dfrac{\sqrt{2}}{2}\ (\because x>0)$

$0<x<\dfrac{\sqrt{2}}{2}$일 때, $f''(x)<0$

$x>\dfrac{\sqrt{2}}{2}$일 때, $f''(x)>0$

즉, $x=\dfrac{\sqrt{2}}{2}$의 좌우에서 $f''(x)$의 부호가 바뀌므로 변곡점의 좌표는 $\left(\dfrac{\sqrt{2}}{2},\ \dfrac{1}{2}-\dfrac{1}{2}\ln 2\right)$이고 변곡점에서의 접선의 기울기는

$f'\left(\dfrac{\sqrt{2}}{2}\right)=\sqrt{2}+\sqrt{2}=2\sqrt{2}$

이때, 변곡점에서의 접선의 방정식은

$y-\left(\dfrac{1}{2}-\dfrac{1}{2}\ln 2\right)=2\sqrt{2}\left(x-\dfrac{\sqrt{2}}{2}\right)$

$\therefore y=2\sqrt{2}x-\dfrac{3}{2}-\dfrac{1}{2}\ln 2$

따라서 구하는 접선의 y절편은 $-\dfrac{3}{2}-\dfrac{1}{2}\ln 2$이다.   답 ①

05

$f'(x)$의 부호가 바뀌는 점에서 $f(x)$는 극값을 가지므로 $f(x)$가 극값을 가지는 점은 x좌표가 0, b, f인 점 3개이다.

$\therefore m=3$

$y=f'(x)$의 그래프에서 증가와 감소가 바뀌는 점이 $f(x)$의 변곡점이므로 $f(x)$의 변곡점은 x좌표가 a, c, d, e인 점 4개이다.

$\therefore n=4$

$\therefore m+n=7$ 답 7

06

주어진 함수 $y=f'(x)$의 그래프를 이용하여 $f'(x)$, $f''(x)$의 부호를 조사하면 다음과 같다.

x	$\cdots$	a	$\cdots$	b	$\cdots$	c	$\cdots$	d	$\cdots$	e	$\cdots$
$f'(x)$	$-$	0	$+$	$+$	$+$	0	$-$	$-$	$-$	0	$+$
$f''(x)$	$+$	$+$	$+$	0	$-$	$-$	$-$	0	$+$	$+$	$+$
$f(x)$	$\searrow$	극소	$\nearrow$	0	$\curvearrowright$	극대	$\searrow$	0	$\searrow$	극소	$\nearrow$

따라서 함수 $y=f(x)$의 그래프의 개형은 다음 그림과 같다.

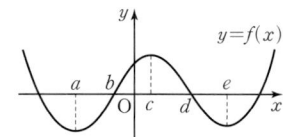

① 구간 $(a,\ b)$에서 $f(x)<0$, $f'(x)>0$, $f''(x)>0$이므로
$\quad f(x)<0$, $f'(x)f''(x)>0$

② 구간 $(a,\ c)$는 구간 $(a,\ b)$를 포함하므로 ①에 의하여 주어진 조건을 만족시키지 않는다.

③ 구간 $(b,\ c)$에서 $f(x)>0$, $f'(x)>0$, $f''(x)<0$이므로
$\quad f(x)>0$, $f'(x)f''(x)<0$

④ 구간 $(c,\ d)$에서 $f(x)>0$, $f'(x)<0$, $f''(x)<0$이므로
$\quad f(x)>0$, $f'(x)f''(x)>0$

⑤ 구간 $(d,\ e)$에서 $f(x)<0$, $f'(x)<0$, $f''(x)>0$이므로
$\quad f(x)<0$, $f'(x)f''(x)<0$

따라서 주어진 조건을 모두 만족시키는 구간은 ④ $(c,\ d)$이다.
   답 ④

07

$f(x)=\dfrac{3x}{x^2+1}$에서

$f'(x)=\dfrac{3(x^2+1)-3x\times 2x}{(x^2+1)^2}$

$\qquad =\dfrac{3-3x^2}{(x^2+1)^2}$

$\qquad =\dfrac{3(1+x)(1-x)}{(x^2+1)^2}$

$f''(x)=\dfrac{-6x(x^2+1)^2-(3-3x^2)\times 2(x^2+1)\times 2x}{(x^2+1)^4}$

$\qquad =\dfrac{6x(x^2-3)}{(x^2+1)^3}=\dfrac{6x(x+\sqrt{3})(x-\sqrt{3})}{(x^2+1)^3}$

$f'(x)=0$에서 $x=-1$ 또는 $x=1$

$f''(x)=0$에서 $x=-\sqrt{3}$ 또는 $x=0$ 또는 $x=\sqrt{3}$

x	$\cdots$	$-\sqrt{3}$	$\cdots$	-1	$\cdots$	0	$\cdots$	1	$\cdots$	$\sqrt{3}$	$\cdots$
$f'(x)$	$-$	$-$	$-$	0	$+$	$+$	$+$	0	$-$	$-$	$-$
$f''(x)$	$-$	0	$+$	$+$	$+$	0	$-$	$-$	$-$	0	$+$
$f(x)$	$\searrow$	$-\dfrac{3\sqrt{3}}{4}$	$\searrow$	$-\dfrac{3}{2}$	$\nearrow$	0	$\nearrow$	$\dfrac{3}{2}$	$\searrow$	$\dfrac{3\sqrt{3}}{4}$	$\searrow$

이때, $\displaystyle\lim_{x\to\infty}f(x)=0$, $\displaystyle\lim_{x\to-\infty}f(x)=0$이므로 함수 $y=f(x)$의 그래프는 다음 그림과 같다.

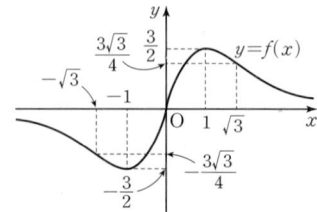

ㄱ. 모든 실수 x에 대하여

$\quad f(-x)=\dfrac{-3x}{(-x)^2+1}=-\dfrac{3x}{x^2+1}=-f(x)$

이므로 곡선 $y=f(x)$는 원점에 대하여 대칭이다. (참)

ㄴ. 함수 $f(x)$는 $x=-1$에서 극솟값 $-\dfrac{3}{2}$, $x=1$에서 극댓값 $\dfrac{3}{2}$을 가지므로 극댓값과 극솟값의 합은 0이다. (참)

ㄷ. 곡선 $y=f(x)$의 변곡점의 좌표는 각각 $\left(-\sqrt{3}, -\dfrac{3\sqrt{3}}{4}\right)$,

$(0, 0)$, $\left(\sqrt{3}, \dfrac{3\sqrt{3}}{4}\right)$이고 이 세 점은 한 직선 $y=\dfrac{3}{4}x$ 위에 있

다. (참)

따라서 옳은 것은 ㄱ, ㄴ, ㄷ이다.　　　　　　　　답 ⑤

08

$f(x)=ax\sqrt{1-x^2}+b$에서 $1-x^2\geq 0$이므로 $-1\leq x\leq 1$

$f'(x)=a\sqrt{1-x^2}-\dfrac{ax^2}{\sqrt{1-x^2}}=\dfrac{a(1-2x^2)}{\sqrt{1-x^2}}$

$f'(x)=0$에서 $1-2x^2=0$ ($\because a>0$)

$\therefore x=-\dfrac{\sqrt{2}}{2}$ 또는 $x=\dfrac{\sqrt{2}}{2}$

이때, $a>0$이므로

x	-1	$\cdots$	$-\dfrac{\sqrt{2}}{2}$	$\cdots$	$\dfrac{\sqrt{2}}{2}$	$\cdots$	1
$f'(x)$	$(-)$	$-$	0	$+$	0	$-$	$(-)$
$f(x)$	b	↘	$-\dfrac{1}{2}a+b$	↗	$\dfrac{1}{2}a+b$	↘	b

따라서 함수 $f(x)$의 최댓값은 $f\left(\dfrac{\sqrt{2}}{2}\right)=\dfrac{1}{2}a+b$, 최솟값은

$f\left(-\dfrac{\sqrt{2}}{2}\right)=-\dfrac{1}{2}a+b$이므로

$\dfrac{1}{2}a+b=5$, $-\dfrac{1}{2}a+b=3$

두 식을 연립하여 풀면 $a=2$, $b=4$

$\therefore a+b=2+4=6$　　　　　　　　답 6

09

$f(x)=e^x$으로 놓으면 $f'(x)=e^x$

곡선 $y=f(x)$ 위의 점 $\mathrm{P}(a, e^a)$에서의 접선의 기울기는

$f'(a)=e^a$이므로 접선의 방정식은

$y-e^a=e^a(x-a)$

$\therefore y=e^a x+(1-a)e^a$　　　　$\cdots\cdots$ ㉠

오른쪽 그림과 같이 접선 ㉠이
x축과 만나는 점의 좌표는
$(a-1, 0)$이고, 직선 $x=20$과 접
선 ㉠의 교점의 좌표는
$(20, e^a(21-a))$이므로 구하는
삼각형의 넓이를 $S(a)$라 하면

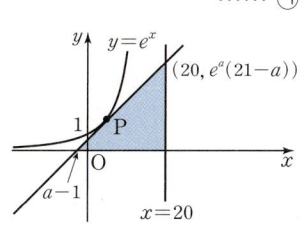

$S(a)=\dfrac{1}{2}e^a(21-a)^2$

$S'(a)=\dfrac{1}{2}e^a(21-a)^2+\dfrac{1}{2}e^a\times 2(21-a)\times(-1)$

$\qquad=\dfrac{1}{2}e^a(21-a)(19-a)$

$S'(a)=0$에서 $(21-a)(19-a)=0$ ($\because e^a>0$)

$\therefore a=19$ ($\because a<20$)

a	$\cdots$	19	$\cdots$	(20)
$S'(a)$	$+$	0	$-$	
$S(a)$	↗	$2e^{19}$	↘	

따라서 함수 $S(a)$는 $a=19$에서 최댓값 $S(19)=2e^{19}$을 가지므로 구하는 삼각형의 넓이의 최댓값은 $2e^{19}$이다.　　　　답 ①

10

오른쪽 그림과 같이 정사각뿔의 밑면의 한
변의 길이를 x, 높이를 h라 하면 밑면의
대각선의 길이는 $\sqrt{2}x$이므로

$\left(\dfrac{\sqrt{2}}{2}x\right)^2+h^2=100$

$\therefore h=\sqrt{100-\dfrac{1}{2}x^2}$ ($0<x<10\sqrt{2}$)

정사각뿔의 부피를 $V(x)$라 하면

$V(x)=\dfrac{1}{3}x^2 h$

$\qquad=\dfrac{1}{3}x^2\sqrt{100-\dfrac{1}{2}x^2}$

$V'(x)=\dfrac{2}{3}x\sqrt{100-\dfrac{1}{2}x^2}-\dfrac{1}{6}\times\dfrac{x^3}{\sqrt{100-\dfrac{1}{2}x^2}}$

$\qquad=\dfrac{1}{6}x\left(4\sqrt{100-\dfrac{1}{2}x^2}-\dfrac{x^2}{\sqrt{100-\dfrac{1}{2}x^2}}\right)$

$\qquad=\dfrac{1}{6}x\left(\dfrac{400-3x^2}{\sqrt{100-\dfrac{1}{2}x^2}}\right)$

$V'(x)=0$에서 $400-3x^2=0$

$\therefore x=\dfrac{20\sqrt{3}}{3}$ ($\because 0<x<10\sqrt{2}$)

x	(0)	$\cdots$	$\dfrac{20\sqrt{3}}{3}$	$\cdots$	$(10\sqrt{2})$
$V'(x)$		$+$	0	$-$	
$V(x)$		↗	극대	↘	

따라서 $V(x)$는 $x=\dfrac{20\sqrt{3}}{3}$일 때 극대이며 최대이므로 부피가 최

대가 되도록 하는 밑면의 한 변의 길이는 $\dfrac{20\sqrt{3}}{3}$이다.　　답 ②

11

방정식 $2\sin x=x+k$에서 $2\sin x-x=k$

따라서 $0\leq x\leq 2\pi$에서 주어진 방정식이 오직 한 개의 실근을 가
지려면 $0\leq x\leq 2\pi$에서 곡선 $y=2\sin x-x$와 직선 $y=k$가 한 점
에서 만나야 한다.

$f(x)=2\sin x-x$로 놓으면

$f'(x)=2\cos x-1$

$f'(x)=0$에서 $\cos x=\dfrac{1}{2}$

$\therefore x=\dfrac{\pi}{3}$ 또는 $x=\dfrac{5}{3}\pi$ $(\because 0\le x\le 2\pi)$

x	0	$\cdots$	$\dfrac{\pi}{3}$	$\cdots$	$\dfrac{5}{3}\pi$	$\cdots$	2π
$f'(x)$	$(+)$	$+$	0	$-$	0	$+$	$(+)$
$f(x)$	0	↗	$\sqrt{3}-\dfrac{\pi}{3}$	↘	$-\sqrt{3}-\dfrac{5}{3}\pi$	↗	-2π

즉, 함수 $y=f(x)$의 그래프는 오른쪽 그림과 같으므로 곡선 $y=2\sin x-x$와 직선 $y=k$가 한 점에서 만나도록 하는 실수 k의 값의 범위는

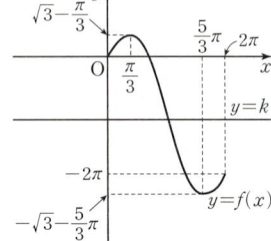

$k=\sqrt{3}-\dfrac{\pi}{3}$ 또는 $k=-\sqrt{3}-\dfrac{5}{3}\pi$

또는 $-2\pi < k < 0$

따라서 실수 k의 최댓값은 $\sqrt{3}-\dfrac{\pi}{3}$

이고, 최솟값은 $-\sqrt{3}-\dfrac{5}{3}\pi$이므로 구하는 합은

$$\sqrt{3}-\dfrac{\pi}{3}+\left(-\sqrt{3}-\dfrac{5}{3}\pi\right)=-2\pi$$

답 ①

12

방정식 $\dfrac{1}{16}x^4=ke^{x-4}$에서 $\dfrac{1}{16}x^4e^{-x+4}=k$

주어진 방정식이 서로 다른 세 실근을 가지려면 곡선

$y=\dfrac{1}{16}x^4e^{-x+4}$과 직선 $y=k$가 서로 다른 세 점에서 만나야 한다.

$f(x)=\dfrac{1}{16}x^4e^{-x+4}$으로 놓으면

$f'(x)=\dfrac{1}{4}x^3e^{-x+4}-\dfrac{1}{16}x^4e^{-x+4}$

$\qquad =\dfrac{1}{16}x^3e^{-x+4}(4-x)$

$f'(x)=0$에서 $x^3(4-x)=0$ $(\because e^{-x+4}>0)$

$\therefore x=0$ 또는 $x=4$

x	$\cdots$	0	$\cdots$	4	$\cdots$
$f'(x)$	$-$	0	$+$	0	$-$
$f(x)$	↘	0	↗	16	↘

이때, $\displaystyle\lim_{x\to\infty}f(x)=0$, $\displaystyle\lim_{x\to-\infty}f(x)=\infty$이므로 함수 $f(x)$의 그래프는 오른쪽 그림과 같다.

따라서 곡선 $y=\dfrac{1}{16}x^4e^{-x+4}$과 직선 $y=k$가 서로 다른 세 점에서 만나도록 하는 실수 k의 값의 범위는

$0<k<16$

답 ③

13

$f(x)=\sin x+\dfrac{1}{2}x^2-k$로 놓으면

$f'(x)=\cos x+x$, $f''(x)=-\sin x+1$

이때, $x\ge 0$에서 $f''(x)\ge 0$이므로 함수 $f'(x)$는 증가하고,

$f'(0)=1$이므로 $x\ge 0$에서 $f'(x)>0$이다.

즉, $x\ge 0$에서 함수 $f(x)$는 증가하므로 $f(x)$의 최솟값은

$f(0)=-k$

$x\ge 0$일 때, $f(x)\ge 0$이어야 하므로

$f(0)=-k\ge 0$ $\qquad\therefore k\le 0$

따라서 실수 k의 최댓값은 0이다.

답 ③

14

점 P의 x좌표가 매초 1씩 증가하므로 t초 후의 점 P의 x좌표는

$t+1$

점 P가 곡선 $xy=4$ 위를 움직이므로 t초 후의 점 P의 y좌표는

$\dfrac{4}{t+1}$

즉, 점 P의 시각 t에서의 위치 (x, y)는

$x=t+1$, $y=\dfrac{4}{t+1}$

$\dfrac{dx}{dt}=1$, $\dfrac{dy}{dt}=-\dfrac{4}{(t+1)^2}$이므로 점 P의 시각 t에서의 속도는

$\left(1, -\dfrac{4}{(t+1)^2}\right)$

한편, 점 P가 점 $(4, 1)$을 지나는 순간의 시각은 $t=3$이므로 점 P의 $t=3$에서의 속도는

$\left(1, -\dfrac{1}{4}\right)$

따라서 구하는 점 P의 속력은

$\sqrt{1^2+\left(-\dfrac{1}{4}\right)^2}=\dfrac{\sqrt{17}}{4}$

답 ②

15

$f(x)=\dfrac{2}{x^2+b}$로 놓으면

$f'(x)=\dfrac{-4x}{(x^2+b)^2}$

$f''(x)=\dfrac{-4(x^2+b)^2+4x\times 2\times 2x(x^2+b)}{(x^2+b)^4}$

$\qquad =\dfrac{-4(x^2+b)+16x^2}{(x^2+b)^3}=\dfrac{12x^2-4b}{(x^2+b)^3}$

이때, 곡선 $y=f(x)$의 변곡점의 x좌표가 2이므로

$f''(2)=0$에서

$48-4b=0$ $\qquad\therefore b=12$

한편, 곡선 $y=f(x)$가 점 $(2, a)$를 지나므로

$x=2$를 대입하면

$a=f(2)=\dfrac{2}{4+b}$ $\qquad\therefore a=\dfrac{1}{8}$

$\therefore \dfrac{b}{a}=12\times 8=96$

답 96

16

ㄱ. $f'(x)=(nx^{n-1}-x^n)e^{-x}=(n-x)x^{n-1}e^{-x}$

$\therefore f'\left(\dfrac{n}{2}\right)=\left(n-\dfrac{n}{2}\right)\times\left(\dfrac{n}{2}\right)^{n-1}e^{-\frac{n}{2}}=\left(\dfrac{n}{2}\right)^n\times e^{-\frac{n}{2}}=f\left(\dfrac{n}{2}\right)$

$\therefore f\left(\dfrac{n}{2}\right)=f'\left(\dfrac{n}{2}\right)$ (참)

ㄴ. $f'(x)=(n-x)x^{n-1}e^{-x}$이므로

$f'(x)=0$에서 $x=n$

(i) $0<x<n$에서

$n-x>0$, $x^{n-1}>0$, $e^{-x}>0$이므로

$f'(x)>0$

(ii) $x>n$에서

$n-x<0$, $x^{n-1}>0$, $e^{-x}>0$이므로

$f'(x)<0$

그러므로 함수 $f(x)$는 $x=n$에서 극댓값을 갖는다. (참)

ㄷ. $f''(x)=(x^2-2nx+n^2-n)x^{n-2}e^{-x}$

$n=4$일 때,

$f''(x)=x^2e^{-x}(x^2-8x+12)=x^2e^{-x}(x-2)(x-6)$이므로

$f''(0)=0$이지만 $x=0$의 좌우에서 $f''(x)$의 부호가 바뀌지

않는다.

그러므로 점 $(0,0)$은 곡선 $y=f(x)$의 변곡점이 아니다.

(거짓)

따라서 옳은 것은 ㄱ, ㄴ이다.　　　　　　　　답 ③

01 부정적분

본문 59~61쪽

내신&수능 빈출 유형

유형 01

$$\int \frac{3x^2-2\sqrt{x}}{x}dx = \int (3x-2x^{-\frac{1}{2}})dx$$

$$= \frac{3}{2}x^2-4x^{\frac{1}{2}}+C$$

$$= \frac{3}{2}x^2-4\sqrt{x}+C$$

답 ④

01-1

$$\lim_{h\to 0}\frac{f(x+h)-f(x)}{h}=f'(x)$$이므로

$$f'(x)=\sqrt[3]{x}+\frac{1}{x}$$에서

$$f(x)=\int\left(\sqrt[3]{x}+\frac{1}{x}\right)dx=\int\left(x^{\frac{1}{3}}+\frac{1}{x}\right)dx$$

$$=\frac{3}{4}x^{\frac{4}{3}}+\ln|x|+C$$

$$=\frac{3}{4}x^{\frac{4}{3}}+\ln x+C\ (\because x>0)$$

$$f(1)=\frac{3}{4}$$이므로 $\frac{3}{4}+C=\frac{3}{4}$ $\qquad \therefore C=0$

따라서 $f(x)=\frac{3}{4}x^{\frac{4}{3}}+\ln x$이므로

$$f(8)=\frac{3}{4}\times 8^{\frac{4}{3}}+\ln 8=\frac{3}{4}\times 2^4+\ln 2^3$$

$$=12+3\ln 2$$

답 ⑤

유형 02

$$f(x)=\int\frac{e^{2x}-1}{e^x+1}dx=\int\frac{(e^x+1)(e^x-1)}{e^x+1}dx$$

$$=\int(e^x-1)dx=e^x-x+C$$

$f(0)=1$이므로 $1+C=1$ $\qquad \therefore C=0$
따라서 $f(x)=e^x-x$이므로
$f(\ln 2)=e^{\ln 2}-\ln 2=2-\ln 2$

답 ②

02-1

$$f(x)=\int\frac{8^x-1}{2^x-1}dx$$

$$=\int\frac{(2^x-1)(2^{2x}+2^x+1)}{2^x-1}dx$$

$$=\int(4^x+2^x+1)dx$$

$$=\frac{4^x}{\ln 4}+\frac{2^x}{\ln 2}+x+C$$

$$f(0)=\frac{1}{\ln 2}$$이므로

$$\frac{1}{\ln 4}+\frac{1}{\ln 2}+C=\frac{1}{\ln 2} \qquad \therefore C=-\frac{1}{2\ln 2}$$

따라서 $f(x)=\frac{4^x}{\ln 4}+\frac{2^x}{\ln 2}+x-\frac{1}{2\ln 2}$이므로

$$f(\log_2 3)=\frac{4^{\log_2 3}}{\ln 4}+\frac{2^{\log_2 3}}{\ln 2}+\log_2 3-\frac{1}{2\ln 2}$$

$$=\frac{9}{2\ln 2}+\frac{3}{\ln 2}+\frac{\ln 3}{\ln 2}-\frac{1}{2\ln 2}$$

$$=\frac{7+\ln 3}{\ln 2}$$

답 ⑤

· 보충 설명 ·

① $a^3+b^3=(a+b)(a^2-ab+b^2)$
$\quad a^3-b^3=(a-b)(a^2+ab+b^2)$

② $a^{\log_b c}=c^{\log_b a}$, $a^{\log_a c}=c$ (단, $a>0$, $a\neq 1$, $b>0$, $b\neq 1$, $c>0$)

02-2

$$f(x)=\ln 2\int 2^x dx=\ln 2\times\frac{2^x}{\ln 2}+C=2^x+C$$

$f(0)=1$이므로 $2^0+C=1$ $\qquad \therefore C=0$

즉, $f(x)=2^x$이므로 $\frac{1}{f(n)}=\frac{1}{2^n}=\left(\frac{1}{2}\right)^n$

$$\therefore \sum_{n=1}^{\infty}\frac{1}{f(n)}=\sum_{n=1}^{\infty}\left(\frac{1}{2}\right)^n=\frac{\frac{1}{2}}{1-\frac{1}{2}}=1$$

답 ②

유형 03

$$f(x)=\int\frac{\sin^2 x}{1-\cos x}dx=\int\frac{1-\cos^2 x}{1-\cos x}dx$$

$$=\int\frac{(1+\cos x)(1-\cos x)}{1-\cos x}dx$$

$$=\int(1+\cos x)dx$$

$$=x+\sin x+C$$

$f(0)=\frac{1}{2}$이므로 $C=\frac{1}{2}$

따라서 $f(x)=x+\sin x+\frac{1}{2}$이므로

$$f\left(\frac{\pi}{6}\right)=\frac{\pi}{6}+\frac{1}{2}+\frac{1}{2}=\frac{\pi}{6}+1$$

답 ③

· 보충 설명 ·

$\sin^2 x+\cos^2 x=1$
$\tan^2 x+1=\sec^2 x$
$\cot^2 x+1=\csc^2 x$

03-1

조건 ㈎에서 $F(x)=xf(x)-(x\sin x+\cos x)$의 양변을 미분하면

$$F'(x)=f(x)+xf'(x)-(\sin x+x\cos x-\sin x)$$

$F'(x)=f(x)$이므로

$$f(x)=f(x)+xf'(x)-x\cos x$$

$$\therefore f'(x)=\cos x$$

즉, $f(x)=\int f'(x)dx=\int \cos x\,dx$이므로

$f(x)=\sin x+C$

조건 (내)에서 $f(\pi)=1$이므로 $C=1$

따라서 $f(x)=\sin x+1$이므로

$f\left(\dfrac{\pi}{2}\right)=1+1=2$ 답 ④

유형 04

$e^x+1=t$로 놓으면 $e^x=\dfrac{dt}{dx}$이므로

$f(x)=3\int e^x\sqrt{e^x+1}\,dx=3\int \sqrt{t}\,dt$

$\qquad=2t^{\frac{3}{2}}+C=2(e^x+1)^{\frac{3}{2}}+C$

$f(\ln 3)=15$이므로 $2(e^{\ln 3}+1)^{\frac{3}{2}}+C=15$

$16+C=15$ $\therefore C=-1$

따라서 $f(x)=2(e^x+1)^{\frac{3}{2}}-1$이므로

$f(\ln 8)=2(8+1)^{\frac{3}{2}}-1$

$\qquad\quad=54-1=53$ 답 53

04-1

$f(x)=\int \sin^3 x\,dx=\int \sin x(1-\cos^2 x)dx$

$\cos x=t$로 놓으면 $-\sin x=\dfrac{dt}{dx}$이므로

$f(x)=\int \sin x(1-\cos^2 x)dx$

$\qquad=\int (t^2-1)dt=\dfrac{1}{3}t^3-t+C$

$\qquad=\dfrac{1}{3}\cos^3 x-\cos x+C$

$f(\pi)=1$이므로 $-\dfrac{1}{3}+1+C=1$ $\therefore C=\dfrac{1}{3}$

따라서 $f(x)=\dfrac{1}{3}\cos^3 x-\cos x+\dfrac{1}{3}$이므로

$f\left(\dfrac{\pi}{3}\right)=\dfrac{1}{3}\times\dfrac{1}{8}-\dfrac{1}{2}+\dfrac{1}{3}=-\dfrac{1}{8}$ 답 ①

04-2

$\ln x=t$로 놓으면 $\dfrac{1}{x}=\dfrac{dt}{dx}$이므로

$f(x)=\int \dfrac{\sqrt{\ln x}}{x}dx=\int \sqrt{t}\,dt$

$\qquad=\dfrac{2}{3}t^{\frac{3}{2}}+C=\dfrac{2}{3}(\ln x)^{\frac{3}{2}}+C$

$f(e)=1$이므로 $\dfrac{2}{3}+C=1$ $\therefore C=\dfrac{1}{3}$

따라서 $f(x)=\dfrac{2}{3}(\ln x)^{\frac{3}{2}}+\dfrac{1}{3}$이므로

$f(e^4)=\dfrac{2}{3}\times 4^{\frac{3}{2}}+\dfrac{1}{3}=\dfrac{2}{3}\times 8+\dfrac{1}{3}$

$\qquad\quad=\dfrac{17}{3}$ 답 ②

유형 05

$(e^x+e^{-x})'=e^x-e^{-x}$이므로

$f(x)=\int \dfrac{e^x-e^{-x}}{e^x+e^{-x}}dx=\int \dfrac{(e^x+e^{-x})'}{e^x+e^{-x}}dx$

$\qquad=\ln|e^x+e^{-x}|+C$

$e^x+e^{-x}>0$이므로 $f(x)=\ln(e^x+e^{-x})+C$

$f(0)=\ln 2$이므로 $\ln 2+C=\ln 2$ $\therefore C=0$

따라서 $f(x)=\ln(e^x+e^{-x})$이므로

$f(\ln 3)=\ln(e^{\ln 3}+e^{-\ln 3})$

$\qquad\quad=\ln\left(3+\dfrac{1}{3}\right)=\ln \dfrac{10}{3}$ 답 ③

05-1

$\dfrac{1}{x^2+3x+2}=\dfrac{1}{(x+1)(x+2)}=\dfrac{1}{x+1}-\dfrac{1}{x+2}$

이므로

$f(x)=\int \dfrac{1}{x^2+3x+2}dx=\int\left(\dfrac{1}{x+1}-\dfrac{1}{x+2}\right)dx$

$\qquad=\ln|x+1|-\ln|x+2|+C$

$f(0)=\ln 2$이므로 $-\ln 2+C=\ln 2$ $\therefore C=2\ln 2$

따라서 $f(x)=\ln|x+1|-\ln|x+2|+2\ln 2$이므로

$f(2)=\ln 3-\ln 4+2\ln 2$

$\qquad=\ln 3-2\ln 2+2\ln 2=\ln 3$ 답 ①

유형 06

$f'(x)=xe^{-x}$이므로 $f(x)=\int xe^{-x}dx$

$g(x)=x$, $h'(x)=e^{-x}$으로 놓으면

$g'(x)=1$, $h(x)=-e^{-x}$

$\therefore \int xe^{-x}dx=-xe^{-x}-\int(-e^{-x})dx$

$\qquad\qquad\quad=-xe^{-x}-e^{-x}+C$

이 곡선이 원점을 지나므로

$f(0)=-1+C=0$에서 $C=1$

따라서 $f(x)=-(x+1)e^{-x}+1$이므로

$f(-2)=e^2+1$ 답 ⑤

06-1

$f'(t)=t\ln t$이므로 $f(x)=\int x\ln x\,dx$

$g(x)=\ln x$, $h'(x)=x$로 놓으면

$g'(x)=\dfrac{1}{x}$, $h(x)=\dfrac{1}{2}x^2$

$\therefore \int x\ln x\,dx=\dfrac{1}{2}x^2\ln x-\int \dfrac{1}{2}x\,dx$

$\qquad\qquad\quad=\dfrac{1}{2}x^2\ln x-\dfrac{1}{4}x^2+C$

이 곡선이 점 $(\sqrt{e},\,e)$를 지나므로

$\dfrac{1}{2}e\ln\sqrt{e}-\dfrac{1}{4}e+C=e$, $\dfrac{1}{4}e-\dfrac{1}{4}e+C=e$ $\therefore C=e$

$\therefore f(x)=\dfrac{1}{2}x^2\ln x-\dfrac{1}{4}x^2+e$

$f'(x)=0$에서 $x \ln x=0$ ∴ $x=1$ ($\because x>0$)

x	(0)	$\cdots$	1	$\cdots$
$f'(x)$		$-$	0	$+$
$f(x)$		$\searrow$	$e-\dfrac{1}{4}$	$\nearrow$

따라서 함수 $f(x)$는 $x=1$에서 극소이면서 최소이므로 최솟값은
$f(1)=e-\dfrac{1}{4}$이다. 답 ①

06-2

$\displaystyle\int \frac{x}{\cos^2 x}dx=\int x\sec^2 x\,dx$에서

$f(x)=x$, $g'(x)=\sec^2 x$로 놓으면

$f'(x)=1$, $g(x)=\tan x$

$\therefore \displaystyle\int x\sec^2 x\,dx=x\tan x-\int \tan x\,dx$

$\qquad\qquad\qquad =x\tan x-\displaystyle\int \frac{\sin x}{\cos x}dx$

$\qquad\qquad\qquad =x\tan x+\ln|\cos x|+C$ 답 ③

빈출 유형 **마무리**   본문 62~63쪽

01 ①	**02** ⑤	**03** 3	**04** 2	**05** ②	**06** ④
07 ③	**08** 10	**09** 41	**10** 1	**11** ④	**12** ①
13 ③	**14** 1	**15** $\dfrac{5}{2}\pi$	**16** ②		

01

$f(x)=\displaystyle\int\left(2x+\frac{1}{x}\right)^2 dx=\int\left(4x^2+4+x^{-2}\right)dx$

$\qquad =\dfrac{4}{3}x^3+4x-\dfrac{1}{x}+C$

$f(1)=3$이므로 $\dfrac{4}{3}+4-1+C=3$ ∴ $C=-\dfrac{4}{3}$

따라서 $f(x)=\dfrac{4}{3}x^3+4x-\dfrac{1}{x}-\dfrac{4}{3}$이므로

$f(-3)=-36-12-1=-49$ 답 ①

02

조건 ㈏에서 양변을 x에 대하여 미분하면

$f(x)=f(x)+xf'(x)-\dfrac{2}{x^3}$ ∴ $f'(x)=\dfrac{2}{x^4}$

$\therefore f(x)=\displaystyle\int f'(x)dx=2\int x^{-4}dx=-\dfrac{2}{3x^3}+C$

조건 ㈎에서 $f(1)=1$이므로 $-\dfrac{2}{3}+C=1$ ∴ $C=\dfrac{5}{3}$

따라서 $f(x)=-\dfrac{2}{3x^3}+\dfrac{5}{3}$이므로

$f(2)=-\dfrac{1}{12}+\dfrac{5}{3}=\dfrac{19}{12}$ 답 ⑤

03

$\displaystyle\int \frac{4\sin^3 x-4\sin x+\cos^3 x-2}{\cos^2 x}dx$

$=\displaystyle\int \frac{4\sin x(\sin^2 x-1)+\cos^3 x-2}{\cos^2 x}dx$

$=\displaystyle\int \frac{-4\sin x\cos^2 x+\cos^3 x-2}{\cos^2 x}dx$

$=\displaystyle\int (-4\sin x+\cos x-2\sec^2 x)dx$

$=4\cos x+\sin x-2\tan x+C$

이므로 $p=4$, $q=1$, $r=-2$

$\therefore p+q+r=4+1+(-2)=3$ 답 3

04

$f'(x)=\cos x\tan x=\cos x\times\dfrac{\sin x}{\cos x}=\sin x$이므로

$f(x)=\displaystyle\int \sin x\,dx=-\cos x+C$

함수 $y=f(x)$의 그래프가 원점을 지나므로

$f(0)=-1+C=0$ ∴ $C=1$

따라서 $f(x)=-\cos x+1$이므로

$f(\pi)=1+1=2$ 답 2

05

조건 ㈏에서 $x\to 0$일 때, (분모)$\to 0$이고 극한값이 존재하므로
(분자)$\to 0$이어야 한다.

즉, $\displaystyle\lim_{x\to 0}f(x)=f(0)=0$

따라서 $\displaystyle\lim_{x\to 0}\frac{f(x)-f(0)}{x}=3$이므로 $f'(0)=3$

또한 조건 ㈎에서 $f'(0)=3^0+0+k=1+k$

$1+k=3$에서 $k=2$

$\therefore f(x)=\displaystyle\int (3^x+x+2)dx$

$\qquad\qquad =\dfrac{3^x}{\ln 3}+\dfrac{1}{2}x^2+2x+C$

이때, $f(0)=\dfrac{1}{\ln 3}+C=0$이므로 $C=-\dfrac{1}{\ln 3}$

따라서 $f(x)=\dfrac{3^x}{\ln 3}+\dfrac{1}{2}x^2+2x-\dfrac{1}{\ln 3}$이므로

$f(1)=\dfrac{3}{\ln 3}+\dfrac{1}{2}+2-\dfrac{1}{\ln 3}=\dfrac{2}{\ln 3}+\dfrac{5}{2}$ 답 ②

06

$\dfrac{2x-4}{(x-1)(x-3)}=\dfrac{a}{x-1}+\dfrac{b}{x-3}$ (a, b는 상수)로 놓으면

$\dfrac{2x-4}{(x-1)(x-3)}=\dfrac{(a+b)x-(3a+b)}{(x-1)(x-3)}$

위의 등식은 x에 대한 항등식이므로

$a+b=2$, $3a+b=4$

위의 두 식을 연립하여 풀면

$a=1$, $b=1$

$$\therefore \int \frac{2x-4}{(x-1)(x-3)}dx = \int \left(\frac{1}{x-1}+\frac{1}{x-3}\right)dx$$
$$= \int \frac{1}{x-1}dx + \int \frac{1}{x-3}dx$$
$$= \ln|x-1| + \ln|x-3| + C$$
$$= \ln|(x-1)(x-3)| + C \qquad \text{달 ④}$$

07

$$f(x) = \int \frac{1}{\cos^2 x(1+\tan x)}dx$$
$$= \int \frac{\sec^2 x}{1+\tan x}dx$$

에서 $1+\tan x=t$로 놓으면 $\sec^2 x = \dfrac{dt}{dx}$이므로

$$f(x) = \int \frac{1}{t}dt = \ln|t| + C$$
$$= \ln|1+\tan x| + C$$

$f\left(\dfrac{\pi}{4}\right) = \ln 2$이므로 $\ln(1+1)+C = \ln 2 \quad \therefore C=0$

따라서 $f(x) = \ln|1+\tan x|$이므로

$$f\left(\frac{\pi}{3}\right) = \ln(1+\sqrt{3}) \qquad \text{달 ③}$$

08

$\ln x+5=t$로 놓으면 $\dfrac{1}{x} = \dfrac{dt}{dx}$이므로

$$f(x) = \int \frac{1}{x\sqrt{\ln x+5}}dx = \int \frac{1}{\sqrt{t}}dt = \int t^{-\frac{1}{2}}dt = 2t^{\frac{1}{2}} + C$$
$$= 2\sqrt{t} + C = 2\sqrt{\ln x+5} + C$$

$f\left(\dfrac{1}{e}\right)=8$이므로 $4+C=8 \quad \therefore C=4$

따라서 $f(x) = 2\sqrt{\ln x+5}+4$이므로

$$f(e^4) = 2\sqrt{\ln e^4+5}+4 = 2\times 3+4 = 10 \qquad \text{달 10}$$

09

$e^x+2=t$로 놓으면 $e^x = \dfrac{dt}{dx}$이므로

$$f(x) = \int e^x\sqrt{e^x+2}\,dx = \int \sqrt{t}\,dt = \int t^{\frac{1}{2}}dt$$
$$= \frac{2}{3}t^{\frac{3}{2}} + C = \frac{2}{3}(e^x+2)^{\frac{3}{2}} + C$$

한편, $f(x) = \int e^x\sqrt{e^x+2}\,dx$에서

$$f'(x) = e^x\sqrt{e^x+2}$$

$\ln 2 \leq x \leq \ln 7$에서 $f'(x)>0$이므로 함수 $f(x)$는 증가한다.
따라서 함수 $f(x)$는 $x=\ln 7$에서 최댓값, $x=\ln 2$에서 최솟값을 가지므로

(최댓값)$-$(최솟값)$= f(\ln 7) - f(\ln 2)$
$$= \left\{\frac{2}{3}(7+2)^{\frac{3}{2}}+C\right\} - \left\{\frac{2}{3}(2+2)^{\frac{3}{2}}+C\right\}$$
$$= 18 - \frac{16}{3} = \frac{38}{3}$$

따라서 $p=3$, $q=38$이므로
$$p+q = 3+38 = 41 \qquad \text{달 41}$$

10

(ⅰ) $x<0$일 때
$f'(x) = 2\sin x(1-\cos x)$이므로
$$f(x) = \int 2\sin x(1-\cos x)dx$$
$1-\cos x=t$로 놓으면 $\sin x = \dfrac{dt}{dx}$이므로
$$f(x) = \int 2t\,dt = t^2 + C_1 = (1-\cos x)^2 + C_1$$
$f(-\pi)=2$이므로 $\{1-(-1)\}^2+C_1=2 \qquad \therefore C_1=-2$
$$\therefore f(x) = (1-\cos x)^2 - 2 \ (단, \ x<0)$$

(ⅱ) $x\geq 0$일 때
$f'(x) = xe^{x^2}$이므로
$$f(x) = \int xe^{x^2}dx$$
$x^2=s$로 놓으면 $2x = \dfrac{ds}{dx}$이므로
$$f(x) = \int e^s \times \frac{1}{2}ds$$
$$= \frac{1}{2}e^s + C_2 = \frac{1}{2}e^{x^2} + C_2$$

이때, $f(x)$가 $x=0$에서 연속이므로
$\lim\limits_{x\to 0-}f(x) = \lim\limits_{x\to 0+}f(x)$에서
$$-2 = \frac{1}{2}+C_2 \qquad \therefore C_2 = -\frac{5}{2}$$
$$\therefore f(x) = \frac{1}{2}e^{x^2} - \frac{5}{2} \ (단, \ x\geq 0)$$

(ⅰ), (ⅱ)에서
$$f(x) = \begin{cases} (1-\cos x)^2 - 2 & (x<0) \\ \dfrac{1}{2}e^{x^2} - \dfrac{5}{2} & (x\geq 0) \end{cases}$$
$$\therefore f(\sqrt{\ln 7}) = \frac{1}{2}e^{\ln 7} - \frac{5}{2} = 1 \qquad \text{달 1}$$

11

진수의 범위에서 $x+2>0 \qquad \therefore x>-2$
$f(x)=\ln(x+2)$, $g'(x)=1$로 놓으면
$f'(x) = \dfrac{1}{x+2}$, $g(x)=x$
$$\therefore \int \ln(x+2)dx = x\ln(x+2) - \int \frac{x}{x+2}dx$$
$$= x\ln(x+2) - \int \left(1-\frac{2}{x+2}\right)dx$$
$$= x\ln(x+2) - x + 2\ln(x+2) + C$$
$$(\because x>-2)$$
$$= (x+2)\ln(x+2) - x + C \qquad \text{달 ④}$$

12

$g(x)=x^2$, $h'(x)=e^x$으로 놓으면
$g'(x)=2x$, $h(x)=e^x$

$$\therefore \int x^2 e^x \, dx = x^2 e^x - \int 2xe^x \, dx \qquad \cdots\cdots \text{㉠}$$

$\int 2xe^x \, dx$에서 $u(x)=2x,\ v'(x)=e^x$으로 놓으면

$u'(x)=2,\ v(x)=e^x$

$$\therefore \int 2xe^x \, dx = 2xe^x - \int 2e^x dx$$
$$= 2xe^x - 2e^x + C_1 \qquad \cdots\cdots \text{㉡}$$

㉡을 ㉠에 대입하면

$$\int x^2 e^x \, dx = x^2 e^x - (2xe^x - 2e^x + C_1)$$
$$= x^2 e^x - 2xe^x + 2e^x + C$$
$$= e^x(x^2 - 2x + 2) + C$$

따라서 $e^x(x^2-2x+2)+C=e^x f(x)+C$이므로

$f(x)=x^2-2x+2$

$\therefore f(1)=1-2+2=1$ 답 ①

13

$I_n = \int x^n e^{-x} \, dx$에서 $I_{n+1} = \int x^{n+1} e^{-x} \, dx$

$f(x)=x^{n+1},\ g'(x)=e^{-x}$으로 놓으면

$f'(x)=(n+1)x^n,\ g(x)=-e^{-x}$

$$\therefore I_{n+1} = -x^{n+1}e^{-x} + \int (n+1)x^n e^{-x} dx$$
$$= -x^{n+1}e^{-x} + (n+1)I_n$$ 답 ③

14

주어진 등식의 양변을 x에 대하여 미분하면

$f(x)=f(x)+xf'(x)+x(x-2)e^{-x}$

$\therefore f'(x)=(2-x)e^{-x}$

따라서 $f(x)=\int f'(x)dx=\int (2-x)e^{-x}dx$에서

$g(x)=2-x,\ h'(x)=e^{-x}$으로 놓으면

$g'(x)=-1,\ h(x)=-e^{-x}$

$$\therefore f(x) = -(2-x)e^{-x} - \int e^{-x} dx$$
$$= -(2-x)e^{-x} + e^{-x} + C$$
$$= (x-1)e^{-x} + C$$

$\therefore f(1)-f(0)=C-(-1+C)=1$ 답 1

15

$g(x)=\cos x,\ h'(x)=e^x$으로 놓으면

$g'(x)=-\sin x,\ h(x)=e^x$

$$\therefore f(x) = \int e^x \cos x \, dx$$
$$= e^x \cos x - \int e^x(-\sin x)dx$$
$$= e^x \cos x + \int e^x \sin x \, dx \qquad \cdots\cdots \text{㉠}$$

$\int e^x \sin x \, dx$에서 $u(x)=\sin x,\ v'(x)=e^x$으로 놓으면

$u'(x)=\cos x,\ v(x)=e^x$

$$\therefore \int e^x \sin x \, dx = e^x \sin x - \int e^x \cos x \, dx \qquad \cdots\cdots \text{㉡}$$

㉡을 ㉠에 대입하면

$$f(x) = e^x \cos x + e^x \sin x - \int e^x \cos x \, dx$$
$$= e^x \cos x + e^x \sin x - f(x) + C_1$$

$\therefore f(x)=\dfrac{1}{2}e^x(\cos x + \sin x)+C$

이때, $f(0)=\dfrac{1}{2}$이므로

$\dfrac{1}{2}(1+0)+C=\dfrac{1}{2}$ $\therefore C=0$

$\therefore f(x)=\dfrac{1}{2}e^x(\cos x + \sin x)$

방정식 $f(x)=0$에서

$\dfrac{1}{2}e^x(\cos x + \sin x)=0$

$\cos x + \sin x = 0\ (\because e^x > 0)$

$\sin x = -\cos x,\ \tan x = -1$

$\therefore x=\dfrac{3}{4}\pi$ 또는 $x=\dfrac{7}{4}\pi\ (\because 0 \le x < 2\pi)$

따라서 구하는 모든 근의 합은

$\dfrac{3}{4}\pi + \dfrac{7}{4}\pi = \dfrac{10}{4}\pi = \dfrac{5}{2}\pi$ 답 $\dfrac{5}{2}\pi$

16

$$\lim_{h \to 0} \frac{f(x+3h)-f(x-h)}{h}$$
$$= \lim_{h \to 0} \frac{\{f(x+3h)-f(x)\}-\{f(x-h)-f(x)\}}{h}$$
$$= 3\lim_{h \to 0} \frac{f(x+3h)-f(x)}{3h} + \lim_{h \to 0} \frac{f(x-h)-f(x)}{-h}$$
$$= 3f'(x)+f'(x)$$
$$= 4f'(x)$$

$4f'(x)=4x\sin x$이므로 $f'(x)=x\sin x$

$\therefore f(x)=\int x \sin x \, dx$

$u(x)=x,\ v'(x)=\sin x$로 놓으면

$u'(x)=1,\ v(x)=-\cos x$

$$\therefore \int x \sin x \, dx = -x\cos x - \int (-\cos x)dx$$
$$= -x\cos x + \sin x + C$$

이때, $f(0)=0$이므로 $C=0$

$\therefore f(x)=-x\cos x + \sin x$

즉, $f'\left(\dfrac{\pi}{2}\right)=\dfrac{\pi}{2}\sin \dfrac{\pi}{2}=\dfrac{\pi}{2},\ f\left(\dfrac{\pi}{2}\right)=-\dfrac{\pi}{2}\cos \dfrac{\pi}{2}+\sin \dfrac{\pi}{2}=1$

이므로 곡선 $y=f(x)$ 위의 점 $\left(\dfrac{\pi}{2},\ f\left(\dfrac{\pi}{2}\right)\right)$에서의 접선의 방정식은

$y-1=\dfrac{\pi}{2}\left(x-\dfrac{\pi}{2}\right)$ $\therefore y=\dfrac{\pi}{2}x+1-\dfrac{\pi^2}{4}$

따라서 구하는 y절편은 $1-\dfrac{\pi^2}{4}$이다.   답 ②

02 | 정적분

내신&수능 빈출 유형 본문 65~68쪽

유형 01

$$\int_0^1 \frac{1}{(x-2)(x-3)}dx = \int_0^1 \left(\frac{1}{x-3}-\frac{1}{x-2}\right)dx$$
$$= \Big[\ln|x-3|-\ln|x-2|\Big]_0^1$$
$$= \ln 2 - (\ln 3 - \ln 2)$$
$$= 2\ln 2 - \ln 3$$
$$= \ln \frac{4}{3}$$

답 ②

01-1

$\dfrac{x^2+2}{x+1}=x-1+\dfrac{3}{x+1}$ 이므로

$$\int_0^2 \frac{x^2+2}{x+1}dx = \int_0^2 \left(x-1+\frac{3}{x+1}\right)dx$$
$$= \Big[\frac{1}{2}x^2-x+3\ln|x+1|\Big]_0^2$$
$$= \frac{1}{2}\times 2^2-2+3\ln 3$$
$$= 3\ln 3$$

따라서 $a=3$, $b=0$이므로
$a+b=3$

답 3

01-2

$$\int_0^{\frac{\pi}{4}} \frac{\cos^2 x-\sin^2 x}{\sin x+\cos x}dx$$
$$= \int_0^{\frac{\pi}{4}} \frac{(\cos x+\sin x)(\cos x-\sin x)}{\sin x+\cos x}dx$$
$$= \int_0^{\frac{\pi}{4}} (\cos x-\sin x)dx$$
$$= \Big[\sin x+\cos x\Big]_0^{\frac{\pi}{4}}$$
$$= \left(\frac{\sqrt{2}}{2}+\frac{\sqrt{2}}{2}\right)-1$$
$$= \sqrt{2}-1$$

답 ①

유형 02

$$\int_{-1}^1 f(x)dx = \int_{-1}^0 (3x^2-1)dx+\int_0^1 \sin \pi x\,dx$$
$$= \Big[x^3-x\Big]_{-1}^0 + \Big[-\frac{1}{\pi}\cos \pi x\Big]_0^1$$
$$= -\frac{1}{\pi}(-1-1)$$
$$= \frac{2}{\pi}$$

답 ②

02-1

$e^x-e=0$에서 $e^x=e$ ∴ $x=1$

즉, $|e^x-e|=\begin{cases} e-e^x & (x<1) \\ e^x-e & (x\geq 1) \end{cases}$ 이므로

$$\int_0^2 |e^x-e|dx = \int_0^1 (e-e^x)dx+\int_1^2 (e^x-e)dx$$
$$= \Big[ex-e^x\Big]_0^1 + \Big[e^x-ex\Big]_1^2$$
$$= -(-1)+(e^2-2e)$$
$$= e^2-2e+1$$

답 ③

유형 03

$\sin x$와 $\tan 5x$는 기함수, $\cos 3x$는 우함수이므로

$$\int_{-\frac{\pi}{2}}^{\frac{\pi}{2}} (\sin x+\cos 3x+\tan 5x)dx$$
$$= \int_{-\frac{\pi}{2}}^{\frac{\pi}{2}} \cos 3x\,dx = 2\int_0^{\frac{\pi}{2}} \cos 3x\,dx$$
$$= 2\Big[\frac{1}{3}\sin 3x\Big]_0^{\frac{\pi}{2}} = -\frac{2}{3}$$

답 ②

03-1

x는 기함수, $\cos x$는 우함수이므로 $x\cos x$는 기함수이다.
또한 $\sin x$는 기함수, $2\cos x$는 우함수이므로

$$\int_{-\frac{\pi}{2}}^{\frac{\pi}{2}} (\sin x+2\cos x+x\cos x)dx$$
$$= \int_{-\frac{\pi}{2}}^{\frac{\pi}{2}} 2\cos x\,dx = 4\int_0^{\frac{\pi}{2}} \cos x\,dx$$
$$= 4\Big[\sin x\Big]_0^{\frac{\pi}{2}} = 4$$

답 ④

03-2

$f(-x)=-f(x)$에서 함수 $f(x)$가 기함수이므로

$$\int_{-2}^4 f(x)dx = \int_{-2}^2 f(x)dx+\int_2^4 f(x)dx$$
$$= \int_2^4 f(x)dx \qquad \cdots\cdots ㉠$$

한편, 조건 ㈎에서 $f'(x)>0$이므로 $f(x)$는 증가하는 함수이고
$f(-x)=-f(x)$에 $x=0$을 대입하면 $f(0)=0$이므로
$x>0$일 때 $f(x)>0$이다.
따라서 조건 ㈏에서

$$\int_2^4 |f(x)|dx = \int_2^4 f(x)dx=3 \qquad \cdots\cdots ㉡$$

㉡을 ㉠에 대입하면

$$\int_{-2}^4 f(x)dx = \int_2^4 f(x)dx=3$$

◆다른 풀이

조건 ㈎에서 모든 실수 x에 대하여 $f'(x)>0$이므로 함수 $f(x)$는 증가하는 함수이다. 또한 $f(-x)=-f(x)$에서 함수 $y=f(x)$의 그래프는 원점에 대하여 대칭(기함수)이므로 다음 그림에서 -2에서 0까지의 넓이와 0에서 2까지의 넓이가 A로 같다.

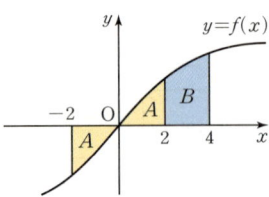

조건 (나)에서 $\int_{2}^{4} |f(x)|\,dx=3$이므로

위의 그림에서 $B=3$

$\therefore \int_{-2}^{4} f(x)dx=\int_{-2}^{0} f(x)dx+\int_{0}^{2} f(x)dx+\int_{2}^{4} f(x)dx$

$\qquad\qquad =-A+A+B=3$ 답 3

유형 04

$f(x)=\cos x$로 놓으면 $f(x)=f(x+2\pi)$이므로 $f(x)$는 주기함수이다.

$\therefore \int_{a}^{a+2\pi} \cos x\,dx=\int_{0}^{2\pi} \cos x\,dx$

$\qquad\qquad =\Big[\sin x\Big]_{0}^{2\pi}$

$\qquad\qquad =0$ 답 ①

04-1

함수 $f(x)$가 주기가 2인 연속함수이므로

$\int_{2}^{4} f(x)dx=\int_{0+2}^{2+2} f(x)dx=\int_{0}^{2} f(x)dx$ ······ ㉠

$\int_{0}^{1} f(x)dx=1$, $\int_{-1}^{2} f(x)dx=3$에서

$\int_{-1}^{2} f(x)dx=\int_{-1}^{0} f(x)dx+\int_{0}^{1} f(x)dx+\int_{1}^{2} f(x)dx$

$\qquad =\int_{1}^{2} f(x)dx+1+\int_{1}^{2} f(x)dx$

$\qquad =2\int_{1}^{2} f(x)dx+1=3$

$\therefore \int_{1}^{2} f(x)dx=1$

따라서 ㉠에서

$\int_{2}^{4} f(x)dx=\int_{0}^{2} f(x)dx$

$\qquad =\int_{0}^{1} f(x)dx+\int_{1}^{2} f(x)dx$

$\qquad =1+1=2$ 답 2

유형 05

$1+\ln x=t$로 놓으면 $\dfrac{1}{x}=\dfrac{dt}{dx}$이고

$x=1$일 때 $t=1$, $x=e^{2}$일 때 $t=3$이므로

$\int_{1}^{e^{2}} f(x)dx=\int_{1}^{e^{2}} \dfrac{1}{x(1+\ln x)^{2}}dx$

$\qquad =\int_{1}^{3} \dfrac{1}{t^{2}}dt=\int_{1}^{3} t^{-2}\,dt$

$\qquad =\Big[-\dfrac{1}{t}\Big]_{1}^{3}=-\dfrac{1}{3}+1=\dfrac{2}{3}$ 답 ②

05-1

$\int_{0}^{\frac{\pi}{2}} \sin x(1-\sin^{2} x)dx=\int_{0}^{\frac{\pi}{2}} \sin x\cos^{2} x\,dx$

$\cos x=t$로 놓으면 $-\sin x=\dfrac{dt}{dx}$이고

$x=0$일 때 $t=1$, $x=\dfrac{\pi}{2}$일 때 $t=0$이므로

$\int_{0}^{\frac{\pi}{2}} \sin x\cos^{2} x\,dx=\int_{1}^{0} t^{2}\times(-1)dt$

$\qquad\qquad =\int_{0}^{1} t^{2}\,dt=\Big[\dfrac{1}{3}t^{3}\Big]_{0}^{1}$

$\qquad\qquad =\dfrac{1}{3}$ 답 ①

05-2

$\int_{-2}^{2} x\sqrt{x+3}\,dx$에서 $x+3=t$로 놓으면

$x=t-3$, $1=\dfrac{dt}{dx}$이고

$x=-2$일 때 $t=1$, $x=2$일 때 $t=5$이므로

$\int_{-2}^{2} x\sqrt{x+3}\,dx=\int_{1}^{5} (t-3)\sqrt{t}\,dt$

$\qquad\qquad =\int_{1}^{5} (t^{\frac{3}{2}}-3t^{\frac{1}{2}})dt$

$\qquad\qquad =\Big[\dfrac{2}{5}t^{\frac{5}{2}}-2t^{\frac{3}{2}}\Big]_{1}^{5}$

$\qquad\qquad =(10\sqrt{5}-10\sqrt{5})-\Big(\dfrac{2}{5}-2\Big)$

$\qquad\qquad =\dfrac{8}{5}$ 답 ③

05-3

$x=\tan\theta\Big(-\dfrac{\pi}{2}<\theta<\dfrac{\pi}{2}\Big)$로 놓으면 $\dfrac{dx}{d\theta}=\sec^{2}\theta$이고

$x=0$일 때 $\theta=0$, $x=1$일 때 $\theta=\dfrac{\pi}{4}$이므로

$\int_{0}^{1} \dfrac{1}{1+x^{2}}dx=\int_{0}^{\frac{\pi}{4}} \dfrac{1}{1+\tan^{2}\theta}\times\sec^{2}\theta\,d\theta$

$\qquad\qquad =\int_{0}^{\frac{\pi}{4}} 1\,d\theta=\Big[\theta\Big]_{0}^{\frac{\pi}{4}}=\dfrac{\pi}{4}$ 답 ②

유형 06

$\int_{1}^{e} \dfrac{\ln x}{x^{2}}dx$에서 $f(x)=\ln x$, $g'(x)=\dfrac{1}{x^{2}}$로 놓으면

$f'(x)=\dfrac{1}{x}$, $g(x)=-\dfrac{1}{x}$

$\therefore \int_{1}^{e} \dfrac{\ln x}{x^{2}}dx=\Big[-\dfrac{\ln x}{x}\Big]_{1}^{e}-\int_{1}^{e}\Big(-\dfrac{1}{x^{2}}\Big)dx$

$\qquad\qquad =-\dfrac{1}{e}+\Big[-\dfrac{1}{x}\Big]_{1}^{e}=-\dfrac{2}{e}+1$

$\therefore \int_{0}^{1} (1+2e^{-x})dx-\int_{1}^{e} \dfrac{\ln x}{x^{2}}dx$

$\qquad =\Big[x-2e^{-x}\Big]_{0}^{1}-\Big(-\dfrac{2}{e}+1\Big)$

$\qquad =1-\dfrac{2}{e}+2+\dfrac{2}{e}-1=2$ 답 2

06-1

$\displaystyle\int_0^{\frac{\pi}{4}} x\sin 2x\,dx$에서

$f(x)=x$, $g'(x)=\sin 2x$로 놓으면

$f'(x)=1$, $g(x)=-\dfrac{1}{2}\cos 2x$

$\therefore \displaystyle\int_0^{\frac{\pi}{4}} x\sin 2x\,dx$

$\quad =\left[-\dfrac{1}{2}x\cos 2x\right]_0^{\frac{\pi}{4}}-\displaystyle\int_0^{\frac{\pi}{4}}\left(-\dfrac{1}{2}\cos 2x\right)dx$

$\quad =0+\dfrac{1}{4}\left[\sin 2x\right]_0^{\frac{\pi}{4}}$

$\quad =\dfrac{1}{4}(1-0)=\dfrac{1}{4}$　　　　　　　　　답 ②

유형 07

주어진 등식의 양변을 x에 대하여 미분하면

$f'(x)=(1-x^2)e^x=(1+x)(1-x)e^x$

$f'(x)=0$에서 $x=-1$ 또는 $x=1$

x	$\cdots$	-1	$\cdots$	1	$\cdots$
$f'(x)$	$-$	0	$+$	0	$-$
$f(x)$	↘	극소	↗	극대	↘

즉, $f(x)$는 $x=-1$일 때 극솟값을, $x=1$일 때 극댓값을 갖는다.

이때, $f(x)=\displaystyle\int_0^x (1-t^2)e^t\,dt$에서

$g(t)=1-t^2$, $h'(t)=e^t$으로 놓으면

$g'(t)=-2t$, $h(t)=e^t$

$\therefore f(x)=\displaystyle\int_0^x (1-t^2)e^t\,dt$

$\quad =\left[(1-t^2)e^t\right]_0^x-\displaystyle\int_0^x (-2t)\times e^t\,dt$

$\quad =(1-x^2)e^x-1+2\displaystyle\int_0^x te^t\,dt$　　　…… ㉠

$\displaystyle\int_0^x te^t\,dt$에서 $u(t)=t$, $v'(t)=e^t$으로 놓으면

$u'(t)=1$, $v(t)=e^t$

$\therefore \displaystyle\int_0^x te^t\,dt=\left[te^t\right]_0^x-\displaystyle\int_0^x e^t\,dt=xe^x-\left[e^t\right]_0^x$

$\qquad\qquad\quad =(x-1)e^x+1$　　　　　…… ㉡

㉡을 ㉠에 대입하면

$f(x)=(1-x^2)e^x-1+2\{(x-1)e^x+1\}$

$\qquad =-(x-1)^2 e^x+1$

$\therefore f(1)=1$, $f(-1)=-4e^{-1}+1=1-\dfrac{4}{e}$

따라서 $f(x)$의 극댓값 $M=1$, 극솟값 $m=1-\dfrac{4}{e}$이므로

$M-m=1-\left(1-\dfrac{4}{e}\right)=\dfrac{4}{e}$　　　　답 ④

07-1

$f(x)=\displaystyle\int_0^x \sin t(2+\cos t)\,dt$의 양변을 x에 대하여 미분하면

$f'(x)=\sin x(2+\cos x)$

$f'(x)=0$에서 $\sin x=0$ ($\because 2+\cos x>0$)

$\therefore x=\pi$ ($\because 0<x<2\pi$)

x	(0)	$\cdots$	π	$\cdots$	(2π)
$f'(x)$		$+$	0	$-$	
$f(x)$		↗	극대	↘	

함수 $f(x)$는 $x=\pi$에서 극대이므로 극댓값은 $f(\pi)$이다.

$f(\pi)=\displaystyle\int_0^\pi \sin t(2+\cos t)\,dt$에서 $2+\cos t=s$로 놓으면

$-\sin t=\dfrac{ds}{dt}$이고 $t=0$일 때 $s=3$, $t=\pi$일 때 $s=1$이므로

$f(\pi)=\displaystyle\int_0^\pi \sin t(2+\cos t)\,dt=\displaystyle\int_3^1 s\times(-1)\,ds$

$\qquad =\displaystyle\int_1^3 s\,ds=\left[\dfrac{1}{2}s^2\right]_1^3$

$\qquad =\dfrac{9}{2}-\dfrac{1}{2}=4$

◆다른 풀이

극댓값 $f(\pi)$는 다음과 같이 구할 수도 있다.

$f(\pi)=\displaystyle\int_0^\pi \sin t(2+\cos t)\,dt$

$\qquad =\displaystyle\int_0^\pi 2\sin t\,dt+\dfrac{1}{2}\displaystyle\int_0^\pi \sin 2t\,dt$

$\qquad =\left[-2\cos t\right]_0^\pi-\dfrac{1}{4}\left[\cos 2t\right]_0^\pi$

$\qquad =2+2-\dfrac{1}{4}(1-1)=4$　　　　답 ④

07-2

$f(x)=\displaystyle\int_x^{x+1}\left(t+\dfrac{2}{t}\right)dt$의 양변을 x에 대하여 미분하면

$f'(x)=\left(x+1+\dfrac{2}{x+1}\right)-\left(x+\dfrac{2}{x}\right)=1+\dfrac{2}{x+1}-\dfrac{2}{x}$

$\qquad =\dfrac{x^2+x-2}{x(x+1)}=\dfrac{(x+2)(x-1)}{x(x+1)}$

$f'(x)=0$에서 $x=1$ ($\because x>0$)

x	(0)	$\cdots$	1	$\cdots$
$f'(x)$		$-$	0	$+$
$f(x)$		↘	극소	↗

함수 $f(x)$는 $x=1$에서 극소이면서 최솟값 $f(1)$을 갖는다.

$\therefore f(1)=\displaystyle\int_1^2\left(t+\dfrac{2}{t}\right)dt=\left[\dfrac{1}{2}t^2+2\ln t\right]_1^2$

$\qquad =(2+2\ln 2)-\left(\dfrac{1}{2}+0\right)$

$\qquad =\dfrac{3}{2}+2\ln 2$　　　　　　　답 ⑤

함수 $(2e^t+1)f'(t)$의 한 부정적분을 $G(t)$라 하면

$$\lim_{x \to 0} \frac{1}{x} \int_0^x (2e^t+1)f'(t)dt$$

$$= \lim_{x \to 0} \frac{1}{x} \Big[G(t) \Big]_0^x$$

$$= \lim_{x \to 0} \frac{1}{x} \{G(x)-G(0)\}$$

$$= \lim_{x \to 0} \frac{G(x)-G(0)}{x-0}$$

$$= G'(0)$$

$$= (2e^0+1)f'(0)$$

$$= 3 \times 5 = 15$$

답 15

08-1

함수 $f(t)f'(t)$의 한 부정적분을 $G(t)$라 하면

$$\lim_{x \to 1} \frac{1}{x-1} \int_1^x f(t)f'(t)dt$$

$$= \lim_{x \to 1} \frac{1}{x-1} \Big[G(t) \Big]_1^x$$

$$= \lim_{x \to 1} \frac{G(x)-G(1)}{x-1}$$

$$= G'(1)$$

$$= f(1)f'(1) \qquad \cdots\cdots \ \text{㉠}$$

$f(x)=x^2e^x$에서 $f'(x)=2xe^x+x^2e^x$이므로

$f(1)=e$, $f'(1)=2e+e=3e$

따라서 ㉠에서

$$\lim_{x \to 1} \frac{1}{x-1} \int_1^x f(t)f'(t)dt = f(1)f'(1)$$

$$= e \times 3e = 3e^2$$

답 ③

빈출 유형 마무리				본문 69~70쪽	
01 ②	**02** ④	**03** 32	**04** 6	**05** ④	**06** ③
07 ②	**08** ③	**09** ④	**10** ③	**11** ②	**12** ⑤
13 ②	**14** ④	**15** ②	**16** ④		

01

$$\int_0^1 (3^x+e^{-x})dx + \int_1^2 (3^t+e^{-t})dt$$

$$= \int_0^2 (3^x+e^{-x})dx$$

$$= \left[\frac{3^x}{\ln 3} - e^{-x} \right]_0^2$$

$$= \frac{1}{\ln 3}(9-1) - (e^{-2}-1)$$

$$= \frac{8}{\ln 3} - \frac{1}{e^2} + 1$$

답 ②

02

$$\int_0^{\frac{\pi}{4}} (2x+\tan^2 x)dx = \int_0^{\frac{\pi}{4}} (2x+\sec^2 x-1)dx$$

$$= \Big[x^2+\tan x-x \Big]_0^{\frac{\pi}{4}}$$

$$= \frac{\pi^2}{16} - \frac{\pi}{4} + 1$$

따라서 $a=\frac{1}{16}$, $b=-\frac{1}{4}$, $c=1$이므로

$$a+b+c = \frac{1}{16} + \left(-\frac{1}{4}\right) + 1 = \frac{13}{16}$$

답 ④

03

$$\int_{-\frac{\pi}{3}}^{\frac{\pi}{3}} (\tan x+4)f(x)dx$$

$$= \int_{-\frac{\pi}{3}}^{\frac{\pi}{3}} f(x)\tan x\, dx + 4 \int_{-\frac{\pi}{3}}^{\frac{\pi}{3}} f(x)dx$$

이때, $f(-x)=f(x)$, 즉 $f(x)$는 우함수이므로

$$\int_{-\frac{\pi}{3}}^{\frac{\pi}{3}} f(x)dx = 2 \int_0^{\frac{\pi}{3}} f(x)dx = 2 \times 4 = 8$$

한편, $g(x)=f(x)\tan x$라 하면

$$g(-x) = f(-x)\tan(-x)$$

$$= -f(x)\tan x = -g(x)$$

즉, $g(x)$는 기함수이므로

$$\int_{-\frac{\pi}{3}}^{\frac{\pi}{3}} f(x)\tan x\, dx = 0$$

$$\therefore \int_{-\frac{\pi}{3}}^{\frac{\pi}{3}} (\tan x+4)f(x)dx = 4 \int_{-\frac{\pi}{3}}^{\frac{\pi}{3}} f(x)dx$$

$$= 4 \times 8 = 32$$

답 32

●보충 설명

① (우함수)×(우함수)=(우함수)

② (우함수)×(기함수)=(기함수)

③ (기함수)×(기함수)=(우함수)

04

$2x-3=t$로 놓으면 $2=\dfrac{dt}{dx}$이고

$x=2$일 때 $t=1$, $x=3$일 때 $t=3$이므로

$$\int_2^3 f(2x-3)dx = \int_1^3 f(t) \times \frac{1}{2}dt$$

$$= \frac{1}{2} \int_1^3 f(x)dx$$

$$= \frac{1}{2} \times 12 = 6$$

답 6

05

$\dfrac{1}{x(x^2+1)} = \dfrac{a}{x} + \dfrac{bx+c}{x^2+1}$ (a, b, c는 상수)로 놓으면

$$\frac{1}{x(x^2+1)} = \frac{(a+b)x^2+cx+a}{x(x^2+1)}$$

위의 등식은 x에 대한 항등식이므로

$a+b=0,\ c=0,\ a=1$

$\therefore a=1,\ b=-1,\ c=0$

따라서 $\dfrac{1}{x(x^2+1)}=\dfrac{1}{x}-\dfrac{x}{x^2+1}$ 이므로

$\displaystyle\int_1^2 \dfrac{1}{x(x^2+1)}dx$

$=\displaystyle\int_1^2 \left(\dfrac{1}{x}-\dfrac{x}{x^2+1}\right)dx$

$=\displaystyle\int_1^2 \left\{\dfrac{1}{x}-\dfrac{2x}{2(x^2+1)}\right\}dx$

$=\left[\ln x-\dfrac{1}{2}\ln(x^2+1)\right]_1^2 \ (\because 1\le x\le 2)$

$=\left(\ln 2-\dfrac{1}{2}\ln 5\right)-\left(-\dfrac{1}{2}\ln 2\right)$

$=\dfrac{3}{2}\ln 2-\dfrac{1}{2}\ln 5$

$=\dfrac{1}{2}\ln \dfrac{8}{5}$ 답 ④

06

$\displaystyle\int_0^{\frac{\pi}{2}} \cos^3 x\,dx=\int_0^{\frac{\pi}{2}} \cos^2 x\cos x\,dx$

$=\displaystyle\int_0^{\frac{\pi}{2}} (1-\sin^2 x)\cos x\,dx$

$\sin x=t$ 로 놓으면 $\cos x=\dfrac{dt}{dx}$ 이고

$x=0$ 일 때 $t=0$, $x=\dfrac{\pi}{2}$ 일 때 $t=1$ 이므로

$\displaystyle\int_0^{\frac{\pi}{2}} (1-\sin^2 x)\cos x\,dx=\int_0^1 (1-t^2)dt=\left[t-\dfrac{1}{3}t^3\right]_0^1$

$=1-\dfrac{1}{3}=\dfrac{2}{3}$ 답 ③

07

$x=2\sin\theta\left(-\dfrac{\pi}{2}<\theta<\dfrac{\pi}{2}\right)$ 로 놓으면 $\dfrac{dx}{d\theta}=2\cos\theta$ 이고

$x=0$ 일 때 $\theta=0$, $x=1$ 일 때 $\theta=\dfrac{\pi}{6}$ 이므로

$\displaystyle\int_0^1 \dfrac{1}{\sqrt{4-x^2}}dx=\int_0^{\frac{\pi}{6}} \dfrac{1}{\sqrt{4-4\sin^2\theta}}\times 2\cos\theta\,d\theta$

$=\displaystyle\int_0^{\frac{\pi}{6}} \dfrac{1}{2\sqrt{1-\sin^2\theta}}\times 2\cos\theta\,d\theta$

$=\displaystyle\int_0^{\frac{\pi}{6}} \dfrac{2\cos\theta}{2\cos\theta}\,d\theta$

$=\left[\theta\right]_0^{\frac{\pi}{6}}=\dfrac{\pi}{6}$

따라서 $\dfrac{\pi}{6}=k\pi$ 이므로 $k=\dfrac{1}{6}$ 답 ②

08

$f(x)=\begin{cases}1 & (0\le x\le 1)\\ x & (1<x\le 2)\end{cases}$ 이고 $f(x)$ 는 구간 $[0,\ 2]$ 에서 연속이므로

$\displaystyle\int_0^2 e^x f(x)dx=\int_0^1 e^x\,dx+\int_1^2 xe^x\,dx$

$\displaystyle\int_1^2 xe^x\,dx$ 에서 $g(x)=x$, $h'(x)=e^x$ 으로 놓으면

$g'(x)=1$, $h(x)=e^x$

$\therefore \displaystyle\int_0^2 e^x f(x)dx=\int_0^1 e^x\,dx+\int_1^2 xe^x\,dx$

$=\left[e^x\right]_0^1+\left[xe^x\right]_1^2-\int_1^2 e^x\,dx$

$=e-1+2e^2-e-\left[e^x\right]_1^2$

$=2e^2-1-(e^2-e)$

$=e^2+e-1$ 답 ③

09

$f(x)=\sin 2x$, $g'(x)=e^x$ 으로 놓으면

$f'(x)=2\cos 2x$, $g(x)=e^x$

$\therefore \displaystyle\int_0^{\frac{\pi}{2}} e^x\sin 2x\,dx$

$=\left[e^x\sin 2x\right]_0^{\frac{\pi}{2}}-2\int_0^{\frac{\pi}{2}} e^x\cos 2x\,dx$

$=-2\displaystyle\int_0^{\frac{\pi}{2}} e^x\cos 2x\,dx$ …… ㉠

$\displaystyle\int_0^{\frac{\pi}{2}} e^x\cos 2x\,dx$ 에서 $u(x)=\cos 2x$, $v'(x)=e^x$ 으로 놓으면

$u'(x)=-2\sin 2x$, $v(x)=e^x$

$\therefore \displaystyle\int_0^{\frac{\pi}{2}} e^x\cos 2x\,dx$

$=\left[e^x\cos 2x\right]_0^{\frac{\pi}{2}}+2\int_0^{\frac{\pi}{2}} e^x\sin 2x\,dx$

$=-e^{\frac{\pi}{2}}-1+2\displaystyle\int_0^{\frac{\pi}{2}} e^x\sin 2x\,dx$ …… ㉡

㉡을 ㉠에 대입하여 정리하면

$5\displaystyle\int_0^{\frac{\pi}{2}} e^x\sin 2x\,dx=2e^{\frac{\pi}{2}}+2$

$\therefore \displaystyle\int_0^{\frac{\pi}{2}} e^x\sin 2x\,dx=\dfrac{2}{5}(e^{\frac{\pi}{2}}+1)$ 답 ④

10

$\ln x=t$ 로 놓으면 $\dfrac{1}{x}=\dfrac{dt}{dx}$ 이고

$x=e$ 일 때 $t=1$, $x=e^2$ 일 때 $t=2$ 이므로

$\displaystyle\int_e^{e^2} \dfrac{\ln(\ln x)}{x}dx=\int_1^2 \ln t\,dt$

$\displaystyle\int_1^2 \ln t\,dt$ 에서 $f(t)=\ln t$, $g'(t)=1$ 로 놓으면

$f'(t)=\dfrac{1}{t}$, $g(t)=t$

$\therefore \displaystyle\int_1^2 \ln t\,dt=\left[t\ln t\right]_1^2-\int_1^2 dt$

$=2\ln 2-\left[t\right]_1^2$

$=2\ln 2-1$ 답 ③

11

$f(x)=e^{2x}-2x-\displaystyle\int_0^x f'(t)e^t\,dt$의 양변을 x에 대하여 미분하면

$f'(x)=2e^{2x}-2-f'(x)e^x$

$f'(x)(1+e^x)=2(e^{2x}-1)$

$f'(x)(1+e^x)=2(e^x+1)(e^x-1)$

따라서 $f'(x)=2(e^x-1)$이므로

$f'(\ln 2)=2(e^{\ln 2}-1)=2(2-1)=2$　　　　답 ②

12

$\displaystyle\int_0^{\frac{\pi}{3}} f(t)\sin t\,dt=a$ (a는 상수)로 놓으면 $f(x)=\cos x+a$

$a=\displaystyle\int_0^{\frac{\pi}{3}}(\cos t+a)\sin t\,dt$에서

$\cos t=s$로 놓으면 $-\sin t=\dfrac{ds}{dt}$이고

$t=0$일 때 $s=1$, $t=\dfrac{\pi}{3}$일 때 $s=\dfrac{1}{2}$이므로

$a=\displaystyle\int_0^{\frac{\pi}{3}}(\cos t+a)\sin t\,dt$

$=\displaystyle\int_1^{\frac{1}{2}}(s+a)\times(-1)ds$

$=\displaystyle\int_{\frac{1}{2}}^1(s+a)ds=\left[\dfrac{1}{2}s^2+as\right]_{\frac{1}{2}}^1$

$=\left(\dfrac{1}{2}+a\right)-\left(\dfrac{1}{8}+\dfrac{1}{2}a\right)$

$=\dfrac{1}{2}a+\dfrac{3}{8}$

즉, $a=\dfrac{1}{2}a+\dfrac{3}{8}$에서 $\dfrac{1}{2}a=\dfrac{3}{8}$　　$\therefore a=\dfrac{3}{4}$

따라서 $f(x)=\cos x+\dfrac{3}{4}$이므로

$f\left(\dfrac{\pi}{3}\right)=\cos\dfrac{\pi}{3}+\dfrac{3}{4}=\dfrac{1}{2}+\dfrac{3}{4}=\dfrac{5}{4}$

◆ 다른 풀이

$\displaystyle\int_0^{\frac{\pi}{3}}(\cos t+a)\sin t\,dt$는 다음과 같이 구할 수도 있다.

$\displaystyle\int_0^{\frac{\pi}{3}}(\cos t+a)\sin t\,dt$

$=\displaystyle\int_0^{\frac{\pi}{3}}(\sin t\cos t+a\sin t)dt$

$=\displaystyle\int_0^{\frac{\pi}{3}}\left(\dfrac{1}{2}\sin 2t+a\sin t\right)dt$

$=\left[-\dfrac{1}{4}\cos 2t-a\cos t\right]_0^{\frac{\pi}{3}}$

$=\left(\dfrac{1}{8}-\dfrac{1}{2}a\right)-\left(-\dfrac{1}{4}-a\right)=\dfrac{1}{2}a+\dfrac{3}{8}$　　　답 ⑤

13

함수 $f(x)$의 한 부정적분을 $F(x)$라 하면

$\displaystyle\lim_{x\to 1}\dfrac{1}{x^2-1}\int_1^x f(t)dt$

$=\displaystyle\lim_{x\to 1}\dfrac{F(x)-F(1)}{x^2-1}=\lim_{x\to 1}\dfrac{F(x)-F(1)}{x-1}\times\dfrac{1}{x+1}$

$=\dfrac{1}{2}F'(1)=\dfrac{1}{2}f(1)$

$=\dfrac{1}{2}(3+0)=\dfrac{3}{2}$　　　　답 ②

14

함수 $x^2\sin x$의 한 부정적분을 $F(x)$라 하면

$\displaystyle\lim_{h\to 0}\dfrac{1}{h}\int_{\frac{\pi}{2}-h}^{\frac{\pi}{2}+h}x^2\sin x\,dx$

$=\displaystyle\lim_{h\to 0}\dfrac{F\left(\dfrac{\pi}{2}+h\right)-F\left(\dfrac{\pi}{2}-h\right)}{h}$

$=\displaystyle\lim_{h\to 0}\dfrac{\left\{F\left(\dfrac{\pi}{2}+h\right)-F\left(\dfrac{\pi}{2}\right)\right\}-\left\{F\left(\dfrac{\pi}{2}-h\right)-F\left(\dfrac{\pi}{2}\right)\right\}}{h}$

$=\displaystyle\lim_{h\to 0}\dfrac{F\left(\dfrac{\pi}{2}+h\right)-F\left(\dfrac{\pi}{2}\right)}{h}+\lim_{h\to 0}\dfrac{F\left(\dfrac{\pi}{2}-h\right)-F\left(\dfrac{\pi}{2}\right)}{-h}$

$=2F'\left(\dfrac{\pi}{2}\right)=2\times\left(\dfrac{\pi}{2}\right)^2\times\sin\dfrac{\pi}{2}=\dfrac{\pi^2}{2}$　　답 ④

15

$x^2-1=t$로 놓으면 $x^2=t+1$, $2x=\dfrac{dt}{dx}$이고

$x=1$일 때 $t=0$, $x=\sqrt{2}$일 때 $t=1$이므로

$\displaystyle\int_1^{\sqrt{2}}x^3\sqrt{x^2-1}\,dx=\int_1^{\sqrt{2}}(x^2\times\sqrt{x^2-1}\times x)dx$

$=\displaystyle\int_0^1\left\{(t+1)\times\sqrt{t}\times\dfrac{1}{2}\right\}dt$

$=\dfrac{1}{2}\displaystyle\int_0^1(t\sqrt{t}+\sqrt{t})dt$

$=\dfrac{1}{2}\left[\dfrac{2}{5}t^{\frac{5}{2}}+\dfrac{2}{3}t^{\frac{3}{2}}\right]_0^1$

$=\dfrac{1}{2}\left(\dfrac{2}{5}+\dfrac{2}{3}\right)=\dfrac{8}{15}$　　　　답 ②

16

$\displaystyle\int_0^1 tf(t)dt=k$ (k는 상수)로 놓으면

$f(x)=e^{x^2}+k$이므로

$\displaystyle\int_0^1 t(e^{t^2}+k)dt=\int_0^1(te^{t^2}+kt)dt$

$=\left[\dfrac{1}{2}e^{t^2}+\dfrac{k}{2}t^2\right]_0^1$

$=\left(\dfrac{e}{2}+\dfrac{k}{2}\right)-\dfrac{1}{2}$

즉, $k=\dfrac{k}{2}+\dfrac{e-1}{2}$에서

$\dfrac{k}{2}=\dfrac{e-1}{2}$　　$\therefore k=e-1$

$\therefore\displaystyle\int_0^1 xf(x)dx=e-1$　　　答 ④

03 | 정적분의 활용

내신&수능 빈출 유형 본문 72~76쪽

유형 01

$f(x)=x^2$이라 하면 함수 $f(x)$는 닫힌구간 $[0,\ 2]$에서 연속이다.

$\Delta x=\dfrac{2-0}{n}=\dfrac{2}{n}$로 놓으면

$x_k=0+k\Delta x=\dfrac{2k}{n},\ f(x_k)=x_k{}^2=\left(\dfrac{2k}{n}\right)^2$

이므로

$$\begin{aligned}
\int_0^2 x^2 dx&=\lim_{n\to\infty}\sum_{k=1}^{n}f(x_k)\Delta x\\
&=\lim_{n\to\infty}\sum_{k=1}^{n}\left(\dfrac{2k}{n}\right)^2\times\dfrac{2}{n}\\
&=\lim_{n\to\infty}\dfrac{8}{n^3}\sum_{k=1}^{n}k^2\\
&=\lim_{n\to\infty}\left\{\dfrac{8}{n^3}\times\dfrac{n(n+1)(2n+1)}{6}\right\}\\
&=\boxed{\dfrac{4}{3}}\times\lim_{n\to\infty}\left(1+\dfrac{1}{n}\right)\left(2+\dfrac{1}{n}\right)=\boxed{\dfrac{8}{3}}
\end{aligned}$$

$\therefore$ (가) : $\dfrac{4}{3}$, (나) : $\dfrac{8}{3}$ 답 ③

01-1

$h(x)=-x$라 하면 함수 $h(x)$는 닫힌구간 $[0,\ 3]$에서 연속이다.

$\Delta x=\dfrac{3-0}{n}=\dfrac{3}{n}$으로 놓으면

$x_k=0+k\Delta x=\dfrac{3k}{n},\ h(x_k)=-x_k=-\dfrac{3k}{n}$

이므로

$$\begin{aligned}
\int_0^3 (-x)dx&=\lim_{n\to\infty}\sum_{k=1}^{n}h(x_k)\Delta x\\
&=\lim_{n\to\infty}\sum_{k=1}^{n}\left(-\dfrac{3k}{n}\right)\times\boxed{\dfrac{3}{n}}\\
&=-9\lim_{n\to\infty}\dfrac{1}{n^2}\sum_{k=1}^{n}k\\
&=-9\lim_{n\to\infty}\left\{\dfrac{1}{n^2}\times\dfrac{n(n+1)}{2}\right\}\\
&=-\dfrac{9}{2}\lim_{n\to\infty}\left(1+\boxed{\dfrac{1}{n}}\right)=-\dfrac{9}{2}
\end{aligned}$$

따라서 $f(n)=\dfrac{3}{n}$, $g(n)=\dfrac{1}{n}$이므로

$f(3)+g(3)=\dfrac{3}{3}+\dfrac{1}{3}=\dfrac{4}{3}$ 답 ④

01-2

$f(x)=4x^3$이라 하면 함수 $f(x)$는 닫힌구간 $[0,\ 3]$에서 연속이다.

$\Delta x=\dfrac{3-0}{n}=\dfrac{3}{n}$으로 놓으면

$x_k=0+k\Delta x=\dfrac{3k}{n},\ f(x_k)=4x_k{}^3=4\times\left(\dfrac{3k}{n}\right)^3=\dfrac{108k^3}{n^3}$

이므로

$$\begin{aligned}
\int_0^3 4x^3 dx&=\lim_{n\to\infty}\sum_{k=1}^{n}f(x_k)\Delta x\\
&=\lim_{n\to\infty}\sum_{k=1}^{n}\dfrac{108k^3}{n^3}\times\dfrac{3}{n}\\
&=\lim_{n\to\infty}\dfrac{324}{n^4}\sum_{k=1}^{n}k^3\\
&=\lim_{n\to\infty}\left[\dfrac{324}{n^4}\times\left\{\dfrac{n(n+1)}{2}\right\}^2\right]\\
&=\dfrac{324}{4}\times\lim_{n\to\infty}\left(1+\dfrac{1}{n}\right)^2\\
&=81
\end{aligned}$$

따라서 $a=108$, $b=81$이므로

$a+b=189$ 답 ④

유형 02

$\displaystyle\lim_{n\to\infty}\sum_{k=1}^{n}\dfrac{2k}{n^2+k^2}=\lim_{n\to\infty}\sum_{k=1}^{n}\dfrac{2\times\dfrac{k}{n}}{1+\left(\dfrac{k}{n}\right)^2}\times\dfrac{1}{n}$

이때, $\Delta x=\dfrac{1-0}{n}$, $x_k=0+k\times\dfrac{1}{n}=\dfrac{k}{n}$라 하면 정적분과 급수의 합 사이의 관계에 의하여

$$\begin{aligned}
\lim_{n\to\infty}\sum_{k=1}^{n}\dfrac{2\times\dfrac{k}{n}}{1+\left(\dfrac{k}{n}\right)^2}\times\dfrac{1}{n}&=\int_0^1\dfrac{2x}{1+x^2}dx\\
&=\Big[\ln(1+x^2)\Big]_0^1\\
&=\ln 2
\end{aligned}$$

답 ③

02-1

분자와 분모에 각각 $\dfrac{1}{n}$을 곱하면

$\displaystyle\lim_{n\to\infty}\dfrac{\sum\limits_{k=1}^{n}\left(\dfrac{k}{n}\right)^4}{\sum\limits_{k=1}^{n}\dfrac{k}{n}}=\lim_{n\to\infty}\dfrac{\dfrac{1}{n}\sum\limits_{k=1}^{n}\left(\dfrac{k}{n}\right)^4}{\dfrac{1}{n}\sum\limits_{k=1}^{n}\dfrac{k}{n}}$

이때, $\Delta x=\dfrac{1-0}{n}$, $x_k=0+k\times\dfrac{1}{n}=\dfrac{k}{n}$라 하면 정적분과 급수의 합 사이의 관계에 의하여

$\displaystyle\lim_{n\to\infty}\dfrac{1}{n}\sum_{k=1}^{n}\left(\dfrac{k}{n}\right)^4=\int_0^1 x^4 dx=\Big[\dfrac{1}{5}x^5\Big]_0^1=\dfrac{1}{5}$

$\displaystyle\lim_{n\to\infty}\dfrac{1}{n}\sum_{k=1}^{n}\dfrac{k}{n}=\int_0^1 x\,dx=\Big[\dfrac{1}{2}x^2\Big]_0^1=\dfrac{1}{2}$

$\therefore\ \displaystyle\lim_{n\to\infty}\dfrac{\sum\limits_{k=1}^{n}\left(\dfrac{k}{n}\right)^4}{\sum\limits_{k=1}^{n}\dfrac{k}{n}}=\dfrac{\dfrac{1}{5}}{\dfrac{1}{2}}=\dfrac{2}{5}$ 답 ③

02-2

$$\lim_{n\to\infty}\sum_{k=1}^{n}\frac{1}{n}\ln\left(1+\frac{2k}{n}\right)=\lim_{n\to\infty}\sum_{k=1}^{n}\ln\left(1+2\times\frac{k}{n}\right)\times\frac{1}{n}$$

이때, $\Delta x=\dfrac{1-0}{n}$, $x_k=0+k\times\dfrac{1}{n}=\dfrac{k}{n}$라 하면 정적분과 급수의 합 사이의 관계에 의하여

$$\lim_{n\to\infty}\sum_{k=1}^{n}\ln\left(1+2\times\frac{k}{n}\right)\times\frac{1}{n}=\int_{0}^{1}\ln(1+2x)dx$$

$\displaystyle\int_{0}^{1}\ln(1+2x)dx$에서

$f(x)=\ln(1+2x)$, $g'(x)=1$로 놓으면

$f'(x)=\dfrac{2}{1+2x}$, $g(x)=x$

$$\therefore \int_{0}^{1}\ln(1+2x)dx=\left[x\ln(1+2x)\right]_{0}^{1}-\int_{0}^{1}x\times\frac{2}{1+2x}dx$$
$$=\left[x\ln(1+2x)\right]_{0}^{1}-\int_{0}^{1}\left(1-\frac{1}{2x+1}\right)dx$$
$$=\ln 3-\left[x-\frac{1}{2}\ln|2x+1|\right]_{0}^{1}$$
$$=\ln 3-\left(1-\frac{1}{2}\ln 3\right)$$
$$=\frac{3}{2}\ln 3-1$$

답 ⑤

02-3

$$\lim_{n\to\infty}\sum_{k=n+1}^{2n}\frac{\sqrt{k}}{n\sqrt{n}}$$
$$=\lim_{n\to\infty}\sum_{k=n+1}^{2n}\sqrt{\frac{k}{n}}\times\frac{1}{n}$$
$$=\lim_{n\to\infty}\left(\sqrt{1+\frac{1}{n}}+\sqrt{1+\frac{2}{n}}+\sqrt{1+\frac{3}{n}}+\cdots+\sqrt{1+\frac{n}{n}}\right)\times\frac{1}{n}$$
$$=\lim_{n\to\infty}\sum_{k=1}^{n}\sqrt{1+\frac{k}{n}}\times\frac{1}{n}$$
$$=\lim_{n\to\infty}\sum_{k=1}^{n}\sqrt{1+\frac{(2-1)k}{n}}\times\frac{1}{n}$$
$$=\int_{1}^{2}\sqrt{x}\,dx$$

따라서 $a=1$, $b=2$이므로

$a+b=1+2=3$

답 ④

유형 03

구하는 넓이는

$$\int_{0}^{2}(2-x)e^{x}dx=\left[(2-x)e^{x}\right]_{0}^{2}-\int_{0}^{2}(-e^{x})dx$$
$$=\left[(2-x)e^{x}\right]_{0}^{2}+\left[e^{x}\right]_{0}^{2}$$
$$=-2+(e^{2}-1)=e^{2}-3$$

답 ③

03-1

곡선 $y=\ln x$와 직선 $y=2$의 교점의 x좌표는 $\ln x=2$에서 $x=e^{2}$

따라서 구하는 넓이는 가로의 길이가 e^{2}이고 세로의 길이가 2인 직사각형의 넓이에서 곡선 $y=\ln x$와 x축 및 직선 $x=e^{2}$으

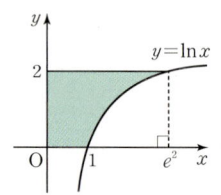

로 둘러싸인 도형의 넓이를 뺀 것과 같으므로

$$2e^{2}-\int_{1}^{e^{2}}\ln x\,dx=2e^{2}-\left[x\ln x-x\right]_{1}^{e^{2}}$$
$$=2e^{2}-(2e^{2}-e^{2}+1)$$
$$=e^{2}-1$$

답 ②

• 다른 **풀이**

$y=\ln x$에서 $x=e^{y}$이므로 구하는 넓이는

$$\int_{0}^{2}e^{y}dy=\left[e^{y}\right]_{0}^{2}=e^{2}-1$$

03-2

$$\int_{0}^{a}(e^{x}+4e^{-x})dx=\left[e^{x}-4e^{-x}\right]_{0}^{a}$$
$$=e^{a}-4e^{-a}-(1-4)$$
$$=e^{a}-\frac{4}{e^{a}}+3$$

즉, $e^{a}-\dfrac{4}{e^{a}}+3=6$에서

$(e^{a})^{2}-3e^{a}-4=0$, $(e^{a}+1)(e^{a}-4)=0$

$e^{a}+1>0$이므로 $e^{a}=4$

$\therefore a=\ln 4$

답 ④

유형 04

두 곡선 $y=4\sqrt{x}$, $y=\sqrt{x}+3$의 교점의 x좌표는 $4\sqrt{x}=\sqrt{x}+3$에서

$\sqrt{x}=1$ $\therefore x=1$

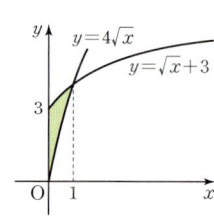

따라서 구하는 넓이는

$$\int_{0}^{1}\{(\sqrt{x}+3)-4\sqrt{x}\}dx$$
$$=3\int_{0}^{1}(1-\sqrt{x})dx$$
$$=3\left[x-\frac{2}{3}x^{\frac{3}{2}}\right]_{0}^{1}$$
$$=3\times\frac{1}{3}=1$$

답 ②

04-1

$0\le x\le\pi$에서 두 곡선 $y=\sin x$, $y=\cos x$의 교점의 x좌표는 $\dfrac{\pi}{4}$이다.

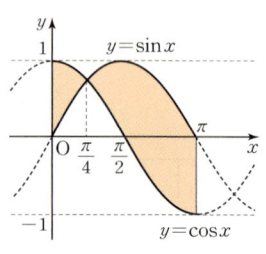

따라서 구하는 넓이는

$$\int_{0}^{\frac{\pi}{4}}(\cos x-\sin x)dx+\int_{\frac{\pi}{4}}^{\pi}(\sin x-\cos x)dx$$
$$=\left[\sin x+\cos x\right]_{0}^{\frac{\pi}{4}}+\left[-\cos x-\sin x\right]_{\frac{\pi}{4}}^{\pi}$$
$$=\left\{\left(\frac{\sqrt{2}}{2}+\frac{\sqrt{2}}{2}\right)-1\right\}+\left\{1-\left(-\frac{\sqrt{2}}{2}-\frac{\sqrt{2}}{2}\right)\right\}$$
$$=2\sqrt{2}$$

답 ③

유형 05

오른쪽 그림과 같이 두 곡선 $y=f(x)$
와 $y=g(x)$는 직선 $y=x$에 대하여 대
칭이므로 두 곡선 $y=f(x)$, $y=g(x)$
의 교점의 x좌표는 곡선 $y=f(x)$와 직
선 $y=x$의 교점의 x좌표와 같다.

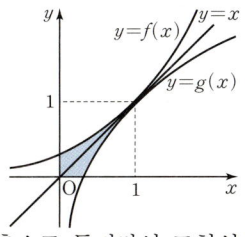

즉, $e^{x-1}=x$에서 $x=1$
두 곡선 $y=f(x)$, $y=g(x)$와 x축 및 y축으로 둘러싸인 도형의
넓이는 곡선 $y=f(x)$와 직선 $y=x$ 및 y축으로 둘러싸인 도형의
넓이의 2배와 같으므로 구하는 넓이는

$$2\int_0^1 (e^{x-1}-x)dx=2\left[e^{x-1}-\frac{1}{2}x^2\right]_0^1$$
$$=2\left\{\left(1-\frac{1}{2}\right)-e^{-1}\right\}$$
$$=1-\frac{2}{e}$$

답 ⑤

05-1

두 곡선 $y=f(x)$와 $y=g(x)$로 둘러싸인 도형의 넓이는 곡선
$y=f(x)$와 직선 $y=x$로 둘러싸인 도형의 넓이의 2배와 같으므로
곡선 $y=g(x)$와 직선 $y=x$로 둘러싸인 도형의 넓이는 곡선
$y=f(x)$와 직선 $y=x$로 둘러싸인 부분의 넓이와 같다.
따라서 오른쪽 그림에서 구하는 넓이는

$$\int_0^1 \left(x-\tan\frac{\pi}{4}x\right)dx+\frac{1}{2}\times 1\times 1$$
$$=\int_0^1 x\,dx-\int_0^1 \tan\frac{\pi}{4}x\,dx+\frac{1}{2}$$
$$=\left[\frac{1}{2}x^2\right]_0^1-\int_0^1 \frac{\sin\frac{\pi}{4}x}{\cos\frac{\pi}{4}x}dx+\frac{1}{2}$$
$$=\frac{1}{2}-\left[-\frac{4}{\pi}\ln\left|\cos\frac{\pi}{4}x\right|\right]_0^1+\frac{1}{2}$$
$$=1-\left(-\frac{4}{\pi}\ln\frac{\sqrt{2}}{2}\right)=1-\frac{2}{\pi}\ln 2$$

답 ②

유형 06

단면인 정사각형의 한 변의 길이가 $\frac{1}{x}$이므로 단면의 넓이를
$S(x)$라 하면

$$S(x)=\left(\frac{1}{x}\right)^2$$

따라서 구하는 부피는

$$\int_1^4 \frac{1}{x^2}dx=\int_1^4 x^{-2}dx=\left[-\frac{1}{x}\right]_1^4=-\frac{1}{4}+1=\frac{3}{4}$$

답 ③

06-1

오른쪽 그림과 같이 원점에서 $x\,(0\leq x\leq 1)$만
큼 떨어진 x축 위의 점에서 x축에 수직인 평
면으로 자른 이등변삼각형의 밑변의 길이는
$x^2+y^2=1$에서 $2\sqrt{1-x^2}$이므로
단면의 넓이를 $S(x)$라 하면

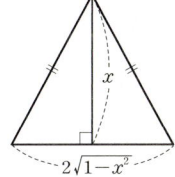

$$S(x)=\frac{1}{2}\times 2\sqrt{1-x^2}\times x=x\sqrt{1-x^2}$$

따라서 구하는 부피는

$$2\int_0^1 S(x)dx=2\int_0^1 x\sqrt{1-x^2}\,dx$$

$1-x^2=t$로 놓으면 $-2x=\dfrac{dt}{dx}$이고

$x=0$일 때 $t=1$, $x=1$일 때 $t=0$이므로

$$2\int_0^1 x\sqrt{1-x^2}\,dx=-\int_1^0 \sqrt{t}\,dt=\int_0^1 t^{\frac{1}{2}}\,dt$$
$$=\left[\frac{2}{3}t^{\frac{3}{2}}\right]_0^1=\frac{2}{3}$$

답 ②

유형 07

$\dfrac{dx}{dt}=-\sin t+\cos t$, $\dfrac{dy}{dt}=-\sin t-\cos t$

이므로 $t=0$에서 $t=\dfrac{\pi}{2}$까지 점 P가 움직인 거리는

$$\int_0^{\frac{\pi}{2}} \sqrt{(-\sin t+\cos t)^2+(-\sin t-\cos t)^2}\,dt$$
$$=\int_0^{\frac{\pi}{2}} \sqrt{2(\sin^2 t+\cos^2 t)}\,dt$$
$$=\int_0^{\frac{\pi}{2}} \sqrt{2}\,dt=\left[\sqrt{2}t\right]_0^{\frac{\pi}{2}}=\frac{\sqrt{2}}{2}\pi$$

답 ②

07-1

$\dfrac{dx}{dt}=e^t$, $\dfrac{dy}{dt}=\dfrac{e^{2t}-1}{2}$

이므로 $t=0$에서 $t=1$까지 점 P가 움직인 거리는

$$\int_0^1 \sqrt{(e^t)^2+\left(\frac{e^{2t}-1}{2}\right)^2}\,dt=\int_0^1 \sqrt{e^{2t}+\frac{e^{4t}-2e^{2t}+1}{4}}\,dt$$
$$=\int_0^1 \sqrt{\frac{e^{4t}+2e^{2t}+1}{4}}\,dt$$
$$=\int_0^1 \sqrt{\left(\frac{e^{2t}+1}{2}\right)^2}\,dt$$
$$=\int_0^1 \frac{e^{2t}+1}{2}\,dt$$
$$=\frac{1}{2}\int_0^1 (e^{2t}+1)\,dt$$
$$=\frac{1}{2}\left[\frac{1}{2}e^{2t}+t\right]_0^1$$
$$=\frac{1}{4}(e^2+1)$$

답 ②

07-2

$\dfrac{dx}{dt}=2\sqrt{t}$, $\dfrac{dy}{dt}=t-1$

이고 $t=0$에서 $t=a$까지 점 P가 움직인 거리가 12이므로

$$\int_0^a \sqrt{(2\sqrt{t})^2+(t-1)^2}\,dt=12$$

$$\int_0^a \sqrt{(t+1)^2}\,dt=12, \quad \int_0^a (t+1)dt=12$$

$$\left[\frac{1}{2}t^2+t\right]_0^a=12,\ \frac{1}{2}a^2+a=12$$

$$a^2+2a-24=0,\ (a+6)(a-4)=0$$

$$\therefore a=4\ (\because a>0)$$ 답 ⑤

유형 08

$y=\frac{1}{4}(x^2-2\ln x)=\frac{1}{4}x^2-\frac{1}{2}\ln x$에서

$$y'=\frac{1}{2}x-\frac{1}{2x}=\frac{1}{2}\left(x-\frac{1}{x}\right)$$

따라서 구하는 곡선의 길이는

$$\int_3^9\sqrt{1+\left\{\frac{1}{2}\left(x-\frac{1}{x}\right)\right\}^2}\,dx=\int_3^9\sqrt{1+\frac{1}{4}\left(x-\frac{1}{x}\right)^2}\,dx$$

$$=\int_3^9\sqrt{\frac{1}{4}\left(x+\frac{1}{x}\right)^2}\,dx$$

$$=\frac{1}{2}\int_3^9\left(x+\frac{1}{x}\right)dx$$

$$=\frac{1}{2}\left[\frac{1}{2}x^2+\ln x\right]_3^9$$

$$=18+\frac{1}{2}\ln 3$$ 답 $18+\frac{1}{2}\ln 3$

08-1

$\frac{dx}{dt}=2t^2,\ \frac{dy}{dt}=2t$이므로 구하는 곡선의 길이는

$$\int_0^{\sqrt{3}}\sqrt{(2t^2)^2+(2t)^2}\,dt=\int_0^{\sqrt{3}}\sqrt{4t^4+4t^2}\,dt$$

$$=\int_0^{\sqrt{3}}\sqrt{4t^2(t^2+1)}\,dt$$

$$=\int_0^{\sqrt{3}}2t\sqrt{t^2+1}\,dt$$

$$=\int_1^4\sqrt{x}\,dx\ (\because t^2+1=x로\ 치환)$$

$$=\left[\frac{2}{3}x\sqrt{x}\right]_1^4=\frac{14}{3}$$ 답 ④

빈출 유형 마무리　　　　　본문 77~78쪽

01 ④	02 ①	03 2	04 ①	05 1	06 ①
07 ①	08 ④	09 ③	10 ②	11 ②	12 52
13 ⑤	14 ③	15 ③

01

$$\lim_{n\to\infty}\frac{1}{n^2}\left(e^{\frac{2}{n}}+2e^{\frac{4}{n}}+3e^{\frac{6}{n}}+\cdots+ne^{\frac{2n}{n}}\right)$$

$$=\lim_{n\to\infty}\frac{1}{n^2}\sum_{k=1}^{n}ke^{\frac{2k}{n}}$$

$$=\lim_{n\to\infty}\sum_{k=1}^{n}\frac{k}{n}e^{\frac{2k}{n}}\times\frac{1}{n}$$

이때, $\Delta x=\frac{1-0}{n},\ x_k=0+k\times\frac{1}{n}=\frac{k}{n}$라 하면 정적분과 급수의

합 사이의 관계에 의하여

$$\lim_{n\to\infty}\sum_{k=1}^{n}\frac{k}{n}e^{\frac{2k}{n}}\times\frac{1}{n}=\int_0^1xe^{2x}\,dx$$

$f(x)=x,\ g'(x)=e^{2x}$으로 놓으면

$$f'(x)=1,\ g(x)=\frac{1}{2}e^{2x}$$

$$\therefore \int_0^1xe^{2x}\,dx=\left[\frac{1}{2}xe^{2x}\right]_0^1-\int_0^1\frac{1}{2}e^{2x}\,dx$$

$$=\frac{1}{2}e^2-\left[\frac{1}{4}e^{2x}\right]_0^1$$

$$=\frac{1}{2}e^2-\left(\frac{1}{4}e^2-\frac{1}{4}\right)=\frac{1}{4}e^2+\frac{1}{4}$$ 답 ④

02

$$S_n=\int_n^{n+1}e^{-x+1}\,dx$$

$$=\left[-e^{-x+1}\right]_n^{n+1}$$

$$=e^{-n}(e-1)$$

이때, 수열 $\{S_n\}$은 첫째항이 $\frac{e-1}{e}$이고 공비가 $\frac{1}{e}$인 등비수열이

므로

$$\sum_{n=1}^{\infty}S_n=\sum_{n=1}^{\infty}e^{-n}(e-1)$$

$$=\frac{\frac{e-1}{e}}{1-\frac{1}{e}}=1$$ 답 ①

03

$y=\sqrt{x+1}$에서 $y^2=x+1$

$\therefore x=y^2-1$

따라서 구하는 넓이는

$$\int_0^2|y^2-1|\,dy$$

$$=\int_0^1\{-(y^2-1)\}\,dy+\int_1^2(y^2-1)\,dy$$

$$=\left[-\frac{1}{3}y^3+y\right]_0^1+\left[\frac{1}{3}y^3-y\right]_1^2$$

$$=\frac{2}{3}+\frac{4}{3}=2$$ 답 2

04

$0\le x\le2$에서

$f(x)=(x+1)e^{-x}>0$

이므로 구하는 넓이는

$$\int_0^2(x+1)e^{-x}\,dx$$

$$=\left[-(x+1)e^{-x}\right]_0^2-\int_0^2(-e^{-x})\,dx$$

$$=-\frac{3}{e^2}+1-\left[e^{-x}\right]_0^2$$

$$=-\frac{3}{e^2}+1-\left(\frac{1}{e^2}-1\right)=2-\frac{4}{e^2}$$ 답 ①

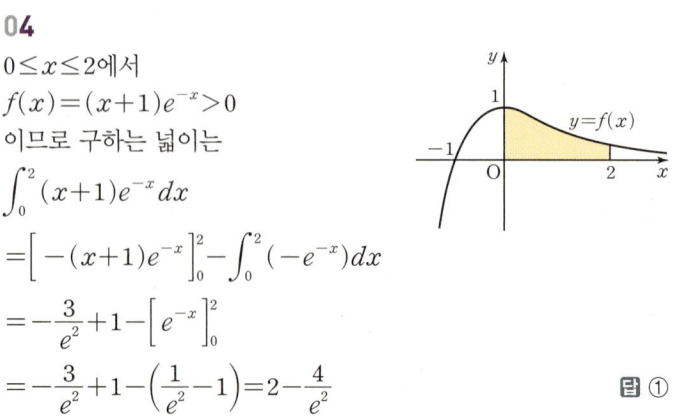

05

$2x^2=t$로 놓으면 $4x=\dfrac{dt}{dx}$이고

$x=0$일 때 $t=0$, $x=p$일 때 $t=2p^2$이므로

$$\int_0^p xf(2x^2)dx=\int_0^{2p^2}\frac{1}{4}f(t)dt$$
$$=\frac{1}{4}\int_0^{2p^2}f(t)dt$$
$$=\frac{1}{4}\left\{\int_0^p f(t)dt+\int_p^{2p^2}f(t)dt\right\}$$
$$=\frac{1}{4}(24-20)$$
$$=\frac{1}{4}\times 4=1$$

답 1

06

$f(x)=\ln x$라 하면

$f'(x)=\dfrac{1}{x}$에서 $f'(e)=\dfrac{1}{e}$이므로

점 $(e,\ 1)$에서의 접선의 방정식은

$y-1=\dfrac{1}{e}(x-e)$ $\therefore y=\dfrac{1}{e}x$

따라서 오른쪽 그림에서 구하는 넓이는

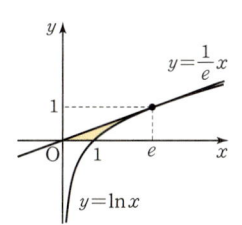

$\dfrac{1}{2}\times e\times 1-\displaystyle\int_1^e \ln x\,dx$

$=\dfrac{e}{2}-\Big[x\ln x-x\Big]_1^e$

$=\dfrac{e}{2}-1$

답 ①

07

두 곡선 $y=\sin x$, $y=a\cos x$의 교점의 x좌표를

$\theta\left(0\le\theta\le\dfrac{\pi}{2}\right)$라 하자.

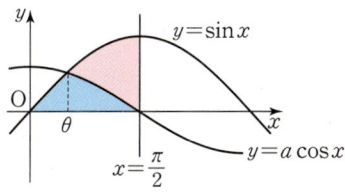

$a\cos\theta=\sin\theta$에서 $\tan\theta=a$이므로

$\sin\theta=\dfrac{a}{\sqrt{a^2+1}}$, $\cos\theta=\dfrac{1}{\sqrt{a^2+1}}$ ······ ㉠

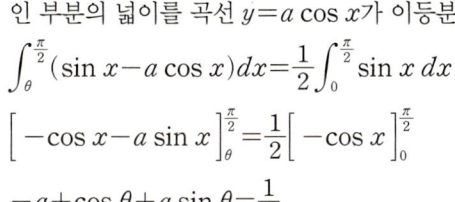

곡선 $y=\sin x$와 x축 및 직선 $x=\dfrac{\pi}{2}$로 둘러싸

인 부분의 넓이를 곡선 $y=a\cos x$가 이등분하므로

$$\int_\theta^{\frac{\pi}{2}}(\sin x-a\cos x)dx=\frac{1}{2}\int_0^{\frac{\pi}{2}}\sin x\,dx$$

$$\Big[-\cos x-a\sin x\Big]_\theta^{\frac{\pi}{2}}=\frac{1}{2}\Big[-\cos x\Big]_0^{\frac{\pi}{2}}$$

$$-a+\cos\theta+a\sin\theta=\frac{1}{2}$$

이때, ㉠을 대입하면

$$-a+\frac{1}{\sqrt{a^2+1}}+\frac{a^2}{\sqrt{a^2+1}}=\frac{1}{2}$$

$$\frac{a^2+1}{\sqrt{a^2+1}}=a+\frac{1}{2},\ \sqrt{a^2+1}=a+\frac{1}{2}$$

양변을 제곱하면 $a^2+1=\left(a+\dfrac{1}{2}\right)^2$

$a^2+1=a^2+a+\dfrac{1}{4}$ $\therefore a=\dfrac{3}{4}$

답 ①

08

두 곡선 $y=f(x)$, $y=g(x)$가 $x=t\ (t>0)$인 점에서 접한다고 하면

$\ln t=at^2$ ······ ㉠

또한 $f'(x)=\dfrac{1}{x}$, $g'(x)=2ax$이므로

$\dfrac{1}{t}=2at$, $t^2=\dfrac{1}{2a}$

$\therefore t=\dfrac{1}{\sqrt{2a}}\ (\because t>0)$ ······ ㉡

㉡을 ㉠에 대입하면

$\ln\dfrac{1}{\sqrt{2a}}=a\left(\dfrac{1}{\sqrt{2a}}\right)^2$

$\ln\dfrac{1}{\sqrt{2a}}=\dfrac{1}{2}$, $\dfrac{1}{\sqrt{2a}}=\sqrt{e}$

$\dfrac{1}{2a}=e$ $\therefore a=\dfrac{1}{2e}$

$a=\dfrac{1}{2e}$을 ㉡에 대입하면 $t=\sqrt{e}$

따라서 구하는 넓이는

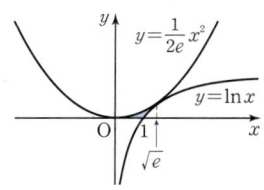

$\displaystyle\int_0^{\sqrt{e}}\frac{1}{2e}x^2\,dx-\int_1^{\sqrt{e}}\ln x\,dx$

$=\Big[\dfrac{1}{6e}x^3\Big]_0^{\sqrt{e}}-\Big[x\ln x-x\Big]_1^{\sqrt{e}}$

$=\dfrac{1}{6e}\times e\sqrt{e}-\left\{\dfrac{1}{2}\sqrt{e}-\sqrt{e}-(-1)\right\}$

$=\dfrac{2}{3}\sqrt{e}-1$

답 ④

09

곡선 $y=f(x)$와 x축 및 직선 $x=4$로 둘러싸인 도형의 넓이를 S, 곡선 $y=f(x)$와 x축, y축 및 직선 $y=1$로 둘러싸인 도형의 넓이를 T라 하면 함수 $g(x)$는 함수 $f(x)$의 역함수이므로 $\displaystyle\int_0^1 g(x)dx$의 값은 T와 같다. 즉,

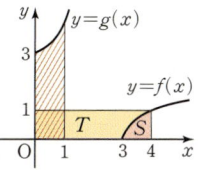

$\displaystyle\int_3^4 f(x)dx=S,\ \int_0^1 g(x)dx=T$

$\therefore \displaystyle\int_3^4 f(x)dx+\int_0^1 g(x)dx=S+T$

$=4\times 1=4$

답 ③

10

두 함수 $y=f(x)$와 $y=g(x)$의 그래프는
직선 $y=x$에 대하여 대칭이고
$0 \le x \le \dfrac{\pi}{2}$에서 $\sin x \le x$이므로 오른쪽

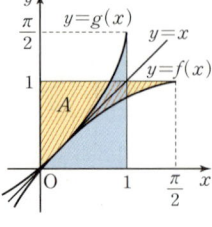

그림에서 곡선 $y=g(x)$와 x축 및 직선
$x=1$로 둘러싸인 도형의 넓이, 즉
$\int_0^1 g(x)dx$의 값은 도형 A의 넓이와 같다.

$\therefore \int_0^1 g(x)dx = \dfrac{\pi}{2} \times 1 - \int_0^{\frac{\pi}{2}} \sin x \, dx$

$\qquad\qquad\quad = \dfrac{\pi}{2} - \Big[-\cos x \Big]_0^{\frac{\pi}{2}} = \dfrac{\pi}{2} - 1$ **目** ②

11

x축에 수직인 평면으로 자른 단면의 넓이를 $S(x)$라 하면
$S(x) = \cos x$이므로 구하는 부피는

$\int_{-\frac{\pi}{2}}^{\frac{\pi}{2}} \cos x \, dx = 2\int_0^{\frac{\pi}{2}} \cos x \, dx$

$\qquad\qquad\quad = 2\Big[\sin x \Big]_0^{\frac{\pi}{2}}$

$\qquad\qquad\quad = 2(1-0) = 2$ **目** ②

12

좌표평면 위의 곡선 $y=f(x)$ 위를 움직이는 점 P의 시각 t에서의
위치를 (x, y)라 하자.

시각 t에서의 점 Q의 위치는 $\Big(\dfrac{2t^4\sqrt{t}}{9}, 0 \Big)$이므로

$x = \dfrac{2t^4\sqrt{t}}{9} \qquad \therefore \dfrac{dx}{dt} = t^{\frac{7}{2}}$

시각 t에서의 점 R의 속도는 $(0, t^2)$이므로

$\dfrac{dy}{dt} = t^2$

따라서 $t=0$에서 $t=2$까지 점 P가 움직인 거리 s는

$s = \int_0^2 \sqrt{(t^{\frac{7}{2}})^2 + (t^2)^2} \, dt = \int_0^2 \sqrt{t^7 + t^4} \, dt$

$\ \ = \int_0^2 t^2\sqrt{t^3+1} \, dt = \dfrac{1}{3}\int_1^9 \sqrt{x} \, dx \ (\because t^3+1=x\text{로 치환})$

$\ \ = \dfrac{1}{3}\Big[\dfrac{2}{3}x\sqrt{x} \Big]_1^9 = \dfrac{52}{9}$

$\therefore 9s = 9 \times \dfrac{52}{9} = 52$ **目** 52

13

주어진 구를 중심 O를 지나고 주어진
평면에 수직인 평면으로 자른 단면은
반지름의 길이가 r인 원이므로 좌표평
면에 나타내면 오른쪽 그림과 같다. 이
때, x좌표가 $x \,(0 \le x \le r)$인 점을 지
나고 x축에 수직인 평면으로 자른 단
면은 반지름의 길이가 $\sqrt{r^2-x^2}$인 원이
므로 단면의 넓이를 $S(x)$라 하면

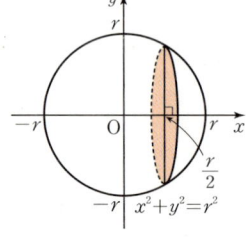

$S(x) = \pi(r^2 - x^2)$

큰 부분의 부피를 V_1, 작은 부분의 부피를 V_2라 하면

$V_2 = \pi\int_{\frac{r}{2}}^r (r^2 - x^2)dx = \pi\Big[r^2 x - \dfrac{1}{3}x^3 \Big]_{\frac{r}{2}}^r$

$\qquad = \pi\Big\{ \Big(r^3 - \dfrac{1}{3}r^3 \Big) - \Big(\dfrac{1}{2}r^3 - \dfrac{1}{24}r^3 \Big) \Big\} = \dfrac{5}{24}\pi r^3$

$\therefore V_1 = \dfrac{4}{3}\pi r^3 - \dfrac{5}{24}\pi r^3 = \dfrac{27}{24}\pi r^3$

$\therefore V_1 : V_2 = \dfrac{27}{24}\pi r^3 : \dfrac{5}{24}\pi r^3 = 27 : 5$ **目** ⑤

14

오른쪽 그림에서 함수 $y=e^x$의 그래프와 x축,
y축 및 직선 $x=1$로 둘러싸인 도형의 넓이는

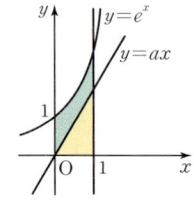

$\int_0^1 e^x dx = \Big[e^x \Big]_0^1 = e-1$

이 넓이가 직선 $y=ax$에 의하여 이등분되므
로

$\dfrac{1}{2} \times 1 \times a = \dfrac{1}{2}(e-1)$

$\therefore a = e-1$ **目** ③

15

오른쪽 그림과 같이 두 곡선 $y=e^x$,
$y=xe^x$과 직선 $x=2$ 및 x축으로 둘러싸인
도형을 C라 하면 도형 A의 넓이와 도형 C
넓이의 합은 $\int_0^2 e^x dx$이고, 도형 B의 넓이

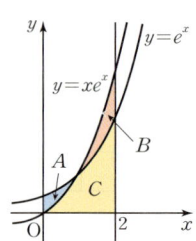

와 도형 C의 넓이의 합은 $\int_0^2 xe^x dx$이므로

$b - a = \int_0^2 xe^x dx - \int_0^2 e^x dx$

$\qquad = \int_0^2 (xe^x - e^x)dx$

$\qquad = \int_0^2 (x-1)e^x dx$

$\qquad = \Big[(x-1)e^x \Big]_0^2 - \int_0^2 e^x dx$

$\qquad = e^2 + 1 - \Big[e^x \Big]_0^2$

$\qquad = e^2 + 1 - (e^2 - 1) = 2$ **目** ③

Memo

Memo

Memo

Memo

Memo